湖南省普通高等学校教学改革研究重点项目

"服务国际传播能力建设的外语类专业跨文化交际能力培养模式研究"（HNJG-20230694）成果

跨文化外语教学
与国际传播能力建设研究

Research on Intercultural Foreign Language Teaching and Developing International Communication Competence

刘 瑛 著

中国出版集团

中译出版社

图书在版编目（CIP）数据

跨文化外语教学与国际传播能力建设研究 / 刘瑛著.
北京 ： 中译出版社，2024. 9. -- ISBN 978-7-5001
-8108-8

Ⅰ. H09；G206

中国国家版本馆CIP数据核字第2024S42T56号

跨文化外语教学与国际传播能力建设研究
KUA WENHUA WAIYU JIAOXUE YU GUOJI CHUANBO NENGLI JIANSHE YANJIU

策划编辑：刘香玲
责任编辑：刘香玲
文字编辑：郑张鑫　周辰瀛　张娟花
营销编辑：黄彬彬
封面设计：王　珏
排　　版：北京竹页文化传媒有限公司

出版发行：中译出版社
地　　址：北京市西城区新街口外大街28号普天德胜科技园主楼4层
电　　话：（010）68359719（编辑部）
邮　　编：100088
电子邮箱：book@ctph.com.cn
网　　址：http://www.ctph.com.cn

印　　刷：唐山玺诚印务有限公司
经　　销：新华书店
规　　格：710 mm×1000 mm 1/16
印　　张：21.75
字　　数：230千字
版　　次：2024年9月第1版
印　　次：2024年9月第1次

ISBN 978-7-5001-8108-8　定价：69.00元

前　言

　　随着全球化的深入发展，国际交流与合作日益频繁，跨文化交际能力已成为外语专业学生必备的核心素养。特别是在国际传播能力建设的大背景下，外语专业人才的跨文化交际能力不仅关系到个人职业发展，更影响到国家文化软实力的提升和国际形象的塑造。因此，对外语专业跨文化交际能力培养模式进行深入研究，具有重要的理论价值和实践意义。本研究旨在探讨国际传播能力建设视域下外语专业跨文化交际能力培养的现状、问题及对策。通过文献综述、案例分析等方法，系统梳理国内外关于跨文化交际能力培养的理论与实践成果，分析当前外语专业在跨文化交际能力培养方面存在的不足和挑战。同时，结合国际传播能力建设的实际需求，提出适应新时代要求的外语专业跨文化交际能力培养模式。

　　在理论层面，本研究将结合传播学、语言学、教育学等多学科理论，构建跨文化交际能力培养的理论框架。通过深入分析跨文化交际的核心要素和机制，揭示外语专业人才培养在跨文化交际方面的内在规律和特点。此外，还将探讨国际传播能力与跨文化交际能力之间的内在联系，为外语专业人才培养提供理论支撑。在实践层面，本研究将关注外语专业跨文化交际能力培养的具体实践和创新举措。通过调查研究和实地考察，了解外语专业学生的跨文化交际能力现状和需求，以及教师在教学过程中面临的挑战和困难。同时，通过分析国际传播领域的发展趋势和人才需求，探讨外语专业人才如何更好地适应国际传播能力建设的需求。在此基础上，提出外语专业跨文化能力培养"一三五"模式，即以思政引领服务国际传播能力建设，使思辨能力、语言能力与跨文化教学相统一；优化跨文化能力课程体的"三合"原则，即知识与育人相结合，高阶性、创新性与挑战性相结合，线上与线下相结合；提升跨文化交际能力培养的"课岗证赛研"路径，即以"课程为核心，以岗位需求为导向、以证书为驱动、以赛事为载体、以科研为引领"。关注跨文化交际能力培养与社会需求之间的对接问题，提出加强校企合作、拓展国际交流等建议，以促进外语专业人才培养与社会需求的紧密结合。

本书一共分为九个章节，主要以国际传播能力建设视域下外语专业跨文化交际能力培养模式为研究基点，让读者对外语专业跨文化交际能力有更清晰的了解，摸清当前外语专业跨文化交际能力培养模式的发展脉络，为外语专业教学研究提供更加广阔的用武空间。

第一章介绍国际传播能力建设的时代背景、战略意义和外语专业在国际传播中的角色定位。第二章探讨国际传播能力建设的理论基础，包括其概念、内涵、要素、路径等。第三章介绍外语专业跨文化交际能力的内涵、培养目标和作用。第四章分析外语专业跨文化教育的现状，包括现有培养模式的优势、不足及其影响因素。第五章探讨跨文化交际能力培养的创新与实践，提出以思政引领服务国际传播能力建设的"一三五"模式。第六章和第七章分别探讨跨文化能力培养的参与者——教师和学生，外语专业师资队伍的跨文化交际能力建设和学生跨文化交际能力的实践与应用。第八章探讨跨文化交际能力培养与国际传播能力建设的关系，以及二者互动关系的两个案例分析。第九章从宏观上探讨跨文化交际能力培养模式的保障机制。

外语专业跨文化交际能力的研究，在当前全球化日益加深的背景下，显得

尤为重要。为了更好地适应不断发展的新形势，服务国家战略需求，我们必须
运用先进的教育理论、观念和科学方法，对已有的研究成果进行深入的梳理与
整合。在此基础上，进一步拓展研究视野，创新研究方法，深入挖掘外语专业
跨文化交际能力的内涵与外延。通过这样的深入研究，我们可以更好地把握跨
文化交际的规律和特点，为培养具有国际视野和跨文化交际能力的高素质国际
传播人才提供有力的理论支撑和实践指导。

　　衷心感谢中译出版社编辑老师对本书的出版给予的悉心指导和大力支持，
欢迎广大读者批评指教！

刘　瑛

2024 年 5 月

目　录

CONTENTS

第一章
国际传播能力建设的时代背景

　　在全球化背景下，国际传播新格局要求国家、组织和个人适应快速变化的传播环境，采取创新的传播策略，以有效传递信息、塑造形象并参与全球对话。不管是官方还是企业化的大众媒体、个人开发的自媒体，只要与国际传播有关，它们的交流内容均涉及国家利益的重大议题，如国际政治、外交、经济、军事、科技、文化等。国际传播能力建设的战略意义体现在多个层面，它不仅关乎一个国家的国际形象和话语权，还涉及文化影响力、经济发展、政治稳定以及国家安全等多个方面。国际传播能力建设是实现国家长远发展战略的关键环节，对于提升国家的综合国力和国际地位具有不可替代的作用。外语专业人才在国际传播中的角色不断扩展，他们不仅是语言的转换者，更是文化、信息和价值观的传播者，对于提升国家的国际传播能力和影响力发挥着关键作用。

第一节　全球化背景下的国际传播新格局

一、全球传播网络的重构

（一）传播技术的革新与影响

1. 互联网技术的飞速发展

（1）全球互联网普及率的提升

随着互联网技术的不断进步，全球互联网普及率显著提升。这一趋势为信息传播提供了更广阔的空间和更便捷的途径。越来越多的人能够通过网络获取各种信息，参与全球交流。这不仅改变了人们的信息获取方式，还推动了全球文化的交融与碰撞。全球互联网普及率的提升，为国际传播能力建设提供了坚实的基础，使得各国能够更加有效地向世界展示自己的形象和实力。

（2）高速网络的全球覆盖趋势

高速网络的全球覆盖趋势是互联网技术飞速发展的又一重要体现。随着5G、6G等新一代通信技术的研发和应用，高速网络正逐渐覆盖全球各个角落。这使得信息传播的速度更快，效率更高。高速网络的全球覆盖不仅提升了信息传播的质量，还为各种新媒体形态的发展提供了有力支撑。例如，高清视频、直播等需要大带宽和低时延的应用得以广泛普及，丰富了国际传播的内容和形式。

2. 新媒体技术的崛起

（1）社交媒体平台的全球扩张

社交媒体平台的全球扩张是新媒体技术崛起的重要标志之一。脸书①（Face-

---

① 2021年10月28日改名为Meta。

book）、推特（Twitter）、照片墙（Instagram）等社交媒体平台在全球范围内拥有庞大的用户群体，成为信息传播的重要渠道。这些平台具有实时互动、个性化定制等特点，使得信息传播更加精准、高效。社交媒体平台的全球扩张不仅改变了传统媒体的传播模式，还为个人和组织提供了更多参与全球传播的机会。

（2）移动互联网应用的多样化

移动互联网应用的多样化是新媒体技术崛起的另一重要表现。随着智能手机的普及和移动互联网技术的发展，各种移动应用层出不穷，涵盖了新闻、娱乐、教育等多个领域。这些应用具有便捷性、即时性等特点，使得人们能够随时随地获取信息，参与全球交流。移动互联网应用的多样化丰富了国际传播的手段和方式，为构建全球化背景下的国际传播新格局提供了有力支持。例如，新闻应用能够提供定制化的新闻推送服务，满足用户个性化的信息需求；短视频平台则能够以直观、生动的方式展示各国文化和风土人情，增进相互了解和友谊。同时，这些移动互联网应用也为跨国企业、政府机构等提供了与全球受众进行直接沟通的有效工具，提升了国际传播的效率和影响力。

（二）全球信息传播格局的变化

1. 传统媒体与新媒体的融合

（1）跨界媒体平台的出现与发展

随着科技的进步，跨界媒体平台逐渐崭露头角并迅速发展。这些平台结合了传统媒体的内容制作优势与新媒体的技术创新，为用户提供更加全面、多样的信息服务。例如，一些电视台和报社纷纷推出自己的网络版本或移动应用，实现内容的跨屏传播。跨界媒体平台的出现不仅拓宽了信息传播的渠道，还通过大数据分析、用户反馈等方式，提高了内容的针对性和互动性，进一步满足了用户的个性化需求。

（2）新闻媒体形态的多样化趋势

在全球化背景下，新闻媒体形态呈现出多样化趋势。除了传统的报纸、电视、广播外，网络新闻、社交媒体、短视频等新型媒体形态层出不穷。这些新媒体形态以其独特的传播方式和内容形式，吸引了大量年轻用户。同时，传统媒体也积极拥抱变革，通过与新媒体的融合，创新传播方式，扩大影响力。新闻媒体形态的多样化不仅丰富了信息传播的手段，还为公众提供了更多选择和参与的机会，推动了全球信息传播格局的变革。

2.信息传播的去中心化特征

（1）自媒体与公民记者的兴起

自媒体和公民记者的兴起是信息传播去中心化的重要表现。随着社交媒体和移动互联网的普及，个人或小型组织可以轻松地创建自己的传播平台，发布和分享信息。这种去中心化的传播方式打破了传统媒体对信息源的垄断，使更多元、更接地气的声音得以传播。自媒体和公民记者的兴起，不仅增强了信息传播的多样性和民主性，还为公众提供了更多了解和参与社会公共事务的机会。

（2）多元化信息来源的竞争格局

在全球化背景下，信息传播不再局限于少数几家主流媒体或政府机构。相反，多元化信息来源的竞争格局逐渐形成。各种媒体机构、社会组织、企业和个人都可以成为信息的发布者和传播者。这种多元化的信息来源使得公众可以从多个角度了解同一事件或问题，提高了信息的透明度和可信度。同时，多元化信息来源的竞争格局也推动了媒体行业的创新和发展，为公众提供更加优质、全面的信息服务。这种竞争格局不仅丰富了全球信息传播的生态，还在一定程度上促进了信息传播的公正性和客观性。

（三）全球传播网络的结构调整

1. 跨国媒体集团的整合与扩张

（1）全球媒体市场的并购与重组

随着全球化的推进，全球媒体市场正经历着前所未有的并购与重组浪潮。大型跨国媒体集团通过收购、合并等方式，不断扩大自身的业务范围和影响力。这种并购与重组不仅有助于媒体集团实现资源共享、降低运营成本，还能进一步巩固其在全球媒体市场的地位。同时，这也为全球信息传播提供了更为集中和高效的渠道，推动了全球传播网络的结构调整。

（2）跨国媒体集团在全球传播中的角色

跨国媒体集团在全球传播中扮演着举足轻重的角色。它们拥有强大的内容制作能力、广泛的传播渠道和丰富的运营经验，能够迅速地将信息传播到全球各个角落。这些媒体集团不仅为全球受众提供了多样化的信息内容，还能通过议程设置、舆论引导等方式，对国际事务产生深远影响。因此，跨国媒体集团在全球传播网络的结构调整中发挥着关键作用。

2. 国际传播组织的合作与竞争

（1）国际新闻机构的合作模式创新

面对全球化的挑战，国际新闻机构纷纷寻求合作模式创新，以应对日益激烈的市场竞争。这些机构通过建立新闻共享平台、开展联合报道、进行人员交流等方式，实现了资源的有效整合和优势互补。这种合作模式创新，不仅提高了新闻报道的质量和效率，还促进了国家间的信息交流与理解。同时，这也为全球传播网络的结构调整注入了新的活力。

（2）全球传播组织之间的竞争态势

在全球传播网络中，各类传播组织之间的竞争态势日益激烈。为了争夺市场份额和影响力，它们纷纷加大投入，提升自身的传播能力和内容质量。这种竞争不仅推动了全球传播技术的不断进步和创新应用，还促进了信息内容的多样化和个性化发展。同时，竞争也加剧了全球信息传播的不平衡性，使得一些弱势国家和地区在信息传播中处于不利地位。因此，全球传播组织需要在竞争中寻求合作与共赢，共同推动全球传播网络的健康发展。

二、多元文化交流的增强

（一）文化多样性的凸显

1. 全球范围内的文化交融

（1）移民潮带来的文化混合

随着全球化的加速，移民潮成了一个显著的现象。人们跨越国界，寻求更好的生活机会，同时也将自己的文化带到了新的土地上。这种大规模的移民潮带来了文化的混合，使得各种文化元素在全球范围内交融、碰撞。不同文化的相互渗透，不仅丰富了人们的生活，也促进了文化的创新和发展。例如，在一些大城市，各种族裔的聚居区形成了独特的文化景观，各种风味的美食、艺术、音乐等文化形式相互交融，共同构成了丰富多彩的城市文化。

（2）跨国文化交流活动的增多

近年来，跨国文化交流活动日益频繁，成为推动全球文化交融的重要力量。这些活动包括国际艺术节、电影节、音乐会、展览等，它们为世界各地的艺术家和观众提供了一个展示和交流的平台。通过这些活动，人们能够更直观地了解不同国家的文化传统和特色，感受不同文化之间的魅力与差异。同时，这些交流活动也促进了文化的传播和创新，推动了全球文化的繁荣与发展。

2. 本地文化的保护与传承

（1）非物质文化遗产的保护措施

在全球化的冲击下，许多本地文化面临着消失的危险。为了保护这些珍贵的文化遗产，各国纷纷采取了相应的保护措施。其中，非物质文化遗产的保护尤为重要。通过设立非物质文化遗产名录、建立传承人制度、开展相关教育和培训等措施，人们努力将这些独特的文化形式传承下去。这些保护措施不仅有助于维护文化的多样性，也为后代留下了宝贵的历史财富。

（2）地方文化特色的推广与展示

为了增强本地文化的认同感和吸引力，许多地方积极推广和展示自己的文化特色。通过举办各种文化节庆活动、建设文化展览馆和博物馆、开发特色文化产品等方式，人们努力将地方文化的独特魅力呈现给更多人。这些推广和展示活动不仅有助于提升地方文化的知名度，也促进了文化与旅游、经济等领域的融合发展，为地方带来了更多的发展机遇。同时，这些活动也增强了人们对本地文化的认同感和自豪感，为文化的传承和发展奠定了坚实的基础。

（二）跨文化交流的渠道拓展

1. 国际文化节与艺术展览

（1）世界各国文化节的举办

近年来，世界各国文化节的举办成为跨文化交流的重要渠道。这些文化节以展示各国独特文化为主题，通过音乐、舞蹈、美食、手工艺等多种形式，为观众呈现了一场场精彩纷呈的文化盛宴。文化节的举办不仅为各国提供了一个展示自身文化的平台，也促进了各国人民之间的相互了解和友谊。观众在参与文化节的过程中，能够亲身体验到不同文化的魅力，从而加深对文化多样性的认识和尊重。这种跨文化的交流方式，有助于打破文化隔阂，促进世界文化的交流与融合。

（2）艺术品与文物的国际巡展

艺术品与文物的国际巡展是另一种重要的跨文化交流渠道。这些巡展将各国的珍贵艺术品和文物带到世界各地，让更多人有机会欣赏到人类文化的瑰宝。通过观赏这些艺术品和文物，人们能够更深入地了解不同国家的历史、文化和艺术传统，感受到人类文明的丰富多彩。同时，这些巡展也促进了各国之间的文化交流与合作，推动了艺术领域的繁荣发展。艺术品与文物的国际巡展不仅为观众带来了视觉上的享受，更在心灵深处引发了人们对文化多样性的思考和感悟。

2. 教育与学术领域的交流加强

（1）留学生与访问学者项目的增多

随着全球化的推进，教育与学术领域的交流日益加强。其中，留学生与访问学者项目的增多是这一趋势的显著体现。各国纷纷推出留学和访问学者计划，鼓励本国学生和学者到其他国家进行学习和研究。这些项目的实施，不仅为参与者提供了更广阔的学习和发展空间，也促进了各国教育资源的共享和学术研究的合作。通过与国际同行的深入交流，留学生和访问学者能够接触到先进的学术理念和研究方法，拓宽自身的学术视野，为未来的学术研究和职业发展奠定坚实基础。

（2）国际学术会议与研讨会的举办

国际学术会议与研讨会的举办是教育与学术领域交流的另一重要途径。这些会议和研讨会汇聚了来自世界各地的学者和专家，他们就共同关心的学术问题进行深入探讨和交流。通过这些活动，学者们能够及时了解国际学术前沿动态，分享最新的研究成果和创新思维，推动相关领域的学术进步。同时，这些会议和研讨会也为各国学者提供了建立联系、开展合作的机会，促进了国际学术界的团结与协作。国际学术会议与研讨会的举办对于推动全球教育与学术领域的繁荣发展具有重要意义。

（三）语言传播的多元化

1. 多语种媒体的兴起

（1）国际广播与电视的多语种服务

随着全球化的不断深入，国际广播与电视媒体纷纷提供多语种服务，以满足不同国家和地区观众的需求。这些媒体通过开设多种语言频道、制作和播放多语种节目，为观众提供了解世界多元文化的窗口。多语种服务不仅有助于信息的广泛传播，还能够促进各国文化的交流与融合。观众在收看国际广播与电视节目时，能够领略到不同语言的魅力，增进对各国文化的理解和认同。这种跨语言的传播方式，对于推动全球文化交流具有重要意义。

（2）互联网上的多语言内容资源

互联网的普及和发展极大地推动了语言传播的多元化。如今，越来越多的网站和平台提供多语言内容服务，包括新闻、社交媒体、在线教育等。用户可以根据自己的语言偏好选择浏览和互动的内容，这使得信息的获取和交流变得更加便捷和高效。互联网上的多语言内容资源不仅满足了不同语言群体的需求，还促进了语言的多样性和包容性。通过在线翻译工具和语音识别技术，人们可以轻松地跨越语言障碍，实现全球范围内的即时交流。

2. 语言教育与翻译服务的发展

（1）外语教育的普及与推广

外语教育在全球化时代具有越来越重要的地位。为了培养具有国际视野和跨文化交际能力的人才，各国纷纷加强外语教育的普及与推广。学校、教育机构以及在线学习平台提供丰富多样的外语课程和学习资源，鼓励学生和成人学习外语，提高他们的语言技能和文化素养。外语教育的普及不仅有助于个人职业发展和国际交流，还能够增进不同国家之间的相互理解和友谊，推动世界和平与发展。

（2）专业翻译与口译服务的提升

随着国际交流的日益频繁，专业翻译与口译服务的需求也在不断增长。为了满足这一需求，翻译行业不断提升服务质量和效率，引入先进的技术和工具，提高翻译的准确性和时效性。专业翻译人员不仅需要具备扎实的语言功底和翻译技巧，还需要了解不同文化的背景和习俗，以确保翻译的准确性和文化适应性。同时，口译服务也在国际会议、商务洽谈等场合发挥着越来越重要的作用。专业翻译与口译服务的提升为跨文化交流提供了有力的支持，推动了全球文化的交流与融合。

三、数字技术的革新与国际传播新业态的涌现

（一）数字技术的革新及其影响

1. 信息传播效率的革命性提升

随着数字技术的日新月异，信息传播效率的提升已经不仅仅是量的变化，而是质的飞跃。高速互联网和即时通讯技术的广泛普及，仿佛打破了时间和空间的束缚，让全球各地的信息能够在瞬间传递，无论是远隔重洋还是近在咫尺。文字、图像、视频等多种形式的信息，如今都能以惊人的速度传达到世界的每个角落，让人们能够随时随地了解全球的最新动态。这种信息传播效率的革命性提升，不仅极大地加快了新闻的传播速度，使得重要事件和突发新闻能够在第一时间被全球知晓，更让知识和文化的交流变得前所未有的便捷。人们不再受限于地域和语言的障碍，可以轻松地获取所需的信息，拓宽自己的视野和知识面。同时，大数据技术的深入应用，更是让信息传播进入了精准化和个性化的新时代。通过对海量数据的分析和挖掘，信息传播平台能够更准确地把握用户的需求和偏好，为用户提供更加贴心和个性化的内容推荐。

2. 内容创作与呈现方式的多样化

数字技术的持续革新,彻底改变了内容创作与呈现的传统模式,带来了前所未有的多样化体验。在过去,文字和图片是信息传递的主要方式,但如今,随着多媒体技术的飞速发展,这一局面已被彻底打破。音频、视频、动画等多媒体元素现在能够轻松融合,为创作者们提供了无比广阔的创意舞台。这种融合不仅让内容形式变得更为丰富多彩,还大大提高了信息的传达效率和观众的接收体验。无论是观看一部融合了 3D 动画和环绕立体声的影片,还是通过互动视频参与到一个故事中,观众都能获得沉浸式的享受。虚拟现实(VR)和增强现实(AR)技术的崭露头角,更是将信息传播带入了一个全新的维度。通过这些技术,用户不再只是信息的被动接受者,而是能够身临其境地置身于内容之中,与信息进行深度互动。这种全新的体验方式无疑极大地增强了信息的吸引力和影响力,让内容创作与传播的可能性变得无限广阔。

3. 用户参与和互动的显著化

在数字技术的强大推动下,用户的参与度经历了前所未有的提升。社交媒体平台的广泛兴起,如同打开了一扇扇便捷的互动之门,使得人们能够跨越时空界限,轻松分享彼此的观点、意见和感受。这种分享不仅仅是文字的传递,更包括图片、视频、表情包等多种形式的表达,让互动变得更加生动有趣。同时,个性化推荐算法的应用更是将用户的信息获取体验推向了新的高度。这些算法通过精准分析用户的兴趣和行为习惯,为用户量身打造信息推荐清单。这不仅让用户能够在海量的信息中迅速找到自己感兴趣的内容,还大大提高了用户的满意度和忠诚度。这种参与度的显著提升,不仅加强了用户与信息之间的双向互动,更使得信息传播的目标更加明确、效果更加显著。同时,用户的积极参与也为内容创作者带来了宝贵的反馈。这些来自一线用户的真实声音,为创作者们提供了优化内容、调整策略的重要依据,有助于进一步提升内容质量和传播效果,实现信息的良性循环和高效传播。

（二）国际传播新业态的涌现

1. 新媒体平台的崛起

新媒体平台的崛起，无疑是国际传播领域一道亮丽的风景线，标志着这一行业迎来了全新的时代。在互联网技术的强力驱动下，社交媒体、短视频、直播等新媒体形态层出不穷，它们以崭新的面貌和强大的功能，迅速在国际传播舞台上占据了一席之地。这些新媒体平台所展现出的互动性、即时性和全球化特点，极大地冲击了传统的国际传播模式。它们打破了时间和空间的限制，使得信息的传播速度更快、范围更广。更重要的是，新媒体平台赋予了公众更多的话语权和选择权，人们可以更加便捷地获取自己感兴趣的信息，同时也可以自由地表达自己的观点和看法。这种变革不仅丰富了国际传播的内容和形式，还深刻影响了国际舆论场的格局。新媒体平台上的声音和观点，往往能够迅速引发全球范围内的关注和讨论，进而影响国际事务的走向和公共议程的设置。

2. 数字内容产业的发展

数字内容产业的迅猛崛起，已经成为国际传播新业态中一个不可忽视的现象。在数字化和网络化浪潮的推动下，传统文化内容产业正经历着一场深刻的变革，逐渐向数字内容产业转型。网络文学、动漫、游戏、数字音乐、数字影视等数字内容产品如雨后春笋般涌现，它们以独特的创意、多样的形态和便捷的传播方式，迅速俘获了全球用户的心。这些数字内容产品不仅具有极高的娱乐性和观赏性，更承载着丰富的文化内涵和价值观。它们以数字化的形式，打破了传统传播的种种限制，让各国文化得以在全球范围内自由流通和交融。这种跨文化的传播方式，不仅极大地丰富了国际传播的内容资源，还为各国文化的交流与互动提供了新的机遇。同时，数字内容产业的快速发展也带来了新的挑战。如何在激烈的市场竞争中脱颖而出，如何保持内容的持续创新和质量提升，如何更好地满足用户多样化的需求，这些都是数字内容产业需要面对和解决的问题。

3. 智能传播技术的实践与探索

智能传播技术的实践与探索，正日益成为推动国际传播新业态发展的核心力量。近年来，以人工智能、大数据、云计算等前沿技术为代表的智能技术群体，不断在各领域取得显著突破，为国际传播注入了前所未有的活力与变革力。这些智能传播技术通过高度自动化、智能化的处理方式，不仅实现了信息的精准推送和个性化定制，更在数据分析、趋势预测等方面展现出强大的能力。它们能够准确捕捉用户的兴趣和需求，为用户提供更加贴心、个性化的内容服务，从而极大地提升了国际传播的效率和精准度。同时，在新闻报道、内容推荐、舆情监测等多个关键领域，智能传播技术也发挥着越来越重要的作用。它们能够迅速处理海量信息，提供深入的数据洞察，帮助传播者更好地把握舆论动态，制定有效的传播策略。

第二节　国际传播能力建设的战略意义

一、提升国家软实力与国际影响力

（一）塑造积极的国家形象

1. 展示国家文化魅力与发展成就

（1）推广优秀传统文化

习近平总书记指出："中华优秀传统文化是中华民族的精神命脉，要努力从中华民族世世代代形成和积累的优秀传统文化中汲取营养和智慧，延续文化基因，萃取思想精华，展现精神魅力。"通过国际传播，将本国的历史文化遗产、民间艺术、传统节日等瑰宝展示给世界。这些文化元素不仅仅是历史的积淀，更是民族精神的体现。通过精心策划的文化交流活动、艺术展览、文艺演出等形式，让世界各地的观众亲身感受到中华文化的博大精深和独特魅力。同时，也注重利用现代科技手段，如数字化、虚拟现实等，创新文化传播方式，使传统文化焕发新的生机与活力。这些努力不仅增强了国家文化的吸引力，也为促进世界文化多样性的发展做出了积极贡献。

（2）展现现代化建设成就

我国在经济建设、科技创新、社会发展等方面取得了举世瞩目的重大成果。通过国际传播，向世界全面、客观、真实地展示这些成就。无论是高楼大厦的拔地而起，还是高铁、航天等科技领域的突破；无论是教育、医疗等社会事业的进步，还是环保、减贫等国际责任的担当，都充分展现了国家的进步与繁荣。这些成就的展示，不仅提升了国际社会对国家发展道路的认同和尊重，也激发了全国人民为实现中华民族伟大复兴而奋斗的豪情壮志。同时，还积极分享发展经验，为其他发展中国家提供借鉴和启示，共同推动构建人类命运共同体。

2. 传递国家价值观与外交理念

（1）弘扬核心价值观

在中国特色社会主义的背景下，马克思主义价值观得到了具体化和深化，形成了新时代中国化的马克思主义理论成果。这些成果不仅体现了中国精神的核心，也为全球治理提供了"中国方案"。社会主义核心价值观作为中国精神的精髓，不仅在国内具有深远影响，也在国际舞台上展现出其价值。全人类共同价值则为构建人类命运共同体提供了坚实的价值支撑。通过有效的国际传播，我们可以向世界展示中国倡导的和平、发展、公平和正义等核心价值观，促进全球的和谐与进步。通过国际传播，可以积极阐释本国的核心价值观。这些价值观不仅是国家发展的基石，也是民族精神的体现。通过各种渠道和平台，向国际社会传递这些价值观的内涵和意义，强调它们对于国家稳定、社会进步和全球治理的重要性。通过持续不断的努力，希望能够增强国际社会对这些价值观的认同和理解，为构建更加和谐、公正的世界秩序贡献力量。

（2）传播外交政策与主张

在国际舞台上，清晰传达本国的外交政策、国际战略和对外主张至关重要。通过国际传播，全面、准确地介绍国家的外交理念和立场，阐述在重大国际问题上的看法和主张。这不仅有助于增进国际社会对国家外交政策的认知和接受，还能为营造有利的国际环境提供有力支持。同时，也要注重与国际社会的沟通和交流，倾听不同声音，积极回应关切，以更加开放、包容的姿态参与全球治理。

（二）增强国际话语权

1. 提高国际传播能力与水平

（1）中国理论在世界广泛关注

习近平新时代中国特色社会主义思想是引领中国、影响世界的当代中国马克思主义、21世纪马克思主义，是在把握世界发展大势、应对全球共同挑战、维护人类共同利益的过程中创立并不断丰富发展的。当前，世界面临百年未有之大变局，为了让世界读懂中国，必须用中国话语讲述中国故事、阐释中国道理、抒发中国情感并揭示共同价值。习近平总书记在许多重大国际场合深刻阐明了推动世界现代化进程、促进人类文明进步的中国立场、中国方案，《习近平谈治国理政》等著作热销海外，宣介新时代党的创新理论的国际传播精品不断涌现，从深层次上增进了国际社会对中国价值理念、发展道路和政策主张等的理解和认同，鲜明回答了时代之问、世界之问。

（2）中国故事在全球广为传播

讲故事是国际传播的最佳方式。用中国理论解读中国实践，用中国话语阐释中国道路，用中国精神滋养世界文化，要着力构建融通中外的中国话语和中国叙事体系。运用新媒体新技术新应用，创新中国故事的核心内容、表达形式、传播载体，形成规模海量、内涵丰富、活泼生动、吸引受众的产品，真实立体全面展现可信、可爱、可敬的中国形象。新时代的对外传播实践中，已充分展现中国故事及其背后的思想力量和精神力量。一是立足国情，打造符合中国实际、具有鲜明中国特色的新概念、新范畴、新表述，坚定行进在中国特色社会主义道路上，努力在国际舆论场形成中国表达、中国修辞、中国语意。二是立足党情，着眼于百余年来中国共产党成立、发展、壮大的宏伟历史，坚持用党的创新理论阐释中国实践、观察国际问题。三是立足世情，积极应对错综复杂的国际形势，对接国外习惯的话语体系、表达方式，提高对外话语的说服力和学理支撑，让国际社会更易于理解和接受，打造融通中外的话语体系。

2. 参与国际舆论场竞争与合作

（1）积极发声，引领国际舆论

北京大学国际传播研究院院长程曼丽认为，国际传播不仅是一种跨越国界的信息传播活动，也是国际政治、国际舆论斗争的一部分。国际舆论格局的变化，使国际传播呈现出新的特点。比如新兴国家在国际传播中崛起、话语权的争夺成为国际竞争焦点、传播主体协同联动形成舆论强势、新媒体的发展加速舆论格局变化等。在国际舆论场中，不能被动应对，而应积极发声，主动引领国际舆论的走向。将密切关注国际社会的热点问题和关切，及时设置相关议题，通过权威、客观、全面的报道和分析，向全球传递真实、准确的信息。同时，将加强与国际主流媒体的沟通与合作，争取更多的话语权和发声机会，让世界听到更多来自中国的声音。在回应国际关切时，将秉持开放、透明的态度，积极解答疑问，消除误解，以建设性的方式参与国际舆论的构建。

（2）加强国际合作与交流

面对全球化的发展趋势，加强国际合作与交流对于提升国际传播能力至关重要。将积极寻求与其他国家和国际组织的传播合作，建立广泛而深入的合作关系网络，通过与各国媒体的联合报道、信息共享和互访交流，能够增进相互了解与信任，共同推动国际传播秩序的公正与合理发展。此外，还将积极参与国际传播组织的活动，为推动构建开放、包容、多元的国际传播体系贡献力量。在合作与交流中，将坚守多边主义原则，维护全球治理体系的有效性，共同应对全球性挑战和问题。通过加强国际合作与交流，将进一步提升国家在国际舞台上的地位和影响力，为促进世界和平与发展做出积极贡献。

二、促进国际交流与合作

（一）增进国际理解与信任

1. 加强文化交流与教育合作

党的二十大报告更加凸显了科教兴国战略在中国式现代化建设中举足轻重的地位。习近平总书记强调，要完善教育对外开放战略策略，统筹做好"引进来"和"走出去"两篇大文章，有效利用世界一流教育资源和创新要素，使我国成为具有强大影响力的世界重要教育中心。深化国际教育合作和人文交流，既是建设教育强国的应有之义，也是加强国际传播、增进人民相知相亲、促进文明交流互鉴的重要途径和有效举措。文化交流作为促进国家间理解与信任的重要途径，承载着深厚的意义。通过举办艺术节、文化交流活动等丰富多彩的形式，展示本国的优秀传统文化和现代文明成果，向世界传递文化价值观和发展理念。同时，以更加包容开放、平等谦虚的心态对待外来文化。多元文化的交流与融合有助于增进各国人民之间的相互了解和尊重，为构建和谐共处的国际关系奠定坚实基础。教育是国家发展的基石，也是培养具有国际视野和跨文化沟通能力人才的关键途径。将加强与国际教育机构的合作，推动教育资源的共享，引进先进的教育理念和教育模式，提高教育的国际化办学水平。

2. 深化民间交往与旅游合作

民间交往作为增进国家间友谊与信任的重要渠道，其重要性不言而喻。民间团体和非政府组织在国际交流中扮演着举足轻重的角色。因此，我国将大力鼓励这些组织开展形式多样的国际交流活动，如文化交流、教育合作、人道主义援助等，以此加强民间外交，拓宽国际人脉。通过这些活动，期望能够搭建起更多沟通的桥梁，让不同国家的人民有机会深入了解彼此的文化和生活方式，从而增进相互之间的理解与信任。同时，也看到了旅游合作在促进国际交流中的独特作用。旅游不仅是一种休闲方式，更是一种文化体验和交流的机会。因此，将积极推动旅游合作，通过简化签证手续、完善旅游设施等措施，努力打造更加便捷、舒适的旅游环境，以吸引更多外国游客来访。相信，随着旅游产业的共同发展，各国人民之间的交流与互动将更加频繁，理解与信任也将进一步加深。

（二）推动国际合作与发展

1. 加强经济贸易合作

经济贸易合作不仅是国际合作的重要基石，更是推动全球经济发展的关键动力。积极参与国际经贸规则制定，对于维护国家利益和促进全球贸易的公平与繁荣至关重要。因此，将致力于推动贸易和投资自由化便利化，加强与贸易伙伴的沟通协调，共同减少贸易壁垒，为全球贸易创造更加开放、透明的环境。同时，也应认识到，贸易平衡发展是实现可持续经济增长的重要因素。将努力促进贸易的双向流动，通过多元化的市场策略和互惠互利的贸易安排，实现贸易的平衡与共赢。此外，还将鼓励本国企业勇敢地"走出去"，积极参与国际竞争与合作。相信，通过不断的学习与创新，本国企业能够不断提升自身的国际竞争力，为全球消费者提供更优质的产品和服务。

2. 拓展科技与创新合作

科技与创新是推动人类社会不断向前的重要引擎，对于国家的发展和进步具有举足轻重的作用。我们深知，在科技发展日新月异的今天，任何国家都难以独自应对各种挑战。因此，我们将积极寻求与各国在科技领域的交流与合作，共同研发新技术、新产品，以期通过集思广益、携手努力，推动科技成果的共享与转化，造福全人类。为了实现这一目标，将着力打造国际科技合作平台，为各国科研人员提供一个广阔的交流与互动空间。通过这个平台，可以汇聚全球智慧，共同攻克科技难题，推动科技创新的蓬勃发展。同时，也将借助这一平台，不断提升本国的科技创新能力，为国家的长远发展注入源源不断的动力。此外，还将大力鼓励企业加大研发投入，特别是支持那些具有创新精神和国际视野的科技型企业。

3. 强化全球治理与国际规则制定

进入新时代以来，世界百年未有之大变局加速演进，和平与发展仍然是时代主题，但国际环境不稳定性不确定性明显上升。随着全球化的步伐日益加快，全球治理体系面临着前所未有的挑战与机遇。为了应对这些全球性挑战，必须不断完善和适应新的变化，提高运用法治思维和法治方式应对挑战、防范风险、反制打压的能力，积极参与全球治理和国际规则制定，以中国智慧推动构建新型国际关系，为推动国际体系的改革与完善贡献力量。在这个过程中，将加强与各国在国际事务中的协调与合作，携手应对气候变化、公共卫生、经济危机等全球性挑战。积极参与国际规则的制定与修订工作，为本国及全球的发展提供有力的制度保障。将致力于推动构建更加公正、合理的国际规则体系，以维护国际秩序的稳定与和平。

三、服务国家经济发展与对外开放

（一）促进国内经济发展与产业升级

1.优化营商环境，激发市场活力

为了促进国内经济的持续健康发展，优化营商环境不仅是政府的责任，更是推动经济腾飞的关键。我国将坚定不移地简化行政审批流程，彻底削减企业在开办和运营中所面临的烦琐手续，从而真正降低其制度性成本。这意味着，企业将能够更迅速地进入市场，更有效地调配资源，进而全心投入到市场开拓和产品创新中去。此外，我们深知知识产权对于现代企业的核心价值。因此，加大知识产权保护力度不仅是为了维护公平正义，更是为了激发企业的创新潜能。只有当企业确信其创新成果能够得到充分保障，它们才会更加大胆地投入研发，更加积极地推动科技成果的转化和应用。

2.支持产业升级与结构调整

随着全球经济的深入演变，产业升级与结构调整显得愈发重要，它们不仅是应对外部挑战的关键，更是推动国内经济持续增长的核心动力。我们深知，新兴产业和关键技术领域是未来竞争的主战场。因此，将采取有力措施，积极引导资金、人才等资源向这些领域汇聚，全力支持企业进行技术创新和产品升级。我们的目标是培育出一批具有国际竞争力的产业集群，让它们成为引领经济发展的新动力。同时，不能忽视传统产业的基础性作用。将推动这些产业向高端化、智能化、绿色化方向转型，使其焕发新的生机与活力。通过提高产品质量和附加值，不仅能够满足市场日益多样化的需求，还能够为企业创造更大的利润空间，从而增强整个产业的可持续发展能力。

3.加强区域经济合作与协调发展

实现区域经济的协调发展，对于提升国家整体经济实力具有不可替代的战略意义。将以更加坚定的步伐推动区域一体化进程，致力于消除地区间的行政壁垒和市场分割，为生产要素的自由流动和优化配置创造更加良好的环境。这意味着，将促进劳动力、资本、技术等要素在区域间的高效流动，使得各地区能够充分发挥其资源禀赋和比较优势。同时，加强跨地区合作是实现区域协调发展的关键一环。将积极推动各地区在基础设施建设、产业发展、科技创新等领域的深度合作，形成优势互补、协同发展的良好格局。通过共享资源、互通有无，各地区可以共同应对外部挑战，实现更高水平的发展。

（二）深化对外开放与合作交流

1. 拓展对外贸易市场与渠道

在全球贸易的大背景下，我国必须积极参与多边和双边贸易谈判，这不仅是展示我国国际影响力的舞台，更是为我国企业争取更有利贸易条件和市场份额的重要途径。通过深入参与谈判，可以更好地了解国际市场需求，为我国商品和服务打开更广阔的市场空间。同时，推动出口市场多元化战略势在必行。为了降低对单一市场的依赖风险，必须寻求新的市场机会，拓展多元化的出口渠道。这意味着，要深入挖掘各个市场的潜力，根据市场需求调整出口结构，使我国商品能够更好地适应全球市场。此外，为了支持企业"走出去"，还需要提供全方位的政策支持。完善海外投资政策是关键一步，通过简化审批流程、提供税收优惠等措施，鼓励企业积极开展跨国经营。同时，建立海外市场营销网络和研发中心也是必不可少的环节，这将有助于企业更好地了解海外市场需求，提升产品的国际竞争力。

2. 加强国际金融合作与风险防范

在全球金融一体化日益加速的背景下，国际金融合作的重要性愈发凸显。我国必须积极深化与国际金融机构的合作与交流，这不仅是学习和借鉴国际先进经验和技术的过程，更是提升我国金融实力和国际地位的关键步骤。与此同时，加强国内金融监管体系的建设也刻不容缓。金融市场的稳定是国家经济安全的重要组成部分，必须提高金融风险防范和应对能力，确保金融市场的平稳运行。通过完善监管制度、提升监管技术、加强监管队伍建设等措施，可以构建一个更加稳健、高效的金融监管体系。此外，鼓励国内金融机构积极参与国际金融市场竞争与合作也是提升我国国际金融地位的重要举措。

3. 推动共建"一带一路"倡议与国际合作

共建"一带一路"倡议作为我国对外开放的重要战略，为我国与沿线国家提供了前所未有的国际合作契机。在这一宏大构想下，加强沿线国家的经贸往来和合作机制建设显得尤为重要。通过深化经贸关系，不仅能够实现互利共赢的发展目标，还能够共同应对全球性挑战，推动构建更加公正合理的国际经济新秩序。同时，积极参与沿线国家的基础设施建设、能源资源开发等重点领域合作项目，是共建"一带一路"倡议的核心内容之一。这些合作项目的实施，将有力促进双方产能合作和贸易平衡发展，为沿线国家带来实实在在的利益，增进与沿线国家人民的相互了解和友谊，培养更多具有国际视野和跨文化沟通能力的人才，为深化共建"一带一路"合作奠定坚实的民意基础。

四、服务中国特色对外话语体系建设

（一）提升中国特色对外话语体系的科学性

习近平总书记指出："要加快构建中国话语和中国叙事体系，用中国理论阐释中国实践，用中国实践升华中国理论，打造融通中外的新概念、新范畴、新表述，更加充分、更加鲜明地展现中国故事及其背后的思想力量和精神力量。"坚持用中国理论阐释中国实践，是构建中国特色对外话语体系的科学内核。提升中国特色对外话语体系的科学性，关键在于结合当代中国的发展实践，构建具有中国特色、时代特征、世界影响的话语体系。这需要我们在理论上不断创新，加强对外传播的策略研究，提高话语的国际表达能力和影响力，确保我们的声音在世界舞台上更加响亮、更加有力。同时，我们还需注重话语体系的实践应用，通过多渠道、多平台展示中国故事、传播中国声音，让世界更好地了解中国，增进国际社会对中国的理解和认同。

（二）增强中国特色对外话语体系的吸引性

增强中国特色对外话语体系的吸引性，核心在于创新表达方式，使之更加贴近国际受众的思维习惯和接受方式。我们应巧妙融合中华文化的独特魅力与现代传播技巧，打造富有感染力和共鸣力的叙事模式，让中国故事、中国声音以更加生动、鲜活的形式展现在世界面前。同时，应积极回应国际关切，讲好中国积极参与经济发展、环境保护、气候变化、粮食安全、全球治理、能源合作等全球性事务的故事，展现中国智慧和中国方案，以开放包容的姿态增进国际社会对中国的认知和好感，从而有效提升中国特色对外话语体系的全球吸引力和影响力。

（三）激发中国特色对外话语体系的共情性

习近平总书记指出："我们要把握国际传播领域移动化、社交化、可视化的趋势，在构建对外传播话语体系上下功夫，在乐于接受和易于理解上下功夫，让更多国外受众听得懂、听得进、听得明白，不断提升对外传播效果。"激发中国特色对外话语体系的共情性，关键在于深入探索人类共同价值与中华文化的深度结合点，以情感共鸣为桥梁，讲述具有普遍意义的中国故事。我们应注重展现中国人民的奋斗历程、梦想追求和情感世界，以真诚、温暖的话语触动国际受众的心灵，让他们在中国故事中看到自己的影子，感受到相似的情感与经历。同时，积极倡导和平、发展、合作、共赢的理念，展现中国作为一个负责任大国的形象，进一步增进国际社会对中国的情感认同和价值共鸣，从而有效提升中国特色对外话语体系的共情力和影响力。

（四）提高中国特色对外话语体系的实效性

提高中国特色对外话语体系的实效性，首先要明确我们的传播目标和受众需求，制定出更加精准、有针对性的传播策略。同时，我们需要不断丰富话语体系的内容，深入挖掘中国在经济、政治、文化等方面的成功案例和故事，展示中国的独特优势和成就。此外，我们还要创新话语表达方式，运用现代传播手段和新技术，增强话语的生动性、互动性和感染力，以更好地吸引和打动目标受众。最后，我们要加强效果评估与反馈机制建设，及时了解受众的反馈和需求，对话语体系进行持续优化和调整，确保其始终保持在实效性的轨道上。通过这些措施的实施，我们能够更有效地提升中国特色对外话语体系的传播效果和社会影响力。

第三节　外语专业在国际传播中的角色定位

在加强国际传播能力建设中，我国已经初步建立了多主体、立体式的大外宣格局，但目前我们的官方国际传播仍然存在被误解、被打压的困境，这样的案例不胜枚举："针对中国崛起，西方炮制的'中国威胁论''中国病毒论'等都反映了国际传播实践中全球化与本地化的冲突"。在当前的国际传播领域，我们仍需面对众多挑战，这要求我们汇聚来自不同领域的智慧，致力于探索和实施更为高效和深远的传播策略。外语学科对于国际传播能力建设的主要贡献度，一方面在其知识生产，对应"精准传播"，另一方面在其人才培养，培养具有国际传播能力的外语人才（王欣，2023）。外语学科的根本任务在于深入研究外国语言和文化。掌握一种语言并深入了解其背后的国家文化，是外语学科在提升国家国际传播能力中发挥关键作用的重要方面。对于外语专业来说，高级写作技能、翻译技能以及跨文化交流能力构成了国际传播能力的核心要素。外语专业人才是语言桥梁与沟通者、文化传播与推广者和国际新闻与信息传播者。

一、语言桥梁与沟通者

（一）构建语言交流通道

1. 提供即时语言服务

我国已经成为语言服务大国，但还不是语言服务强国；我国应加快建立语言服务学科，促进从语言服务大国到强国的转变；高校应为建设语言服务强国培养更多合格的语言服务人才（王立非，2021）。在国际交流中，即时语言服务的重要性不言而喻，要求外语专业人才不仅要具备深厚的语言功底，卓越的跨文化能力，精湛的口译技巧，使得他们能够在各种国际会议、商务洽谈以及文化交流活动中游刃有余地提供高质量的语言服务，成为不可或缺的桥梁，对于促进国际交流、理解与合作具有重要意义。他们通过流利的口译，将各方的观点和意图准确无误地传达给在场的其他人，确保了会议的顺利进行和有效决策。除了口译服务外，外语专业人才还承担着书面翻译的重要职责。无论是重要的文献资料、法律文件，还是合同协议等，他们都能够以极高的准确度和专业素养进行翻译，确保文本信息的准确传递和法律效力不受影响。这种跨语言的书面翻译服务，为国际的合作与交流提供了有力的支持。外语专业人才通过他们的即时语言服务，为国际交流搭建了一座座通畅的桥梁，使得不同语言、不同文化背景的人们能够更加便捷地进行沟通与合作，共同推动世界的繁荣与发展。

2. 化解语言交流障碍

语言差异，这一国际交流中常见的难题，往往给不同国家的人们带来沟通上的困扰。然而，正是外语专业人才的存在，使得这些看似难以逾越的障碍得以有效化解。他们不仅熟练掌握多种语言，更在深入研究和理解不同文化的过程中，精通了各种文化背景下的表达方式和沟通习惯。在跨文化对话的复杂场域中，外语专业人才能捕捉到潜在的误解和冲突。语言不仅仅是文字的简单转换，更蕴含着丰富的文化内涵和情感色彩。因此，在传递信息的过程中，他们注重细节，力求准确传达每一句话、每一个词甚至每一个语气的微妙差别。当遇到误解或冲突时，这些外语专业人才会迅速而巧妙地运用他们的语言技巧，进行解释和调和。他们通过灵活的语言转换，使得双方能够更好地理解对方的意图和需求，从而消除隔阂、化解误会。在他们的努力下，国际交流变得更加顺畅、高效，各国之间的合作关系也得以更加紧密地建立和发展。

（二）深化国际理解与共识

1. 文化传递与阐释

文化作为国家和民族的灵魂，一直是国际交流中备受关注的焦点。在这一领域中，外语专业人才发挥着举足轻重的作用，他们不仅是文化的传递者，更是文化的阐释者。通过精湛的翻译技艺，这些外语专业人才将本国的文学作品、影视作品、新闻报道等呈现给国际社会，为世界各地的人们打开了一扇扇了解不同文化的窗口。他们的工作让人们有机会领略到各国独特的文化魅力，感受到历史的厚重和传承的力量，同时也能够及时了解各国的社会现状和发展动态。外语专业人才不仅将国外的经典著作、影视作品等译成本国语言，介绍给国内读者和观众，还通过各种渠道和方式，推动中外文化的交流与融合。在传递文化的过程中，外语专业人才还特别注重阐释文化背后的深层次含义。文化不仅仅是表面的形式和符号，更蕴含着深厚的历史底蕴和民族精神。因此，在翻译和介绍文化作品时，外语专业人才总是力求准确传达原作的精神实质和文化内涵，帮助不同文化背景的人更好地理解和接纳彼此的差异。这种深层次的文化交流和理解，有助于深化国际社会的理解与认同，为构建和谐世界奠定坚实的文化基础。

2. 促进多边交流与合作

外语专业人才在促进多边交流与合作方面的作用，可谓是举足轻重的，其不仅具备卓越的语言能力，更拥有广泛的国际视野和深厚的专业知识，这使得他们成为政府、企业和民间团体在国际舞台上建立联系和合作网络的得力助手。在国际贸易领域，外语专业人才通过精准的语言沟通，协助各方打破语言壁垒，确保贸易谈判的顺利进行。外语专业人才不仅能够准确传达各方的需求和利益诉求，还能在谈判过程中发挥积极的协调作用，推动贸易协定的达成和实施。这对于促进国际贸易的发展和加强各国之间的经济联系具有重要意义。在科技研发领域，外语专业人才也发挥着不可或缺的作用，他们通过翻译和解读国际科技文献，为国内科研人员提供最新的科技信息和研究成果。同时，还积极参与国际科技合作项目的洽谈和实施，为国内外科研机构搭建起合作的桥梁，推动科技创新的全球化发展。此外，在教育合作领域，外语专业人才同样展现出他们的独特价值，他们通过参与国际教育交流项目，推动国内外教育资源的共享和合作，不仅有助于提升本国教育的国际化水平，还能够培养更多具有国际视野和跨文化沟通能力的人才，为国际社会的繁荣与发展做出贡献。

二、文化传播与推广者

（一）跨文化交流的使者

1. 文化内容的翻译与解读

外语专业人才作为跨文化交流的使者，在文化内容的翻译与解读方面发挥着至关重要的作用。他们不仅具备高超的语言技能，更对源语言和目标语言的文化背景有着深刻的理解。在翻译过程中，他们不仅要确保文字的准确转换，更要传达出原文的文化韵味和精神内涵。这需要他们具备敏锐的文化触觉和丰富的知识储备，能够捕捉到文化间的细微差异，并用恰当的语言进行表达。此外，外语专业人才还致力于解读外国文化作品，帮助本国读者更好地理解和欣赏。他们通过对外国文学、艺术、历史等领域的深入研究，为读者提供全面的文化背景知识和深入的解读分析。这不仅有助于促进文化输入，还能够拓宽读者的文化视野，增进对不同文化的理解和尊重。

2. 文化活动的组织与参与

外语专业人才在文化活动的组织与参与方面确实能够发挥其独特的才华和能力。他们不仅精通多国语言，更熟悉国际文化交流的规则和惯例，这使得他们在策划和组织各类国际文化活动时能够游刃有余，确保活动的顺利进行和有效传播。外语专业人才凭借其卓越的语言能力和深刻的文化理解，能够轻松应对各种挑战和需求，确保活动的顺利进行和成功。无论是大型的国际文化节、艺术展览，还是小型的文化沙龙、学术交流会，外语专业人才凭借他们的专业素养和丰富经验，为活动的成功举办提供有力保障。他们为活动提供多语种的支持和服务，让来自不同文化背景的人们都能够充分参与和互动。此外，外语专业人才还经常作为代表参与国际文化论坛和研讨会，与来自世界各地的文化界人士展开深入的交流与探讨，分享本国的文化成果和经验，增进国际社会对本国文化的了解和认同，积极借鉴和吸收其他国家的优秀文化传统和创新实践，为本国文化的繁荣发展注入新的活力。

（二）文化品牌的塑造与传播

1. 国家形象的建构与传播

外语专业人才在国家形象的建构与传播中起着举足轻重的作用。他们深知国家形象是一个多维度、复杂的概念，涵盖了政治、经济、文化、社会等多个方面。因此，在构建国家形象时，外语专业人才不仅关注表面的形象塑造，更致力于挖掘和传达国家的核心价值观和深层文化内涵。外语专业人才通过精准的外语表达，将本国的历史传统、现代发展、社会风貌等全面地展现给国际社会，帮助外国受众形成对本国全面、客观的认知。同时，他们还积极利用国际媒体和社交平台，讲述本国故事，传播本国声音，增强国家在国际舞台上的话语权和影响力。在国家形象的传播过程中，外语专业人才还注重策略的运用，结合目标受众的文化背景和接受习惯，制定有针对性的传播策略，确保信息能够准确、有效地触达受众，并在受众心中留下深刻印象。

2. 文化产品与服务的推广

外语专业人才在文化产品与服务的推广中扮演着关键角色。他们深知，文化产品与服务不仅是经济发展的重要支柱，更是文化传承和创新的重要载体。因此，外语专业人才致力于将本国的优秀文化产品与服务推向国际市场，让世界更多地了解和欣赏本国的文化魅力。通过对国际市场需求的深入了解，为本国文化企业提供有针对性的市场分析和营销策略建议，帮助企业制订符合国际市场需求的推广计划。同时，外语专业人才还利用自身的语言优势和跨文化沟通能力，协助企业与外国合作伙伴建立稳固的合作关系，推动文化产品与服务的国际贸易和交流。此外，外语专业人才还积极参与国际文化展览、交易会等活动，为本国文化产品与服务提供展示和交流的平台，通过专业的展示和讲解，让外国观众更加深入地了解产品的文化内涵和特色，从而增强产品在国际市场上的吸引力和竞争力。

三、国际新闻与信息传播者

（一）国际新闻编译与报道

1. 新闻语言的即时翻译

在国际新闻报道的舞台上，外语专业人才扮演着举足轻重的角色，其中最为关键的一项技能便是新闻语言的即时翻译，这不仅要求外语专业人才精通外语，更需要在极短的时间内准确理解新闻内容，并将其以另一种语言迅速传达给受众。即时翻译在新闻传播中至关重要，因为它直接关系到信息的时效性和准确性。外语专业人才在这方面展现出卓越的能力，能够在新闻事件发生后第一时间进行翻译，确保全球受众能够同步获取最新信息，不仅有助于消除语言障碍，还能促进国际的信息交流与共享。为了实现高质量的即时翻译，外语专业人才需要不断提升自己的语言能力和专业知识，密切关注国际动态，了解不同国家和地区的文化背景和语言习惯，以便在翻译过程中准确传达新闻的原意和语境。同时，还需要具备快速应变和抗压能力，以应对新闻报道中的突发情况和时间紧迫性。

2. 跨文化新闻敏感度

根据 Bennett（1993）的定义，跨文化交际敏感度是一种不断适应现实结构中的文化差异的能力，处在不断的发展过程之中并能够观察到发展的不同阶段。跨文化新闻敏感度是指在新闻报道和传播过程中，对不同文化背景下的受众所持的尊重、理解和适应能力。跨文化新闻敏感度体现在对国际新闻事件的敏锐洞察和准确判断上，外语专业人才需要能够捕捉到不同文化间的细微差异，理解并尊重这些差异，从而在新闻报道中准确传达信息，避免误解和冲突，同时还需要关注国际舆论场的变化，及时捕捉并报道具有重要影响力的新闻事件，为全球受众提供多元、全面的信息。为了培养跨文化新闻敏感度，外语专业人才需要广泛涉猎不同领域的知识，增强自己的文化素养和全球视野。还需要在实践中不断积累经验，提高自己的新闻敏感度和判断力。只有这样，才能更好地担任起国际新闻编译与报道的重任，为促进全球信息传播与交流贡献自己的力量。

（二）国际信息交流与沟通

1. 国际会议的同声传译

国际会议是各国政要、商界领袖和专家学者交流思想、共商合作的重要平台。在这样的场合中，同声传译员扮演着至关重要的角色，他们是语言沟通的桥梁，确保与会者能够实时、准确地理解演讲内容。外语专业人才经过严格的训练和实践，具备了高超的同声传译技能，他们不仅精通多种语言，还能够在极短的时间内理解并转化复杂的演讲内容，确保信息的即时性和准确性。在国际会议中，同声传译人员凭借敏锐的听力和出色的口语表达能力，实现了不同语言间的无缝对接，为与会者提供了高效、便捷的沟通体验。此外，同声传译员还承担着文化传播的重任。在传译过程中，同声传译人员不仅需要准确传达演讲者的原意，还要考虑到目标语言的文化背景和表达习惯，以确保信息的有效传递和文化的恰当表达。

2. 国际组织的信息传递

国际组织在全球事务中发挥着举足轻重的作用，而信息传递则是其运作的核心环节。国际组织的信息传递对于促进全球合作、解决跨国问题和推动可持续发展具有重要作用。有效的信息传递能够增强组织的公信力和影响力。外语专业人才在国际组织中扮演着信息传递的关键角色，提供高质量的翻译服务，确保组织决策、政策和活动信息在不同语言和文化背景下的准确表达。外语专业人才不仅需要具备扎实的语言功底，还要深入了解国际组织的运作机制和业务领域，以确保信息的准确性和专业性。在信息传递过程中，运用多种语言技能，撰写官方文件、发布新闻稿、组织新闻发布会等，通过多渠道、多形式的传播方式，确保信息能够广泛触达目标受众。此外，外语专业人才还承担着与成员国和公众之间的沟通桥梁角色，倾听各方的声音和需求，将反馈和建议及时传达给国际组织内部，为组织的决策提供参考和依据，为国际组织的顺畅运作和全球治理体系的完善做出了重要贡献。

第二章
国际传播能力建设的理论基础

第一节
国际传播能力的概念与内涵

一、国际传播能力的定义

国际传播能力指的是一个国家在国际范围内进行信息交流的能力，它不仅包括通过大众传媒进行的跨国信息传播，还涵盖了国家与国家之间的外交往来、国际组织的作用以及个人、群体和政府间的信息传递。这种能力与国家利益紧密相关，通常具有政治倾向性和意识形态色彩。国际传播能力可以进一步细分为硬实力和软实力两个方面。硬实力建设涉及国家在传播技术和设施上的投入，例如媒体机构、通信基础设施等；而软实力建设则包括文化、价值观念、政策主张等的传播，以及通过教育、文化交流等手段提升国家形象和文化感召力。国际传播，作为信息、观念和文化价值观在全球范围内的跨境流动，是技术的传递，也是深层文化交流与意识形态的互动，涉及不同国家和文化之间的对话，促进知识的共享和多元文化的理解。这种跨文化交流的增强，影响着国际关系、经济发展以及社会文化的融合。

学界对国际传播能力有不同定义。从传播学角度来看，国际传播能力指通过大众传播媒介进行的跨越民族国界、具有强烈政治属性的跨文化信息交流与沟通能力（陆小华，2020）。从外语学科来看，国际传播能力是指政府或代表国家意志的大众媒体或自媒体运用话语作为主要手段向世界宣介国家的文化和历史、治国理政的理论和实践、创新的科技知识等能力，其目的是维护本国利益、提升本国的国际话语权、国际地位和国际影响力（文秋芳，2022）。综上所述，国际传播能力不仅是一个国家或组织在国际舞台上发声，而是通过多样化的传播渠道和手段，精准、高效地传递信息，进而影响国际舆论，塑造并提升自身国际形象的一种综合能力。这种传播能力之所以被称为"综合、动态的过程"，是因为它涵盖了信息传递的每一个环节。从信息的策划、编辑到发布，再到接收者的接收、理解和反馈，每一个环节都至关重要。信息的传递效率只是其中的一部分，更重要的是如何确保信息在传递过程中不失真，如何使接收者能够准确理解并产生共鸣，甚至如何引导接收者做出积极的反馈。为了实现这一目标，传播者需要具备深厚的专业知识、敏锐的国际视野和高超的传播技巧，才能在纷繁复杂的国际传播环境中脱颖而出，有效传递信息，塑造有利的国际形象，进而提升自身在国际舞台上的地位和影响力。

二、国际传播能力的构成要素

（一）多语能力与跨文化交际能力

1. 多语能力

在国际传播中，语言作为信息的载体，其重要性不言而喻。当今世界已进入全球化进程，全球话语同步进入多语时代。多语能力是构成国际传播能力的重要要素，提倡发展多语能力也是世界多语环境及全球化等外在因素使然。从当今世界语言格局看，中国应具有 20/200 的语种能力，即熟练掌握世界最为重要的 20 来种语言参与世界治理，掌握 200 来种世界较为重要的语言为构建人类命运共同体服务。多语能力意味着能够跨越不同国家和地区的语言障碍，实现信息的广泛传播和有效沟通。这不仅要求传播者具备多种语言的听说读写能力，更要求他们能够在不同语言环境下灵活运用各种语言资源，确保信息的准确传递。传播者需要不断学习和掌握各种语言，特别是作为国际通用语言的英语。同时，他们还需要关注语言的变化和发展，及时跟进新词汇、新表达，以保持语言的鲜活性和时代感。通过掌握语言多样性，传播者能够更好地理解和适应不同文化背景下的信息传播方式，提高信息的传播效率和准确性。这不仅有助于增强国际传播的针对性和实效性，更有助于促进世界各国之间的文化交流与融合，推动构建人类命运共同体。

2. 跨文化交际能力

跨文化理解与沟通是国际传播能力的核心要素之一。在国际传播中，由于不同国家和地区之间存在着文化差异，因此传播者需要具备跨文化理解和沟通的能力，以确保信息的准确传递和有效接收。跨文化理解意味着传播者需要深入了解目标受众的文化背景、价值观念、社会习俗等，从而避免在信息传播过程中出现文化误解和冲突。这需要传播者具备开放的心态和敏锐的洞察力，能够尊重并接纳不同文化的独特性，以平等和包容的态度进行跨文化交流。跨文化沟通则要求传播者能够熟练运用各种沟通技巧和策略，以适应不同文化背景下的沟通方式和习惯。例如，在面对不同文化背景的受众时，传播者需要调整自己的语言风格、表达方式甚至非语言行为，以确保信息的顺畅传递和有效接收。同时，他们还需要具备处理跨文化冲突和误解的能力，及时化解矛盾，恢复沟通的正常进行。通过跨文化理解与沟通，传播者能够建立起与目标受众之间的信任和共鸣，提高国际传播的影响力和效果。

（二）媒体运用与传播能力

1.媒体渠道的熟悉与运用

媒体运用与传播策略是确保信息有效传播和最大化受众接触的关键要素。在国际传播中，媒体渠道的熟悉与运用是至关重要的。随着科技的飞速发展，媒体形态日益多样化，从传统媒体如报纸、电视，到新媒体如社交媒体、短视频平台，每一种媒体都有其独特的传播特点和受众群体。因此，传播者需要对各种媒体渠道有深入的了解，明确它们各自的优势和局限，以便根据传播目标和受众特点选择合适的媒体渠道。熟悉媒体渠道不仅意味着要了解其技术特性和操作方式，更包括对其传播效果、影响力以及受众反馈的敏锐洞察。例如，在社交媒体平台上，传播者需要掌握如何制作引人入胜的内容，如何与受众互动，如何利用算法提高内容的可见性等。通过熟练运用各种媒体渠道，传播者能够更有效地传递信息，扩大影响力，塑造有利的国际形象。同时，这也有助于增强传播者对媒体环境的适应性，灵活应对各种传播挑战。

2.传播策略的制定与实施

制定与实施有效的传播策略是国际传播能力的重要组成部分。在复杂的国际环境中，传播策略的制定需要综合考虑多方面因素，包括传播目标、受众特点、媒体渠道以及国际政治、经济和文化背景等。传播策略的制定首先要求传播者对传播目标有清晰的认识，明确是要提升知名度、塑造形象，还是传递特定信息、引导舆论等。其次，传播者需要深入了解目标受众的特点和需求，以便制定符合他们接受习惯和兴趣偏好的传播内容。此外，选择合适的媒体渠道也是策略制定的重要环节，要确保信息能够准确、高效地触达受众。在实施传播策略时，传播者需要注重策略的灵活性和实效性。他们需要根据实际情况不断调整策略，以适应国际环境和受众需求的变化。同时，传播者还需要密切关注传播效果，通过收集和分析受众反馈、媒体报道等数据，评估策略的有效性，以便及时优化和改进。

（三）信息技术与创新应用能力

1. 信息技术的掌握与应用

在当今信息化时代，信息技术的掌握与应用是国际传播能力不可或缺的一部分。信息技术的迅猛发展不仅改变了传统传播格局，也为国际传播提供了更多可能性和便捷性。因此，传播者必须紧跟时代步伐，熟练掌握并应用信息技术，以提升国际传播的效率和质量。信息技术的掌握包括但不限于对计算机、互联网、移动通信等技术的了解和运用。传播者需要具备基本的信息素养，能够处理数字信息、操作各种传播工具，并有效利用网络资源。此外，随着大数据、人工智能等技术的兴起，传播者还应学会运用这些先进技术进行数据分析、精准传播和智能交互，以更好地满足受众需求。信息技术的应用则体现在国际传播的各个环节中。例如，在信息采集和编辑阶段，传播者可以利用网络搜索引擎、社交媒体等平台快速获取海量信息，并运用专业软件进行高效处理。在信息传播阶段，传播者可以借助各种新媒体平台实现信息的即时发布和全球共享，同时利用大数据分析技术精准定位目标受众，提高传播的针对性和实效性。

2. 创新传播方式与手段

创新是国际传播永恒的主题，而创新传播方式与手段则是提升国际传播能

力的重要途径。随着科技的飞速发展和全球化的深入推进，传统的传播方式和
手段已经难以满足日益多样化的受众需求和复杂的国际传播环境。因此，传播
者需要不断探索和创新传播方式与手段，以适应时代的变化和挑战。创新传播
方式包括但不限于运用新媒体平台、采用多元化传播形式、开展互动式传播等。
例如，通过社交媒体、短视频等新媒体平台，传播者可以更加便捷地与受众进
行互动和交流，提高传播的时效性和覆盖面。同时，采用图片、视频、直播等
多元化传播形式，可以更加生动形象地展示传播内容，增强受众的感知和认同。
此外，开展问答、调查、话题讨论等互动式传播活动，可以激发受众的参与热
情，促进信息的双向流动和深度传播。创新传播手段则要求传播者善于运用各
种先进技术和工具，提升传播效果和质量。例如，利用大数据和人工智能技术，
传播者可以对受众进行精准画像和个性化推荐，提高传播的针对性和实效性。
同时，借助虚拟现实、增强现实等新技术手段，可以为受众创造更加沉浸式的
传播体验，增强传播的吸引力和感染力。此外，随着 5G、物联网等技术的不
断发展，未来还将涌现出更多创新的传播手段和可能性。

（四）政治意识与国家立场

1. 增强政治意识

国际传播能力的政治意识，是国家在全球信息传播领域展现出的深刻政治
自觉与战略考量。它要求我们在国际舞台上，始终秉持国家利益高于一切的原
则，以高度的政治敏锐性和战略眼光，精心策划和组织各类传播活动。这种政
治意识体现在对国际形势的精准把握上，能够迅速识别并应对外部舆论环境的
变化，确保传播内容符合国家发展大局和外交政策需要。同时，国际传播能力
的政治意识还强调对传播信息的政治导向把控，确保每一份传播出去的信息都
传递着正面、积极、符合国家立场的价值观。我们不仅要讲述中国故事，展示
中国成就，更要传递中国声音，让世界听到中国对全球问题的独特见解和解决

方案。在全球化日益加深的今天，国际传播能力的政治意识还体现在坚持推动构建人类命运共同体的理念上。我们倡导和平、发展、合作、共赢的国际关系，通过国际传播平台，积极传递这一理念，促进不同国家和地区之间的相互理解和尊重，共同应对全球性挑战，推动世界向更加繁荣、稳定、和谐的方向发展。

2. 坚持国家立场

国际传播能力的国家立场，坚定而鲜明地体现了我国在全球信息传播格局中的基本原则与价值取向。我们坚持和平、发展、合作、共赢的外交政策，致力于在国际传播中展现一个负责任、有担当的大国形象。国家立场要求我们在国际传播活动中，始终坚守国家核心利益与价值观念，积极传播中国的发展理念、政策主张和文化特色，以增强国际社会对中国的理解和认同。具体而言，我们通过国际传播平台，向世界展示中国在经济、科技、文化等各领域的显著成就，讲述中国人民奋斗圆梦的故事，传递中国坚持走和平发展道路、推动构建人类命运共同体的坚定信念。同时，我们也积极回应国际关切，就全球性议题提出中国方案、贡献中国智慧，展现中国在全球治理体系中的积极作用和建设性贡献。在国际传播过程中，我们坚持独立自主的立场，不受外部势力干涉和影响，坚决维护国家主权、安全和发展利益。我们倡导客观、公正、全面的信息传播，反对任何形式的意识形态偏见和舆论攻击，努力营造一个开放、包容、互信的国际传播环境。

三、国际传播能力的特点

（一）跨文化性

1. 文化敏感性

文化敏感性是国际传播能力的重要特点之一。在国际传播中，传播者必须对不同国家和地区的文化背景、价值观念、社会习俗等保持高度的敏感性和洞察力。这种敏感性不仅体现在对语言文字的准确理解和运用上，更包括对目标受众文化深层次特征的把握和尊重。具备文化敏感性的传播者能够更好地避免文化冲突和误解，确保信息在不同文化背景下得以准确、有效地传递。他们善于捕捉目标受众的文化需求和心理特点，从而制定出更具针对性和吸引力的传播策略。同时，文化敏感性也要求传播者在国际传播过程中始终保持开放、包容的态度，不断学习和吸收其他文化的优秀元素，以丰富自身的传播内容和形式。

2. 文化适应性

文化适应性是国际传播能力的另一个显著特点。它要求传播者能够根据不同国家和地区的文化背景、社会习惯和传播环境，灵活调整自己的传播策略、内容和方式。这种适应性是确保国际传播活动顺利进行并取得预期效果的关键。具备文化适应性的传播者能够深入了解目标受众的文化特点，包括语言习惯、价值观念、生活方式等，从而制订出更加贴近受众心理的传播方案。他们善于运用各种传播手段和渠道，以受众喜闻乐见的形式传递信息，增强传播的亲和力和感染力。同时，文化适应性也要求传播者在面对不同文化背景下的挑战和问题时，能够迅速做出反应，灵活应对，确保传播活动的顺利进行。

（二）政治性

1. 维护国家意志与利益

国际传播能力的政治性首先体现在它是国家意志与利益的国际传递者。国家通过国际传播渠道，如国际媒体、外交活动、文化交流等，向世界展示其政治主张、外交政策和发展战略，以此彰显国家的立场和态度。这种传播不仅是对内凝聚共识、激发民族自豪感的重要方式，更是对外展示国家实力、争取国际支持和认可的关键途径。国家通过精心策划的传播内容，传递出明确的政治信号，引导国际社会对特定议题或事件的看法，从而维护国家利益和形象。国际传播能力的政治性还体现在它是国际舆论场中的话语权竞争者。

2. 提升话语权与影响力

在全球化的今天，国际舆论对于国家形象、外交政策乃至国家利益的影响日益显著。国家通过加强国际传播能力建设，提升自己在国际舆论场中的话语权和影响力，成为塑造国际议程、引导国际舆论走向的重要力量。这种话语权竞争不仅体现在对重大国际事件的及时报道和深度解读上，更体现在对国际规则的制定权和解释权的争夺上。国家通过积极发声、阐述立场，争取在国际社会中获得更多的话语权和支持，以维护自身利益和推动全球治理体系的完善。

（三）战略性

1. 长期规划

长期规划是国际传播能力战略性的核心体现。它要求传播主体站在历史的高度，以深远的眼光审视国际传播的全局，制定出具有前瞻性和持续性的发展规划。这样的规划不仅关注当前的传播效果和影响力，更着眼于未来的发展趋势和竞争格局，为国际传播能力的稳步提升奠定坚实基础。具体而言，长期规划包括明确传播目标、制定实施路径、配置资源要素以及评估调整机制等多个环节。传播目标应既符合国家利益，又顺应国际潮流，具有可操作性和可衡量性。实施路径则需要细化为具体的行动计划，包括时间节点、责任主体和预期成果等，以确保规划的有序推进。同时，资源要素的配置也是关键，包括人才、技术、资金等多方面的支持和保障，以确保规划的有效实施。最后，评估调整机制也不可或缺，通过对实施效果的定期评估和反馈，及时调整规划内容和策略，以适应国际传播环境的不断变化。

2. 目标导向

目标导向是国际传播能力战略性的另一重要特征。它强调在国际传播活动中，始终围绕既定的目标展开行动，确保每一项举措都服务于整体战略的实现。

这种以目标为引领的工作方式，有助于传播主体在纷繁复杂的国际传播环境中保持清晰的方向感，避免盲目行动和资源浪费。具体而言，目标导向要求传播主体在制定传播策略、选择传播内容、运用传播手段等各个环节，都紧密围绕既定的目标进行。例如，在制定传播策略时，应充分考虑如何更有效地实现传播目标，选择最具针对性的传播方式和渠道；在选择传播内容时，应注重内容的价值和影响力，确保其能够助力目标的实现；在运用传播手段时，则应注重手段的创新性和实效性，以最大化地提升传播效果。

（四）创新性

1. 思维创新

创新性是国际传播能力的一个重要特征，是推动传播实践和策略不断前进的动力。思维创新是国际传播能力创新性的灵魂所在。在全球化、信息化的时代背景下，国际传播面临着前所未有的挑战与机遇，传统的传播思维已难以适应这种快速变化的环境。因此，具备前瞻性的思维、勇于打破常规的传播理念和方法，成为提升国际传播能力的关键。思维创新要求传播者不断拓宽视野，关注全球传播领域的新动态、新趋势，勇于尝试和探索未知领域。通过创新思维，传播者能够洞察先机，抓住国际传播的热点和焦点，以新颖独特的视角和观点，引领国际舆论的走向。同时，思维创新还体现在对传统传播模式的革新上，通过整合各种资源，运用跨界思维，创造出更具吸引力和影响力的传播方式。

2. 技术创新

技术创新是国际传播能力创新性的重要支撑。随着科技的飞速发展，尤其是信息技术的日新月异，国际传播迎来了前所未有的机遇。技术创新不仅改变了传统的传播方式和手段，更在传播内容、形式、速度等方面产生了深远影响。通过技术创新，传播者能够充分利用先进的信息技术，如大数据、人工智能、云计算等，实现传播内容的精准定制、传播渠道的多元化拓展、传播效果的实时监测与评估。这些技术创新不仅提高了国际传播的效率，更使得传播活动更加智能化、个性化、互动化，极大增强了受众的体验感和参与度。同时，技术创新也推动着国际传播的不断升级和变革。新的技术手段不断涌现，为传播者提供了更多的选择和可能，使得国际传播在内容创新、形式创新、模式创新等方面不断取得突破。

（五）复杂性

1. 互动强

在国际传播的过程中，互动性成为了一个显著的特点。与传统的单向灌输式传播不同，新媒体时代的国际传播更加注重信息的多向流动和实时互动。当信息在网络上流通时，不同国家和地区的网民可以通过转载、评论、发送弹幕、点赞等多种方式，与信息发出者及其他信息接受者进行不限次数的实时交流。这种多向互动的传播模式，使得信息在流通过程中因为多方的参与而不断累积和丰富。受众不仅可以从原始的信息中获取内容，还能从他人的评述、讨论和反馈中获得新的信息和观点。同时，传播主体也可以通过各种数据实时监测内容的传播效果，并从受众的反馈中总结经验，为未来的内容创作提供宝贵的借鉴。这种互动性不仅增强了信息的传播效果，也促进了不同文化之间的理解和交流。

2. 精度高

随着网络信息技术的不断发展，国际传播也趋于精准化。在过去，信息传播往往采用"广撒网"的方式，无论受众的需求和兴趣如何，都进行统一的信息推送。然而，这种方式往往导致信息的无效传播，无法达到预期的交流效果。而新媒体平台则通过大数据和算法技术，实现了对用户的精准画像和需求分析。通过分析不同国家、不同受众的特征、喜好和需求，新媒体平台可以推送满足用户需求的信息，从而在国际文化交流的过程中掌握主动权。这种精准传播不仅提高了信息的传播效率，也增强了国际传播的亲和力和实效性。通过精准匹配"国际用户——跨文化信息"，实现了对象精准、内容精准、分发精准和反馈精准等多个环节的优化，推动了国际传播向更加高效、精准的方向发展。

第二节　国际传播能力建设的必要性与紧迫性

习近平总书记强调："讲好中国故事，传播好中国声音，展示真实、立体、全面的中国，是加强我国国际传播能力建设的重要任务。要深刻认识新形势下加强和改进国际传播工作的重要性和必要性，下大气力加强国际传播能力建设，形成同我国综合国力和国际地位相匹配的国际话语权，为我国改革发展稳定营造有利外部舆论环境，为推动构建人类命运共同体做出积极贡献。"新时代以来，习近平总书记对加强和改进国际传播工作提出一系列新思想新观点新论断，做出一系列新的重大部署，为做好国际传播工作指明了前进方向、提供了根本遵循，我们要全面学习、全面把握、全面落实，以更高标准、更严要求，下更大气力全面提升国际传播效能。

一、维护国家利益的战略需求

（一）传递国家声音，塑造国际形象

1. 准确传递国家政策和主张

在全球化日益深入的今天，国际社会对我国的关注越来越高。通过加强国际传播能力建设，可以确保我国的政策和主张以更加准确、全面的方式传递给世界。这不仅能够减少信息在跨国传播中的失真和误解，还能增强我国在国际事务中的话语权和影响力。当国际社会更加清晰地了解我国的立场和意图时，误解和冲突的可能性就会降低，从而有助于维护我国的国家利益，并促进国际关系的和谐发展。为了实现这一目标，需要构建高效的传播渠道，利用多元化的传播手段，如社交媒体、新闻发布、文化交流活动等，确保我国的声音能够准确、快速地传达到世界的每一个角落。

2. 塑造良好的国际形象

国际形象是国家软实力的重要体现，它直接影响着国际社会对我国的认知和态度。通过积极的国际传播，可以向世界展示一个开放、自信、负责任的大国形象。这不仅能够提升我国在国际舞台上的地位和影响力，还能为我国的发展创造更加有利的外部环境。为了塑造良好的国际形象，需要深入挖掘和传播我国的优秀文化传统、社会发展成就和人民幸福生活的真实故事。同时，还应积极回应国际社会的关切和质疑，以开放、包容的态度与世界各国开展对话和交流。通过这些努力，可以逐渐构建一个积极、正面、富有吸引力的国家形象，为我国的长远发展奠定坚实的基础。

（二）捍卫国家主权，维护国家安全

1. 加强国际舆论引导力

在国际舞台上，舆论的力量不容忽视。随着全球化的推进，国际舆论场已成为各国争夺话语权、塑造国家形象的重要战场。加强国际传播能力建设，对于提升我国对国际舆论的引导力至关重要。通过及时发布权威信息，能够向世界传递真实、准确的声音，有效应对外部势力的舆论渗透和误导。这不仅有助于维护国家利益和民族尊严，还能增强国际社会对我国的信任和认同。为了实现这一目标，需要建立完善的国际传播体系，提高传播内容的针对性和时效性，同时加强与国际媒体的交流与合作，共同推动国际舆论的公正、客观发展。

2. 提升国家安全防范能力

在信息化时代，国家安全面临着前所未有的挑战。加强国际传播能力建设，不仅有助于提升我国在国际舞台上的话语权，还能切实提升国家安全防范能力。通过加强信息安全、网络安全等方面的建设，可以有效防范外部势力的网络攻击和信息窃取等行为，确保国家核心机密和关键信息基础设施的安全。同时，国际传播能力的提升还能增强我国对外部安全威胁的感知和应对能力，为国家的稳定和发展提供有力保障。为了实现这一目标，需要加大技术研发和创新投入，培养高素质的网络安全人才，同时加强与国际社会的合作，共同应对网络安全挑战。

（3）促进国际合作，实现共同发展

1. 宣传国际合作成果

在全球化时代，国际合作的重要性日益凸显。我国在国际合作领域取得了丰硕的成果，为世界和平与发展做出了积极贡献。然而，这些成果和贡献需要得到国际社会的广泛认知和认同，才能更好地推动国际合作向更深层次、更广领域发展。通过加强国际传播能力建设，可以充分展示我国在国际合作中的成功案例和积极贡献，让世界更加清晰地看到我国的负责任大国形象。这不仅能够增强国际社会对我国的信任和认可，还能为我国赢得更多的国际合作机会和发展空间，从而推动全球共同繁荣与进步。为了实现这一目标，需要采取多种传播手段，如举办国际合作成果展览、发布国际合作报告、开展国际合作主题宣传活动等，全面、深入地展示我国在国际合作中的成果和贡献。同时，还应加强与国际媒体的沟通与合作，提高我国国际合作成果的国际传播效果，让更多的人了解和认同我国的国际合作理念和实践。

2. 推动构建人类命运共同体

面对全球性挑战和问题，各国需要携手合作，共同应对。加强国际传播能力建设，有助于推动构建人类命运共同体，促进世界各国之间的合作共赢和共同发展。通过传播人类共同价值，可以增进各国人民之间的了解和友谊，消除彼此之间的误解和隔阂，为国际合作奠定坚实的民意基础。同时，还可以借助国际传播平台，推动各国在经济发展、科技创新、环境保护等领域的务实合作，共同应对全球性挑战，实现共同发展和繁荣。

二、应对国际信息竞争的挑战

（一）提升信息传播的效率与准确性

1. 加强信息传播技术研发

在当前的国际信息竞争中，信息传播技术的先进性直接关系到国家在全球范围内的信息影响力和竞争力。为了在这场竞争中占据有利地位，必须加强信息传播技术的研发工作。通过投入更多的人力、物力和财力，推动大数据、云计算和人工智能等尖端技术在信息传播领域的应用与发展。这些技术手段不仅有助于更高效地搜集、整理海量信息，还能实现信息的精准推送和个性化服务，从而提升信息传播的速度和准确性。同时，还应关注国际信息传播技术的前沿动态，积极引进和消化国外先进技术，结合我国实际进行创新和发展，形成具有自主知识产权的核心技术体系，为提升我国在国际信息竞争中的地位提供有力支撑。

2. 优化信息传播渠道

面对国际信息竞争的挑战，优化信息传播渠道同样至关重要。单一的信息传播渠道已无法满足当今社会对信息多样化和快速化的需求。因此，需要积极拓展多元化的传播渠道，包括社交媒体、新闻媒体、文化交流活动等，以形成立体化的信息传播网络。通过社交媒体平台，可以直接接触到更广泛的受众群体，实现信息的即时互动和传播；新闻媒体则能够提供深入报道和权威解读，增强信息的公信力和影响力；而文化交流活动则可以作为信息传递的桥梁和纽带，促进不同文化背景下的民众之间的相互理解和认同。在优化信息传播渠道的过程中，还应注重各种渠道之间的协同配合和优势互补，确保信息能够更广泛、更快速地传达给目标受众，从而有效提升我国在国际信息竞争中的整体实力。

（二）增强国际话语权与影响力

1. 构建具有国际影响力的媒体品牌

在全球化日益深入的今天，媒体品牌的影响力直接关系到一个国家在国际舞台上的话语权。为了增强我国的国际话语权，构建具有国际影响力的媒体品牌势在必行。应该致力于打造一流的新闻报道团队，通过专业的培训和实践，提升他们的新闻敏感度和报道能力，确保他们能够在第一时间捕捉到国际社会的热点和动态，并进行深入、客观的报道。同时，还应注重提供优质的内容和服务，以满足不同国家和地区受众的需求。通过精心策划和制作高质量的节目、报道和评论，可以逐渐树立起我国在国际媒体领域的权威地位，进而更好地传递中国声音、鲜明表达中国立场。

2. 加强与国际社会的交流与互动

要增强国际影响力，除了构建强大的媒体品牌外，加强与国际社会的交流与互动也是关键。应该积极参与国际事务，不仅要关注全球性的重大问题，还要积极参与到各种国际合作项目中。通过与不同国家和地区的交流与合作，可以增进彼此之间的了解和信任，建立起紧密的联系和友谊。这种交流与互动不仅有助于扩大我国在国际舞台上的影响力，还能为我国赢得更多的支持和朋友。同时，还应借助各种国际平台，如联合国、世界贸易组织等，积极发声，为维护世界和平与发展贡献中国智慧和力量。通过这些努力，可以逐渐提升我国在国际社会中的地位和影响力，为实现中华民族伟大复兴的中国梦创造有利的外部环境。

（三）维护信息安全与网络安全

1. 建立完善的信息安全防护体系

在数字化时代，信息安全已经成为国家安全的重要组成部分。为了确保信息安全，必须建立完善的信息安全防护体系。首先，加强数据加密技术的研发与应用是关键。通过采用先进的加密算法和技术手段，可以对敏感信息进行有效保护，防止数据在传输和存储过程中被非法获取或篡改。其次，定期对信息系统进行安全检查和评估也是必不可少的。通过定期的安全漏洞扫描、风险评估和渗透测试，可以及时发现并修复潜在的安全隐患，提升系统的整体安全性。最后，建立健全的信息安全管理制度也是至关重要的。这包括制定明确的安全策略、建立安全培训机制、设立安全事件应急响应流程等，以确保信息安全防护工作的有序开展。通过这些措施的综合应用，可以有效降低信息泄露和被窃取的风险，为国家的信息安全提供坚实保障。

2. 提升网络安全防范能力

随着网络技术的飞速发展，网络安全问题日益严峻。在应对国际信息竞争时，提升网络安全防范能力显得尤为重要。首先，需要加强网络基础设施的安全防护。通过采用多层次、多手段的安全防护措施，如防火墙、入侵检测系统、安全隔离等，可以有效抵御外部势力的网络攻击和威胁。其次，研发高效的网络安全防御技术和工具也是关键。通过不断创新和突破，可以开发出更加先进、智能的网络安全产品，提升网络系统的整体防御能力。最后，建立完善的网络安全应急响应机制也是必不可少的。通过设立专门的网络安全应急响应团队、制定详细的应急预案和处置流程，可以在网络安全事件发生时迅速做出反应，最大程度地减少损失和影响。通过这些努力，可以更好地应对外部势力的网络攻击和威胁，确保国家网络空间的安全稳定，为经济社会发展提供有力支撑。

三、促进国际交流与合作的必要条件

（一）经济互补与共同利益

1. 加强经贸合作

在全球化的今天，经贸合作已经成为国家间关系的重要组成部分。为了推动贸易和投资自由化便利化，各国需要共同努力消除贸易壁垒，降低关税和非关税壁垒，为商品和资本的自由流动创造有利条件。同时，拓展双边和多边经贸合作领域也是实现互利共赢的关键。通过深化在贸易、投资、金融、科技等领域的合作，各国可以充分利用各自的优势资源，实现资源的优化配置和高效利用，从而推动经济的共同繁荣和发展。这种互利共赢的合作模式不仅能够促进各国经济的持续增长，还能够加强国家间的经济联系和相互依存度，为世界的和平与稳定做出贡献。

2. 共同开发第三方市场

面对全球市场的激烈竞争，各国纷纷寻求新的经济增长点。共同开发第三方市场成为一种新的合作方式，为各国提供了广阔的发展空间。通过发挥各自在技术、资金、市场等方面的优势，各国可以携手开拓新的市场领域，实现资源的共享和利益的共赢。这种合作方式不仅能够推动国际产能合作，促进全球价值链的深度融合，还能够带动相关产业的发展和创新，为世界经济的增长注入新的动力。同时，共同开发第三方市场还能够增强各国之间的经济联系和合作纽带，为构建更加紧密的经济命运共同体奠定基础。在这个过程中，各国需要加强沟通与协调，明确合作目标和方向，共同应对各种挑战和风险，确保合作的顺利进行和成果的共享。

（二）文化交流与民心相通

1. 扩大教育合作与交流

在全球化日益深入的今天，教育合作与交流在促进国际文化交流与民心相通中扮演着举足轻重的角色。通过推动高等教育和职业教育领域的合作与交流，各国能够互派留学生和教师，共同培养具备国际视野和跨文化沟通能力的国际化人才。这种交流不仅有助于增进不同国家青年之间的友谊和理解，还能为各国经济社会发展提供有力的人才支撑。同时，教育合作与交流还能促进教育资源的共享和优势互补，推动教育创新和进步，为全球教育事业的繁荣与发展作出贡献。为了实现这一目标，各国需要积极拓展教育合作与交流的渠道和形式，包括建立教育合作机制、签署教育合作协议、开展教育合作项目等。

2. 加强旅游合作

旅游是增进不同国家人民之间相互了解和友谊的重要桥梁。通过加强旅游合作，简化签证手续，优化旅游环境，能够吸引更多游客互访，从而增进民间友好往来。这种交流方式直观、生动，能够让人们在轻松愉快的氛围中感受不同文化的魅力，加深对彼此文化的理解和认同。为了进一步加强旅游合作，各国需要共同努力提升旅游服务质量和水平，包括完善旅游基础设施、提高旅游从业人员素质、加强旅游市场监管等。同时，还应积极推动旅游产品创新和多样化发展，以满足不同游客的需求和期待。

四、提升国家软实力与形象的迫切要求

（一）加强文化传播力建设

1. 推广国家优秀文化

推广国家优秀文化，是加强文化传播力建设的重要任务。为了实现这一目

标，需要积极挖掘和整理国家丰富的优秀传统文化资源，如古老的民间艺术、独特的风俗习惯、深厚的哲学思想等。这些文化资源不仅代表了国家的历史底蕴，也体现了民族的智慧和精神追求。通过现代传播手段，如互联网、社交媒体、影视作品等，可以将这些优秀文化以更加生动、直观的形式呈现给国际社会。例如，制作高质量的纪录片和综艺节目，展示国家的自然风光、历史遗迹和民俗文化；利用网络平台开展线上文化活动，邀请国内外网友共同参与，增强文化的互动性和传播效果。

2. 加强国际文化交流与合作

在全球化日益深入的今天，加强国际文化交流与合作显得尤为重要。通过积极参与国际文化交流活动，可以与世界各国开展形式多样的文化交流与合作，促进不同文化之间的相互了解和尊重。为了实现这一目标，需要采取多种措施。首先，可以加强与国际文化组织的合作，共同举办各类文化交流活动，如艺术展览、音乐节、电影节等。这些活动不仅能为国内外艺术家提供展示才华的平台，还能吸引众多观众参与其中，感受不同文化的魅力。其次，可以推动教育领域的国际交流与合作。通过互派留学生、教师互访、合作研究等方式，可以增进对彼此教育体系和文化的了解，培养具有国际视野的人才。

（二）塑造良好国际形象

1. 建立良好国际关系

在全球化时代，一个国家的国际形象对于其外交、经济和文化交流等方面都具有重要影响。因此，加强国际公关工作，积极向世界展示国家的和平发展理念和负责任大国形象，显得尤为重要。党的十八大以来，我们把和平、发展等理念上升为全人类共同价值，并在对外政策上积极倡导建立新型国际关系和人类命运共同体。为了实现这一目标，需要精心策划和组织各种国际公关活动，如国际会议、文化交流节、体育赛事等，通过这些平台向国际社会传递国家的友好与合作意愿。同时，还应加强与国际媒体的沟通与合作，及时发布准确信息，回应国际关切，增强国际社会对国家的了解和信任。通过这些努力，可以塑造一个开放、自信、负责任的大国形象，为国家在国际舞台上赢得更多尊重和好感。

2. 提升品牌影响力

国家品牌是国家形象的重要组成部分，它代表着一个国家在全球市场上的竞争力和影响力。为了提升国家品牌的影响力，需要从多个方面入手。首先，要打造具有国际竞争力的国家品牌，这需要深入挖掘国家的独特资源和优势，明确品牌定位，并通过有效的营销策略将其推向全球市场。其次，需要提高国家在全球市场的知名度和美誉度，这可以通过加强品牌推广、提高产品质量和服务水平、加强国际合作等方式实现。最后，还应关注国家品牌的持续发展，不断创新和完善品牌形象，以适应全球市场的变化和需求。通过这些努力，可以进一步提升国家品牌的国际影响力，为增强国家的软实力和形象做出积极贡献。

（三）完善国际传播体系

1. 加强主流媒体建设

为了在全球化的语境下更有效地传达国家的声音，加强主流媒体建设是至关重要的一环。因此需要打造一批具有国际影响力的主流媒体，它们不仅能够在国内引领舆论，更能够在国际舞台上发出响亮的声音。通过提高新闻报道的时效性和准确性，这些主流媒体能够及时地将国内外发生的重大事件、政策决策等信息传递给全球受众，从而塑造积极、正面的国家形象。为了增强主流媒体的国际影响力，还需要在新闻报道的深度和广度上下功夫。除了传统的政治、经济报道，还可以增加文化、科技、社会等领域的报道内容，展现国家的多元面貌和深厚底蕴。同时，主流媒体也应积极探索国际化的报道方式，如跨国合作、多地联播等，以更广泛的视角和更深入的分析，为国际社会提供更多元、客观的信息。

2. 拓展新媒体传播渠道

在数字化时代，新媒体以其独特的传播方式和广泛的受众群体，正在逐渐成为国际传播的重要渠道。为了进一步提升国家在国际社会的影响力，必须积极拓展新媒体传播渠道。具体来说，可以积极利用各类社交媒体平台，如微博、抖音、YouTube 等，发布国家的新闻动态、政策解读、文化推广等内容，与全球网民进行实时互动。这不仅可以迅速传播国家的信息，还能够通过网民的反馈及时了解国际社会对国家的看法和态度，为政策制定提供有益的参考。此外，还可以探索与网络媒体、自媒体等机构的合作模式，共同打造多样化的国际传播产品。例如，可以联合知名博主、权威专家等，推出专题报道、深度解读等内容，以更接地气的方式向国际社会传递国家的声音。

（四）培养国际化人才

1. 加强国际化教育

通过推动高等教育国际化发展，可以培养出一批具备国际视野、跨文化沟通能力和创新精神的优秀人才，为国家软实力的提升提供坚实的人才支撑。为了实现这一目标，需要采取一系列措施。首先，可以加强与国际知名高校的合作与交流，引进国外先进的教育理念和教学资源，提高国内高校的办学水平和国际影响力。其次，可以推动课程设置和教学方法的改革，增加国际化课程和实践环节，培养学生的全球意识和跨文化交流能力。最后，还可以鼓励学生参与国际学术交流和实践活动，拓宽他们的国际视野和人际交往圈子。

2. 吸引海外高层次人才

吸引海外高层次人才对于提升国家软实力具有重要意义。这些人才通常具有丰富的国际经验、先进的科技知识和创新思维，他们的加入可以为国家的经济社会发展注入新的活力和动力。为了吸引这些人才，需要制定更加优惠的人才政策。首先，可以提供具有竞争力的薪酬待遇和职业发展机会，让他们在国内能够获得与国际接轨的工作环境和条件。其次，加强人才服务体系建设，为他们提供便捷的生活服务和完善的社会保障，解决他们的后顾之忧。最后，还可以建立灵活的人才引进机制，通过项目合作、学术交流等多种形式吸引海外高层次人才来华工作和创新。

第三节　国际传播能力建设的核心要素与路径

一、国际传播能力建设的核心要素

（一）传播内容与策略

1. 内容质量与创新性

内容质量与创新性作为国际传播能力建设的两大支柱，在全球化时代显得尤为重要。随着信息交流日益频繁，内容的质量不仅关乎传播的远近，更影响着国家形象在世界舞台上的展现。高质量的内容如同磁铁，能够牢牢吸引国际受众的目光，进而增强他们对一个国家文化和价值观的认知与理解。而创新性则是让传播内容持续焕发生命力的源泉。在全球化的大背景下，将传统文化元素与现代传播手段巧妙结合，能够创造出既富含民族韵味又具有国际吸引力的作品。这种创新不仅体现在表达方式的更新上，更在于对故事内核的深入挖掘和重新解读。为了不断提升内容的质量和创新性，必须深入挖掘本国的文化富矿，寻找那些能够跨越时空、触动人心的故事主题。同时，也要保持开放的心态，积极借鉴国际上的先进创作理念和技术，让内容的呈现更加多元和立体。

2. 策略制定与调整

策略制定与调整是国际传播能力建设中的关键环节。面对复杂多变的国际传播环境，需要制定具有前瞻性和针对性的传播策略。这包括对目标受众的精准定位、传播渠道的合理选择、传播时机的准确把握等。同时，策略的制定还需要考虑国际政治、经济、文化等多方面的因素，确保传播活动的合法性和有效性。在实施过程中，需要根据实际效果和反馈及时调整策略。通过定期评估传播效果，分析受众的反应和需求变化，可以发现策略中存在的问题和不足。然后，结合国际形势的发展变化，对策略进行适时的优化和调整。这种动态的管理方式可以确保传播活动始终保持在正确轨道上，实现最佳的传播效果。

（二）传播主体与协同

1. 政府主导作用

在国际传播能力建设中，政府的主导作用至关重要。政府不仅要负责制定国家层面的传播战略和政策，还需协调各方资源，确保传播活动的顺利进行。政府的主导作用体现在对传播内容的把控上，确保信息传达的准确性和权威性。同时，政府还需引导媒体和机构，形成传播合力，共同提升国际传播效果。为了实现政府主导作用的最大化，应加强与国际社会的沟通与交流，深入了解国际受众的需求和习惯。此外，政府还应加大对传播人才的培养力度，提升传播队伍的整体素质。通过这些举措，政府可以更好地发挥在国际传播能力建设中的引领作用，为国家形象的塑造和国际话语权的提升奠定坚实基础。

2. 媒体与机构协同

媒体与机构协同是国际传播能力建设中的另一重要方面。媒体作为信息传播的主要渠道，承担着向国际受众传递国家声音的重要任务。而各类机构则拥有丰富的文化资源和专业优势，可以为传播活动提供有力支持。因此，加强媒体与机构之间的协同合作，对于提升国际传播能力具有重要意义。为了实现媒体与机构的有效协同，应建立健全的合作机制，明确各方的职责和权益。媒体应充分发挥其传播优势，及时、准确地传递信息；机构则应提供专业化的内容支持，丰富传播的内涵和形式。同时，双方还应加强资源共享和互动交流，共同打造具有国际影响力的传播品牌。通过这种协同合作的方式，可以进一步提升国际传播的效果和影响力，为塑造良好的国家形象贡献力量。

（三）传播渠道与平台建设

1. 传统媒体渠道的巩固

传统媒体，如电视、广播、报纸等，长期以来一直是国际传播的重要渠道。在数字化浪潮下，虽然新媒体的崛起对传统媒体的地位构成了挑战，但传统媒体凭借其深厚的品牌认知、专业的新闻采编能力和广泛的受众基础，依然在国际传播中发挥着不可替代的作用。巩固传统媒体渠道，首先要做的是提升其内容质量。通过深入报道、精准分析和权威解读，为受众提供高质量的信息服务。其次，传统媒体需要积极拥抱数字化，实现与新媒体的融合发展。通过开发移动应用、社交媒体账号等方式，拓展其传播范围，提高信息的可达性和互动性。最后，加强与国际媒体的合作也是关键。通过共享资源、互通有无，提升国际传播的广度和深度，共同构建更加开放、多元的国际传播格局。

2. 新媒体与网络平台拓展

新媒体和网络平台的迅猛发展，为国际传播提供了前所未有的机遇。这些平台具有信息传播速度快、互动性强、覆盖面广等特点，能够迅速触达全球受众，成为国际传播的新高地。拓展新媒体与网络平台，首先要做的是深入了解目标受众的需求和习惯。通过大数据分析、用户调研等方式，精准定位受众群体，为其提供定制化的内容和服务。其次，创新传播方式和手段也是关键。运用短视频、直播、虚拟现实等新技术，打造沉浸式的传播体验，提升信息的吸引力和感染力。最后，加强平台运营和管理同样重要。通过完善内容审核机制、建立用户反馈体系等方式，确保平台内容的健康、有序，为受众提供一个良好的信息交流环境。同时，还需要不断探索新的合作模式和商业模式，以实现平台的可持续发展和国际传播能力的长期提升。

（四）传播效果评估与反馈

1.效果评估体系建设

在国际传播能力建设中，构建一个科学而全面的效果评估体系显得尤为关键。这一体系的重要性不仅在于它能够客观衡量每一次传播活动的成效，更在于它能够为未来的传播策略提供有力的数据支撑和改进方向。一个成熟的效果评估体系，必须能够全面覆盖传播活动的所有关键环节，从内容的触达率到受众的认知度，再到受众态度的转变，乃至最终的行为转化，每一个环节都需要精细的度量和深入的分析。为了打造这样一个体系，需要综合运用多元化的研究方法，既包括定量的数据分析，也涵盖定性的深度访谈和专家评估。通过问卷调查，可以广泛收集受众的反馈；通过数据分析，可以精准洞察传播的趋势；而专家的评估，则能够提供专业的建议和改进方向。同时，评估体系还需要具备实时反馈和动态调整的能力，以便及时应对传播过程中的各种变化，确保每一次传播活动都能够达到最佳效果，从而不断提升国际传播的整体效率和影响力。

2.受众反馈与互动机制

受众反馈与互动机制是国际传播中不可或缺的一环。在全球化背景下，受众的需求和期望日益多样化，建立有效的反馈与互动机制，能够帮助更好地聆听受众的声音、理解他们的需求，进而调整传播策略，实现更为精准和有效的传播。为了构建这样一个机制，需要搭建起多元化的互动平台，如社交媒体、在线论坛等，为受众提供便捷的表达渠道。同时，还应积极回应受众的反馈，无论是正面的赞扬还是负面的批评，都应给予充分的关注和回应。通过这种方式，不仅能够增强受众的参与感和归属感，还能够及时发现并解决问题，从而不断提升国际传播的满意度和影响力。

二、国际传播能力建设路径

（一）战略规划与顶层设计

1. 明确传播目标

站稳中国立场是加强国际传播能力建设的首要要求。首先，站稳中国立场必须站稳政治立场，即坚持一个中国原则。一个中国原则是在中国人民捍卫中国主权和领土完整的正义斗争中形成的，具有不可动摇的事实和法理基础，是我国政府开展对外传播工作的基本原则，也是实现和平统一的基础和前提。其次，站稳中华文化立场，即坚持以人民为中心的导向。加强国际传播能力建设，构建融通中外的中国叙事体系必须展现中国特色，才能从全世界的叙事体系中脱颖而出，起到宣传中国、达到让受众记住中国的目的。最后，加强国际传播能力建设中展现中国特色，主要在于突出叙事的主体性和原创性。既要立足时代发展的新要求、实践发展的新变化、人民生活的新期待，客观反映和生动阐释中国特色社会主义的伟大实践，又要系统总结和有效概括中国特色社会主义伟大实践中的成功经验。讲清楚中国有能力有责任为解决全人类问题做出更大贡献，中国发展本身就是对世界最大的贡献；讲清楚中国一直坚持以维护世界和平、促进共同发展为宗旨，致力于推动构建人类命运共同体。

2. 制定战略规划

制定战略规划在国际传播能力建设中扮演着举足轻重的角色。一份具有前瞻视野和高度可操作性的战略规划，就如同一盏明灯，在复杂的国际传播环境中指明前行的方向，确保每一项传播活动都能精准发力，达到预期的效果。在战略规划的制定过程中，需要对当前的国际传播态势进行深入且全面的剖析。

这包括了解全球范围内的信息传播现状、发展趋势，以及自身在此背景下的优势和劣势。通过这样的分析，不仅可以清晰地认识到自己所面临的挑战，还能够及时发现并抓住潜在的机遇。同时，战略规划的制定必须紧密结合国家的实际情况和具体国情。这意味着不能盲目照搬他国的经验或模式，而是要根据自身的特点、需求以及资源状况，量身定制出最合适的传播策略。此外，战略规划的制定还应坚持问题导向与目标导向的双向结合。要针对当前存在的具体问题，提出切实可行的解决方案；同时，也要瞄准长远的发展目标，规划出具有可持续性和国际视野的战略蓝图。这样的规划既能解决当下的燃眉之急，又能为未来的发展奠定坚实的基础。

3. 加强顶层设计

加强顶层设计是从全局出发，构建科学、合理的传播体系架构的重要步骤。在国际传播能力建设中，必须认识到各个传播要素之间的内在联系和相互作用。只有通过顶层设计，才能有效地整合这些要素，形成一个高效、协调的传播体系。在顶层设计中，需要注重系统性和整体性。传播体系的各个组成部分应相互衔接、相互支撑，共同服务于整体的传播目标。同时，还应注重创新性和开放性。随着科技的进步和全球化的深入发展，国际传播的环境和方式都在发生深刻的变化。必须保持敏锐的洞察力，紧跟时代的步伐，不断创新传播理念和技术手段，以适应新的传播生态。此外，还应积极拓宽国际视野，加强与国际社会的交流与合作，共同推动国际传播事业的发展。

（二）内容创新与优化

1. 挖掘优质内容资源

在国际传播中，内容是核心，是吸引和影响国际受众的关键。为了打造具有国际影响力的传播内容，既要善于发现好题材，更要善于挖掘题材本身所蕴含的全人类共同价值。必须深入挖掘本国的历史、文化、社会等各方面的优质资源。这些资源不仅承载着国家的独特性和魅力，也是与国际受众建立情感连接的重要桥梁。在挖掘过程中，要注重内容的原创性和独特性，避免同质化竞争。同时，还要关注内容的普世价值，提炼出能够跨越文化、地域和语言界限的共通元素，让国际受众在欣赏和认同中感受到国家的魅力和影响力。为了实现这一目标，可以加强与国内文化机构、学术团体和民间组织的合作，共同开展内容资源的挖掘和整理工作。同时，还可以借助大数据和人工智能技术，对海量内容进行精准筛选和深度分析，提炼出更具传播价值和影响力的优质内容。

2. 创新内容表达形式

在全球化的大背景下，国际受众的信息接收习惯和审美需求正经历着前所未有的多样化变革。这种变革不仅体现在信息获取渠道的多元化上，更反映在对于内容质量、形式创新以及文化多样性等方面的高标准追求上。为了更好地适应这一趋势，并满足国际受众日益增长的需求，必须积极运用现代传播技术和手段，对内容的表达方式和呈现形式进行大胆的创新。具体而言，可以尝试打破传统与现代、东方与西方的界限，将各种文化元素、传播媒介以及艺术形式有机地融合在一起。比如，将古老的东方智慧与现代科技相结合，用西方的叙事方式讲述东方的故事，或者将文字、图像、音频和视频等多种媒介形式巧妙地融合在一起，创造出全新而富有吸引力的内容产品。此外，还可以充分利用短视频、微电影、动画等多媒体形式，以更加直观、生动且富有感染力的方式，向国际受众展示国家的文化底蕴和时代风貌。这些新兴的传播方式不仅能够迅速抓住受众的注意力，还能够在短时间内传递大量的信息，有效提升传播效果。同时，为了进一步增强与国际受众的互动和参与感，还可以积极开设网络直播、线上问答、话题讨论等互动活动。通过这些活动，可以及时收集并反馈受众的意见和建议，与他们建立起更加紧密的联系，从而打造出一个真正属于国际受众的、充满活力的传播平台。

3. 优化内容结构布局

优化内容结构布局是提高国际传播效果的重要手段。为了提升内容的针对性和实效性，必须根据目标受众的需求和习惯，合理布局内容结构。首先，要对目标受众进行深入的市场调研和数据分析，了解他们的兴趣爱好、信息需求、接收习惯等特征。在此基础上，可以针对不同受众群体制定个性化的内容策略和传播方案。其次，要注重内容的层次性和逻辑性，合理安排信息的呈现顺序和重点突出。例如，在报道重大事件时，可以采用倒金字塔式的写作结构，先提炼出最重要的信息点进行突出展示，再逐渐展开详细报道和分析解读。最后，还要关注内容的更新频率和持续性。通过定期更新内容、保持与受众的互动反馈等方式，可以建立起稳定的内容供给机制，确保国际传播的持续性和影响力。同时，还要根据传播效果和市场反馈不断调整和优化内容结构布局，以适应不断变化的国际传播环境。

（三）渠道拓展与整合

1. 拓展新媒体渠道

随着互联网的深入普及和新媒体技术的日新月异，社交媒体、网络视频等新媒体平台已经不仅仅是信息传播的工具，它们在国际传播舞台上正扮演着越来越重要的角色。这些新媒体平台凭借其独特的互动性、即时性以及全球化的特点，能够快速捕捉并传播世界各地的热点信息，使得国际间的信息传播更加迅速和广泛。面对这一形势，必须认识到新媒体渠道在国际传播中的巨大潜力，并积极拓展这些渠道，以充分利用其优势。具体来说，可以通过在社交媒体平台上建立官方账号，加大投入，定期推送更新鲜、更有趣的内容，同时积极回应网民的评论和问题，与他们进行实时的互动交流。这样不仅能够增强与受众的联系，还能够及时了解他们的反馈和需求，从而更有针对性地进行内容创作和传播。此外，与网络视频平台的合作也是一个重要的方向。可以制作一系列高质量的短视频和直播节目，内容可以涵盖文化、旅游、科技、教育等各个领域，通过这些平台发布，吸引更多年轻受众的关注和喜爱。这种形式的传播不仅更加直观和生动，还能够借助视频平台的算法推荐，将内容精准地推送给目标受众。

2. 整合多元传播渠道

在巩固传统媒体渠道和拓展新媒体渠道的基础上，还需要进行整合工作，形成优势互补、协同发力的传播格局。传统媒体和新媒体各有其独特的优势和受众群体，通过整合，可以实现资源的优化配置和传播效果的最大化。具体来说，可以制定跨渠道的传播策略，确保信息在不同渠道之间保持一致性，同时根据各渠道的特点进行差异化呈现。此外，还可以建立数据共享和分析机制，实时监测各渠道的传播效果，并根据反馈进行及时调整和优化。通过整合多元传播渠道，可以构建一个立体、多维的国际传播网络，有效提升国家的国际影响力和话语权。

（四）主体协同与联动

1. 明确各方主体责任

在国际传播能力建设中，明确各方主体的责任是至关重要的一步。政府、媒体、企业等各方主体在国际传播中都扮演着不可或缺的角色，各自承担着不同的职责。政府作为主导者，应负责制定相关政策，提供资金和资源支持，推动国际传播的整体发展。媒体作为信息传播的主力军，应充分发挥其专业优势，提供高质量、客观公正的新闻报道，塑造良好的国际形象。企业则可以通过其产品和服务，传递国家文化和价值观，促进国际交流与合作。为了形成各司其职、各负其责的工作格局，需要进一步界定各方主体的具体职责和角色定位。通过制定明确的责任清单，确保各方主体能够明确自己的任务和目标，从而更好地履行各自的责任，共同推动国际传播事业的发展。

2. 建立协同合作机制

协同合作是实现国际传播目标的关键。为了加强各方主体之间的沟通与协调，必须建立有效的合作机制和信息共享平台。通过定期召开联席会议、建立工作群组等方式，促进各方主体之间的信息交流与合作对接。同时，还可以搭建统一的信息共享平台，实现资源的整合与共享，提高信息利用效率。在协同合作过程中，各方主体应充分发挥各自的优势，实现资源互补和共赢发展。政府可以提供政策支持和资金保障，媒体可以提供专业的传播渠道和内容生产能力，企业则可以提供市场化和创新化的解决方案。通过各方的共同努力和协同配合，可以形成更加紧密、高效的合作网络，推动国际传播事业取得更大的成果。

3. 强化联动效应

强化联动效应是提升国际传播能力的重要手段。通过联合举办活动、共同开展项目等方式，可以增强各方主体之间的联动性，形成国际传播的强大合力。充分发挥多元主体差异化优势，呈现真实、立体、全面的国家形象。一是党和政府主导传播。二是社会组织辅助传播。三是公民个体灵活传播。例如，政府可以牵头组织国际文化交流活动，邀请媒体和企业共同参与，展示国家的文化魅力和发展成果。媒体可以与企业合作开展品牌推广活动，借助企业的市场渠道和资源优势，扩大传播范围和影响力。为了进一步强化联动效应，还可以探索建立长效的合作机制和项目运作模式。通过签订战略合作协议、设立联合工作机构等方式，确保各方主体能够在长期稳定的合作框架内开展工作。同时，还可以加强与国际组织的合作与交流，借助国际平台的力量推动国际传播事业的发展。

外语专业跨文化交际能力的内涵与作用

第三章

第一节
跨文化交际能力的内涵

跨文化能力是来自不同文化的人们进行互动和对话的能力，涉及多元的文化背景与身份。与之类似或相联系的概念有许多，如：跨文化交际能力、跨文化人、多元文化人格、世界公民等。目前已有很多学者借鉴人类学、语言学、教育学、社会学、传播学、管理学和心理学等学科的研究成果来界定跨文化能力。例如，Ting-Toomey（1993）提出，跨文化能力是交际者与来自其他文化的成员展开有效的协商，获得满意结果的能力。Chen & Starosta（1996）将跨文化能力理解为交际者在具体的语境中商讨意义、辨析文化身份，有效而得体的交际的能力。Kim（2001）认为，跨文化能力是交际者进行心理调整，适应新环境的内在能力。Dai & Chen（2015）把跨文化能力界定为建立跨文化联系，发展和谐互利的关系，一起成长的能力。国际学界针对跨文化能力的概念及其构成要素的讨论持续了半个世纪，至今未达成共识（Fantini & Tirizi，2006；胡文仲，2015）。中外学者从不同视角建构了众多的理论与模型，促进了研究的发展，有 M.J.Bennett 的跨文化敏感性发展模型、Imahori & Lanigan 的相互关系跨文化交际能力模型、Chen & Starosta 的综合的跨文化交际能力模型、Byram 以外语教育为中心的跨文化交际能力模型、King & Baxter Magolda 的跨文化成熟发展模型以及 Hunter 等的全球能力模型等等。

一、Bennett, Bennett & Allen 的跨文化交际能力概述

Bennett, Bennett& Allen 认为跨文化交际能力包含三层含义：超越民族中心主义思想的能力、善于欣赏其他文化的能力以及能够在一个或多个文化环境中恰当表现的能力（张红玲，2005:67）。超越民族中心主义思想的能力是跨文化交际能力中至关重要的一环。这一能力不仅要求人们深刻认识到自身文化的局限性，更要求他们能从全球视野出发，摒弃以本民族文化为唯一标准的狭隘观念。在多元文化的世界中，每个民族的文化都有其独特性和价值，没有哪一种文化是绝对优越或劣于其他文化的。要实现这一点，人们必须学会摒弃偏见，以开放、包容和尊重的态度去接触、理解和接纳不同文化的价值观、习俗和生活方式。这意味着要勇于挑战自己的思维定式，愿意倾听和学习其他文化的智慧，而不是仅仅固守自己的文化观念。只有这样，人们才能真正跨越文化的鸿沟，实现真正意义上的跨文化交流。这种能力的培养对于促进世界和平与发展，推动人类文明进步具有深远的意义。

善于欣赏其他文化的能力是跨文化交际能力的重要组成部分。在全球化日

益深入的今天,这种能力显得尤为重要。它建立在超越民族中心主义的基础之上,要求人们不仅对自身文化有深刻的理解,更要对其他文化保持敏感和开放的态度。为了培养这种能力,人们需要主动去了解其他文化的历史、艺术、社会制度等方面。通过深入学习,可以发现每种文化都有其独特的魅力和价值,值得去尊重和欣赏。同时,还应该学会从其他文化的视角去看待和解决问题。这意味着要暂时放下自己的文化偏见,尝试站在其他文化的立场上思考问题,理解他们的价值观和行为方式。

在一个或多个文化环境中恰当表现的能力,是跨文化交际能力中不可或缺的一环。它要求人们在不同文化背景下,能够敏锐地感知并适应具体情境和交际对象的需求。这不仅仅意味着要遵循当地的文化规范和期望,更要求人们能够灵活地调整自己的言行举止,以确保沟通的顺畅和有效。为了具备这种能力,人们不仅需要积累丰富的跨文化知识,了解不同文化间的差异和共性,还需要掌握良好的沟通技巧和应变能力。在跨文化交流中,语言和非语言信号同样重要,一个微笑、一个手势都可能传递出深刻的文化信息。因此,人们需要学会观察、倾听并适时做出反应,以展现自己的尊重和理解。

Bennett, Bennett & Allen 关于跨文化交际概念的论述比较宏观,有利于我们对这一概念的整体理解和认识,但过于抽象。Bennett 的跨文化敏感性发展模型是外语及教育学界应用最为广泛的理论模型之一(Garrett-Rucks,2014)。它重点研究交际者对待文化差异的态度,分析其世界观的动态转变过程。Bennett 的理论以其深刻的洞见和严密的逻辑引发了一系列理论与实证研究(Boski 2008; Garrett-Rucks,2014),且得到良好的验证,为跨文化敏感性评价工具的建构提供了理论指导(Hammer et al. 2003)。同时,该理论忽视了跨文化敏感性过程的徘徊与倒退等,后续学者 Kim(2001)在此基础上提出跨文化能力适应能力曲线发展模型。

二、Chen & Starosta 的跨文化交际能力模型

Chen & Starosta（1996）认为，在全球化背景下，跨文化交际能力理论不仅应展示交际者整体的潜质，而且还应解析其建构多重文化身份的过程。跨文化交际能力由三个不断发展和完善的过程构成：情感、认知和行为过程。情感过程是指跨文化交际敏感性的发展，即特定情形中个人情绪或感受的变化。认知过程主要涵盖自我意识和文化意识的发展。行为过程即跨文化交际灵巧性的发展，指交际者实施交际行为，完成交际目标的能力。

跨文化敏感性、跨文化意识和跨文化交际的灵巧性三个层面可以用等边三角形来表示（Chen，2014）。它们有着同等的重要性，相互联系、密不可分，共同促进跨文化交际能力的发展（见图3.1）。

Chen & Starosta 的模型是率先从情感、认知和行为三个基本层面来解析跨文化交际能力的理论之一，并对"跨文化能力、情感过程、认知过程和行为过程"做了全面的阐释，在学界引起很大的反响（Deardorff，2006）。但是该理论

图 3.1　综合的跨文化交际能力模型

对双方的互动过程以及能力的发展阶段分析较少。

三、M.Byram 的跨文化交际能力模型

Byram（1997）发展以外语教育为中心的跨文化交际能力模型，随后又进行了深入的阐释（Byram，2009，2014），他的模型在众多的实证研究中得到验证，引用最为广泛，成为经典的跨文化能力理论之一（Deardorff，2006；高永晨，2014）。Byram 的跨文化交际能力模型突出语言能力的重要性，总体上由四个要素构成：（1）语言能力；（2）社会语言能力；（3）语篇能力；（4）跨文化能力。其中跨文化能力又包含五个要素：（1）跨文化态度；（2）跨文化知识；（3）解读和建立关系的技能；（4）发现和互动的技能；（5）批判的文化意识。在跨文化能力的五个要素中，批判的文化意识居于中心地位，是指多视角观察和评价的能力，以及能够基于明确的标准对我文化和他文化进行评价的综合能力。Byram（1997）的理论把交际过程与个人特性有机地结合起来，从外语教育视角揭示了跨文化能力的关键要素，其贡献主要体现有三点：重视语言能力；提出解释／联系技能及其发现／互动技能；提出批判的文化意识（张红玲，2007：67）。Byram（2003）将重心放在对公民"身份"在不同文化中存在空间的探讨上，学习者除了获得跨文化知识和技能外，也拥有相对灵活的文化身份，成为不同文化的斡旋者，在跨文化交际中进行交流和协商。

四、Hunter 等的全球能力模型

Chen（2005）从传播学视角来诠释全球能力，Hunter 等人（2006）则从教育学视角进行解析全球能力，辨析其构成要素，发展全球能力模型。他们认为，在全球化时代，大学生需要学习新的课程，参与跨文化与国际交流，积累必要

的经验，培养全球能力，才能成为合格的世界公民。全球能力建立在深刻领悟
自己文化的基础之上，包括三个由内向外渐次拓展的层面：（1）内在层面；（2）中
间层面；（3）外围层面。内在层面包括四个要素：（1）开放；（2）对他人／差异
的认知；（3）对多样性的探索；（4）不武断。中间层包括两个要素：对全球化和
世界历史的理解。外围层：（1）辨别文化差异，参与全球竞争；（2）跨文化合作；
（3）有效参与全球社会活动与商务活动；（4）评估跨文化行为的能力。全球化
模型的整体结构以及各个层面的要素见图3.2（Hunter et al. 2006）。

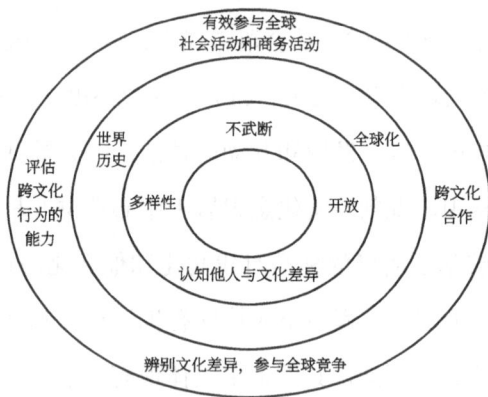

图 3.2　全球能力模型

五、Fantini 的跨文化交际能力框架

　　Fantini 的跨文化交际能力框架不仅仅是一个单一的概念，而是由一系列相
互关联的特点或特征构成的。Fantini 将跨文化交际能力归纳为五个要素：一系
列特点或特征；三个方面；四个层面；二语水平和不断进步和发展的过程。

　　（1）具备跨文化交际能力的人往往展现出以下特征：灵活性、幽默感、耐心、
开放性、好奇心、移情能力，以及对模糊与不确定因素的包容与忍耐力，同时
避免做出好坏优劣的绝对判断。

（2）跨文化交际能力涉及三个方面的能力：维持人际关系的能力、遗漏或扭曲信息最小化的沟通能力、合作完成符合双方共同利益的能力。

（3）跨文化交际能力包括四个层面：知识、态度、技能和意识。态度、知识、技能和意识。态度层面关注的是文化间的平等与尊重；知识层面涉及对不同文化的深入理解；技能层面则强调在跨文化交际中的实际操作能力，如语言沟通、非语言交流等；而意识层面则是对自身文化和其他文化差异的敏感性和洞察力。这四个层面相互交织，共同影响着个体的跨文化交际能力发展。

（4）用二语或外语进行交际的能力：外语交际能力是跨文化交际能力发展的重要条件，因为它不仅能够促进个人与不同文化背景的人之间的沟通，还能够增进对世界多样性的理解和欣赏，调整自己感知、理解和表达的习惯，二语水平的提高可以促进个体在跨文化交际中的自信心和沟通效果，从而更好地适应和融入不同的文化环境。

（5）跨文化交际能力的发展通常是一个由低到高不断发展的过程，主要由短期旅行者、旅居者、职业者、跨文化专家等四个阶段构成。Fantini 强调，跨文化交际能力并非一蹴而就，而是一个不断进步和发展的过程。这一过程中，个体需要保持开放的心态，积极接触和学习不同文化，不断提升自己在态度、知识、技能和意识等各个层面的表现。只有这样，个体才能在全球化日益加剧的今天，更好地适应和融入多元文化环境，实现有效的跨文化交际。该框架对特性、能力和构念维度的概括全面、清晰，对测评工具的开发具有重要的指导意义。

六、Deardorff 的跨文化能力金字塔模型及过程模型

Deardorff（2006）针对美国高校行政主管及跨文化交际领域的知名学者进行了一项调查，结果显示，最受受访者青睐的跨文化能力定义为："基于个人的跨文化知识、技能与态度，并在跨文化交际实践中展现出的有效且得体的沟通

能力"(Deardorff, 2004:194)。基于这一定义,Deardorff 通过实证研究构建了金字塔式的跨文化能力模式,其中塔底是不可或缺的态度层面:尊重、开明、好奇与发现。

第二层面涵盖知识与理解、技能,这两者间存在互动关系:对文化意识、文化知识、文化信息、社会语言意识等的理解和感悟越深入,跨文化技能的提升便越迅速,反之亦然。第三层面则是理想的内在结果,具体表现为适应性、灵活性、民族文化相对观以及移情能力的具备。而金字塔的顶端则是理想的外在结果,即实现有效且得体的跨文化交际。Deardorff(2004, 2006)的理论模型是对跨文化交际能力的理解从构成要素的静态模式逐渐过渡到动态发展模式的标志,对跨文化能力测评的原则具有指导意义。跨文化能力动态发展的测评应该是一个持续性的过程,在实施干预手段的整个过程中,有需要做好高频率、不间断的测评(孙有中等,2021)。

七、高永晨的"知行合一"跨文化能力模型

该模型挖掘了中国传统文化的思想观念,吸取西方理论的成果,使之立足民族根基的同时又具有国际视野,在探索本土理论建构的路径方面做出了有益的尝试。高永晨(2014)认为,中国大学生的跨文化能力涵盖"知"与"行"两个基本层面。"知"是由价值观念构成的知识系统,"行"是由价值观念支配和调控的行为系统。知识系统包括知识、意识和思辨能力三个要素,见图3.3(高永晨,2014)。行为系统包括态度、技能和策略等要素。知识和行为是两个既相对独立又密切联系的系统。"知"与"行"的关系是跨文化交际中最根本也是最重要的关系,唯有"知行合一,知行并进,行其所知,知其所行"才能成为有能力的交际者。

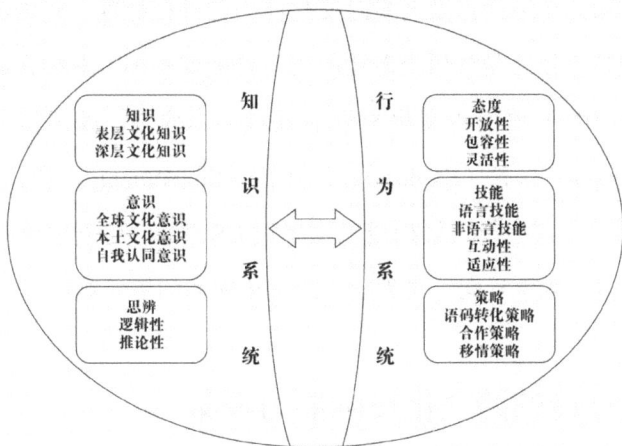

图 3.3 "知行合一"跨文化能力模型

该模型融合中西思想,解析中国大学生的跨文化能力,为探索本土跨文化能力理论的建构提供了样本,但是戴晓东认为该模型将思辨能力划入知识体系存在争议(戴晓东,2018)。

八、孙有中的中国外语教育视角下的跨文化能力模型

孙有中(2016)立足本土国情,综合多重视角提出跨文化能力理论。从外语专业教育的角度看,跨文化能力包括六个方面的素质:(1)尊重世界文化多样性,具有跨文化同理心和批判性文化意识;(2)掌握跨文化研究理论知识与分析方法;(3)熟悉所学语言的国家的历史与现状,理解中外文化的特点与异同;(4)能够对不同的文化现象以及文本域制品进行阐释和评价;(5)能够得体且有效地进行跨文化交际;(6)能够帮助不同语言文化背景的人士进行有效的沟通。

第一个方面涉及跨文化态度、情感与意识。第二个方面涉及跨文化研究的知识与方法。第三个方面涉及历史与社会知识。第四个方面涉及解释与评价能

力。第五个和第六个方面涉及衡量跨文化能力的外在标准。外语类专业跨文化能力培养的根本途径还是外语类专业的语言技能课程和专业知识课程的课堂教学。孙有中（2016）提出跨文化教学的五项基本原则，即思辨（Critiquing）、反省（Reflecting）、探究（Exploring）、共情（Empathizing）和体验（Doing），这五个概念的英文首字母正好构成英文单词 CREED。这五项原则不仅为外语教师提供了明确的教学导向，也为学生跨文化能力的培养奠定了坚实的基础。

九、张红玲的跨文化交际能力框架

张红玲（2007）在借鉴 Samovar 和 Porter（1995），Byram（1997）等研究成果的基础上，提出三个层面，14 项目标构成的跨文化交际能力。

（1）态度层面目标。包括增强自我意识，认识民族中心主义思想和成见的存在，消除偏见；培养对异国文化的好奇、开放、欣赏、移情的态度；培养文化相对论思想和跨文化意识。

（2）知识层面目标。积累本族文化和外国文化的知识，进行比较分析，了解异同；学习关于语境（地理环境和社会文化环境）的知识，认识语境对交际过程的影响；学习外国语言知识，提高外语使用能力；学习非语言交际的意义表达系统，了解其中的文化差异；熟悉文化学、社会学、心理学等的相关知识，了解文化和文化学习的本质，掌握跨文化交际的普遍规律。

（3）行为层面目标。坦然面对模糊、不确定的交际环境，善于调整心态，勇敢面对文化冲撞或跨文化交际可能带来的紧张和痛苦；愿意且能够设身处地从对方的角度去理解和处理问题；展现出高度的灵活性和适应能力，能够根据不同的交际风格以及来自各种文化背景的人们的需求，灵活调整自己的言语和行为；具备敏锐的文化感知力，擅长观察和比较各种文化现象；时常对本族文化进行深入反思，同时审视自己的跨文化交际行为；拥有强大的学习能力，善于掌握新的文化知识并应对各种新的跨文化交际环境。

非西方跨文化能力理论从其自身的文化视角解读跨文化能力内涵，辨析成功交际的要素，可以拓展我们的视域，对情感、人际关系、道德伦理以及非语言行为的重视，纠正西方理论的偏见。这些非西方视角独特而富有新意，有力拓展了我们的视野，弥补了西方理论的不足，具有启发性。目前理论主要通过逻辑推理和概念整合建构而成，缺乏坚实的实证基础，其合理性和解释力仍需进一步验证。

除了一般跨文化能力的理论，还有特定跨文化理论，基本采用客位视角，针对特定场景、特定层面抑或特定人群，分析跨文化能力的构成要素与运作原理，包括跨文化焦虑与不确定管理能力（Gudykunst, 1995, 2005）、跨文化通融能力（Gallois et al. 2005）、跨文化身份协商（Kim 2001）、身份管理能力（Collier & Thomas, 1998）、跨文化面子与面子行为能力理论（Ting-Toomey & Kurogi, 1998）、跨文化伦理能力理论（Nakayama & Martin, 2014）等等。

第二节　外语专业跨文化交际能力的培养目标

教学目的和标准通常由政府教育部门制定，如美国 1996 年颁布的《迎接21 世纪外语学习标准》以及欧盟委员会的语言项目。该语言项目重点探讨如何在外语教学中提高学习者的社会文化能力和跨文化交际能力。教学目的和标准受到社会文化和政治、经济等客观环境的影响，我国外语教学跨文化交际能力培养目标符合中国国情。《大学英语教学指南（征求意见稿）》对教学目标做了一定的修改，强调"增强跨文化交际意识和交际能力"以及"提高综合文化素养"（王守仁, 2016:5）。2018 年颁布的《外国语言文学类教育质量国家标准》亦将提升学生跨文化能力这一培养目标纳入外语类本科阶段课程设置指导方案。跨文化能力作为重要培养目标已上升至国家教育政策层面。

胡文仲（1985）提出发展学生的"文化意识"和"移情能力"的教学目标。
张红玲（2007）以培养学习者外语交际能力和跨文化交际能力的总目标为宗旨，
从认知、行为和情感三个层面对跨文化外语教学的目标框架进行了详细描述，
为教学内容的选择、教材的编写、教学方法的设计、教学测试和评估以及教师
培训等环节提供了依据和参考。孙有中（2016）从构成要素的角度将跨文化能
力的核心内涵概括为：尊重世界文化多样性，具有跨文化同理心和批判性文化
意识；掌握基本的跨文化研究理论知识和分析方法；熟悉所学语言对象国的历
史与现状，理解中外文化的基本特点与异同；能对不同文化现象、文本、制品
进行阐释和评价；能得体和有效地进行跨文化沟通；能帮助不同语言文化背景
的人士进行有效的跨文化沟通。

前文所述，尽管学界对跨文化交际能力要素的观点不一，但其共同部分归
纳起来主要表现为三个层面，即认知、情感和行为（胡文仲，2013：4）。由此，
我们以外语专业本科人才的目标素质、知识和能力为参考依据，并结合国内外
跨文化交际能力研究的相关成果，提出外语专业跨文化交际能力的培养目标。
从理论构架上讲，认知、情感和行为构成国际传播背景下跨文化交际能力的三
个基本要素，每个要素可细分为不同的子要素。认知包括语言基础和沟通技能
和语言综合运用能力，情感主要指跨文化意识，行为包括交际策略与技巧和批
判性思维与跨文化分析能力。

一、语言基础与沟通技能

（一）语言基础的夯实

1. 语法规则的掌握与运用

语法是语言学习的基础，对于外语专业的学生而言，掌握并熟练运用语法

规则至关重要。在跨文化交际中，准确的语法能够确保信息的清晰传递，避免因语言错误造成的误解。学生应通过系统的语法学习，理解句子结构、时态、语态等关键要素，并在实际语境中反复练习，达到熟练运用的水平。此外，了解不同文化背景下的语法差异也有助于提升跨文化交际能力。

2. 词汇量的拓展与深化

词汇量是衡量外语水平的重要指标之一。在跨文化交际中，丰富的词汇能够帮助学生更准确地表达思想，增强沟通的深度和广度。学生应通过广泛阅读、听力训练、词汇记忆等多种方式，不断拓展和深化词汇量。同时，注重词汇的文化内涵学习，了解不同文化背景下词汇的特定含义和用法，以避免在交际中出现文化冲突或误解。

3. 发音与语音语调的训练

发音和语音语调是外语口语表达的重要组成部分。准确的发音和自然的语音语调能够提升语言表达的流畅度和地道性，增强交际效果。学生应通过专业的语音训练，纠正发音错误，掌握外语的语音语调规律。此外，模仿和跟读原声材料、参与口语实践等活动也有助于提高发音和语音语调水平。在跨文化交际中，学生还应注意不同文化背景下的语音差异，以更好地适应多元语言环境。

（二）沟通技能

1. 听力理解能力的增强

听力是外语学习中至关重要的技能，尤其在跨文化交际中，它扮演着获取信息和理解对方意图的关键角色。为了增强学生的听力理解能力，必须经常性地进行各种听力材料的训练，如新闻广播、日常对话、讲座等。学生应学会捕捉关键信息，理解不同语速和口音下的内容，并培养对听力材料进行深入分析和总结的能力。此外，了解不同文化背景下的语言习惯和表达方式，有助于更准确地理解听力材料中的隐含意义。

2. 口头表达能力的锤炼

口头表达能力是外语专业学生必备的核心技能之一。在跨文化交际中，清晰、准确、流利的口头表达能够有效地传递信息，建立良好的沟通关系。为了锤炼学生的口头表达能力，应提供多样化的口语实践机会，如模拟对话、演讲、辩论等。学生需要不断练习，提高语言表达的流畅性、准确性和逻辑性。同时，培养自信心和应变能力，以便在真实的跨文化交际场景中自如地运用外语进行表达。

3. 阅读理解与写作技能的培养

阅读理解和写作是外语学习中相辅相成的两项技能。通过阅读，学生可以获取丰富的信息，了解不同文化的知识和观点；而写作则是表达思想、传递信息的重要手段。为了培养学生的阅读理解和写作技能，应提供广泛的阅读材料，包括文学作品、新闻报道、学术论文等。学生需要学会分析文章结构、理解作者意图、提炼关键信息，并培养批判性思维和独立思考的能力。在写作方面，学生应练习各种文体的写作，如记叙文、议论文、说明文等，提高写作的条理性和逻辑性，并注意语言表达的准确性和得体性。

4. 翻译与口译技能的训练

翻译和口译是外语专业学生需要具备的高级技能，尤其在跨文化交际中发挥着桥梁和纽带的作用。翻译不仅要求准确传达原文的意义，还要求考虑目标语的文化背景和语言习惯；而口译则更注重即时性和应变能力。为了训练学生的翻译和口译技能，应提供大量的翻译实践机会，包括笔译和口译练习。学生需要学会分析原文的语言特点和文化内涵，掌握翻译的基本技巧和方法，并培养快速准确地进行语言转换的能力。同时，注重口译训练中的听辨能力、记忆能力和表达能力的协调发展，以便在真实的跨文化交际场景中胜任口译工作。

二、语言综合运用能力

（一）基本语言技能的整合与提高

1. 听说读写全面发展

在外语学习中，听说读写四项基本技能是相互关联、相互促进的。为了实现跨文化交际的目标，学生必须全面发展这四项技能。在听力方面，学生应能听懂各种语速和口音的外语，理解不同场景下的语言信息。口语方面，学生需要能够流利、准确地表达自己的思想和观点，同时学会运用恰当的语气和语调。阅读方面，学生应能阅读并理解不同领域的外语文章，提取关键信息，进行批判性思考。写作方面，学生需要掌握外语写作的基本技巧，能够撰写结构清晰、观点明确的文章。通过全面发展听说读写技能，学生将能够更自如地运用外语进行跨文化交际。

2. 语言准确性与流利性的平衡

在跨文化交际中，语言的准确性和流利性都是至关重要的。准确性是语言交际的基础，它要求学生在使用外语时能够遵循语法规则，选用恰当的词汇和表达方式。为了提高准确性，学生需要通过大量的练习和反馈来纠正语言错误，巩固语言基础。同时，流利性也是实现有效交际的关键。它要求学生在交际过程中能够迅速、自然地组织语言，减少停顿和犹豫。为了提升流利性，学生需要进行大量的口语练习和模拟交际场景，培养自信心和应变能力。在追求准确性和流利性的过程中，学生需要找到二者之间的平衡点，既要注重语言的精确性，又要保持表达的流畅性。这将有助于学生在跨文化交际中更自信、更准确地传递信息，实现有效的沟通。

（二）语言交际能力的深化与拓展

1. 情境适应与语言选择

在跨文化交际中，情境适应和语言选择是密不可分的。不同的交际场合、文化背景和交际目的要求语言使用者能够灵活调整自己的语言风格和表达方式。为了实现这一目标，外语专业的学生需要培养高度的情境意识，学会观察和分析交际环境，包括正式程度、参与者关系、话题内容等因素。同时，他们还需要积累丰富的语言资源，包括词汇、短语、句型等，以便在不同情境下做出恰当的语言选择。通过不断的实践和经验积累，学生将能够更自如地应对各种交际场景，实现有效的跨文化沟通。

2. 语言策略与修补技巧

在跨文化交际过程中，遇到语言障碍或误解是难免的。因此，掌握有效的语言策略和修补技巧对于保障交际的顺利进行至关重要。语言策略包括迂回表达、简化语言、使用非语言手段等，它们可以帮助学生在遇到表达困难时灵活应对，确保信息的准确传递。而修补技巧则是指在交际中出现失误或误解时采取的补救措施，如澄清、确认、道歉等。这些技巧能够帮助学生及时发现问题并加以解决，从而维护交际的顺畅进行。为了培养学生的语言策略和修补技巧，教师需要提供丰富的实例分析和实践机会，让学生在模拟或真实的交际场景中不断尝试和运用这些策略和技巧，逐步提高他们的语言应变能力和跨文化交际能力。

（三）跨文化意识的融入与提升

1. 文化敏感性与文化意识的培养

在全球化日益加速的今天，外语专业的学生不仅要掌握语言技能，更要培养深厚的跨文化意识。其中，文化敏感性和文化意识的培养至关重要。文化敏感性是指对不同文化差异的敏锐感知和理解能力，它要求学生能够摒弃偏见，以开放的心态接纳并尊重多元文化。为了实现这一目标，学生需要通过广泛阅读、深入交流和实践体验来增进对不同文化的了解。同时，文化意识的培养也要求学生不仅了解文化表象，更要探究其深层次的文化价值观、思维方式和社会习俗。只有这样，学生才能在跨文化交际中真正做到游刃有余，实现有效沟通。

2. 语言中的文化因素解析

语言不仅是交流的工具，更是文化的载体。在外语学习中，深入解析语言中的文化因素对于培养学生的跨文化交际能力至关重要。这包括了解并掌握词汇、短语、习语等背后的文化内涵，以及探究语言结构、修辞方式等所反映的文化思维。通过解析语言中的文化因素，学生可以更准确地理解并运用外语，避免在跨文化交际中出现误解或冲突。为了实现这一目标，教师需要引导学生关注语言中的文化细节，提供丰富的文化背景知识，并鼓励学生通过实践来加深对语言与文化关系的理解。同时，学生自身也要保持对文化的好奇心和探究欲，不断拓宽自己的文化视野，提升跨文化交际能力。

三、跨文化意识

（一）增强文化敏感性

1. 多元文化的认识与尊重

在全球化的时代背景下，外语专业的学生必须具备对多元文化的深刻认识和尊重。这意味着学生需要了解不同文化的历史背景、社会结构、价值观念和行为方式，从而能够更全面地理解并尊重文化的多样性。通过学习和实践，学生应逐渐培养起一种开放、包容的心态，愿意接纳并学习其他文化的优秀元素，同时也能够自信地展示和传播本国的文化。这种对多元文化的认识和尊重不仅有助于提高学生的跨文化交际能力，还将为其未来的职业发展和国际合作奠定坚实的基础。

2. 文化差异的辨识与应对

在跨文化交际中，文化差异是不可避免的现象。因此，外语专业的学生必须学会辨识并应对这些文化差异。学生需要通过学习和实践，积累丰富的跨文化知识，以便在交际过程中能够迅速识别出文化差异的存在。同时，学生还需要学会灵活应对这些文化差异，避免因误解或冲突而导致交际失败。这要求学生不仅要有扎实的语言基础，还要具备良好的沟通技巧和应变能力。通过不断的实践和经验积累，学生将逐渐提高自己在跨文化交际中的文化敏感性，从而更有效地实现跨文化沟通。

（二）提升文化适应性

1. 文化适应能力的培养

文化适应能力是外语专业学生在跨文化交际中不可或缺的重要素质。为了有效培养这一能力，学生需要深入了解目标语言国家的文化习俗、社会规范以及价值观念，从而能够在不同文化背景下迅速适应并融入其中。此外，学生还应学会观察和分析文化差异对交际行为的影响，以便在实际交流中灵活调整自己的言行举止，避免因文化误解而导致的交际障碍。通过参与文化交流活动、模拟跨文化交际场景等实践方式，学生可以不断提升自己的文化适应能力，为未来的国际交往打下坚实的基础。

2. 跨文化交际策略的运用

在跨文化交际中，灵活运用各种交际策略对于提高沟通效果至关重要。外语专业学生应学会根据具体的交际场景和文化背景，选择合适的交际策略来传递信息、表达观点。例如，在面对不同文化背景的对话者时，学生可以采用礼貌原则、合作原则等交际策略，以建立良好的人际关系并促进沟通的顺利进行。

同时，学生还应学会运用非语言交际手段，如肢体语言、面部表情等，来增强交际的表达力和感染力。通过不断学习和实践，学生可以逐渐掌握跨文化交际的策略和技巧，提高自己的跨文化沟通能力。

（三）文化批判性思维的培养

1. 文化反思与批判

在跨文化交际能力的培养中，文化反思与批判是不可或缺的一环。外语专业的学生需要学会跳出自身文化的框架，以客观、理性的态度审视不同文化的优劣与特点。这种反思不仅包括对目标语言文化的深入理解，更涉及对自身文化传统的再认识。通过文化反思，学生可以增强文化自觉，避免在跨文化交际中陷入刻板印象或文化偏见。同时，批判性思维的培养鼓励学生勇于质疑和挑战既定文化观念，以开放的心态接纳文化的多元性，从而在更深层次上促进跨文化理解与沟通。

2. 文化创新与发展

在全球化日益深入的今天，文化创新与发展对于外语专业学生而言显得尤为重要。跨文化交际不仅要求学生具备扎实的语言基础和敏锐的文化感知能力，更鼓励他们在跨文化实践中发挥创新精神，推动文化的交流与融合。学生应学会从不同文化中汲取灵感，结合时代需求和个人创意，创造出具有新意的文化表达方式和交流模式。这种创新不仅有助于丰富文化的多样性，还能够为跨文化交际注入新的活力，促进文化的共同繁荣与发展。通过培养文化创新与发展意识，外语专业的学生将更好地适应全球化时代的挑战，成为推动跨文化交流的重要力量。

四、交际策略与技巧

（一）基本交际策略的运用

1. 跨文化语言交际策略

（1）准确性与流利性的平衡

在外语学习中，准确性是基础，它确保信息能够无误地传递。然而，仅有准确性是不够的，流利性同样重要，它关系到交流的顺畅与效率。因此，目标是培养学生在这两者之间找到平衡，既不过于追求语法完美而牺牲流利度，也不因追求速度而忽视准确性。通过大量实践练习和模拟真实场景，学生可以逐渐学会根据交际需求调整自己的语言输出，实现准确与流利的和谐统一。

（2）语境适应性

语言的使用总是与特定的语境紧密相连。不同的场合、不同的对象，要求使用不同的语言风格和表达方式。因此，培养学生根据语境灵活调整语言的能力至关重要。通过教授各种语境下的得体用语，结合角色扮演、情景模拟等实践活动，可以帮助学生逐渐掌握这一策略，使他们的语言更加得体、自然。

2. 非语言交际策略

（1）肢体语言与面部表情

在跨文化交际中，非语言手段同样传递着丰富的信息。肢体语言、面部表情等非语言行为，往往能够更直观地表达说话者的情感和态度。因此，需要教导学生理解并恰当运用这些非语言手段，以增强交际效果。通过观察和模仿不同文化中的非语言行为，结合实践练习，学生可以逐渐学会在交际中自如地运用这些策略。

（2）文化敏感性在非语言交际中的应用

由于文化差异的存在，相同的非语言行为在不同文化中可能有不同的含义。

因此，提高学生对非语言交际行为的文化敏感性至关重要。通过介绍不同文化中的非语言交际习俗，结合案例分析，可以帮助学生增强这方面的意识，避免在跨文化交际中因误解非语言行为而产生冲突。同时，也鼓励学生保持开放和尊重的态度，愿意接纳并学习其他文化中的非语言交际方式。

（二）高级交际技巧的提升

1. 话轮转换与会话管理

（1）话轮转换技巧

在多人交谈中，话轮转换是保持交流流畅和高效的关键。为了培养学生掌握这一技巧，需要教导他们如何适时地插话，既不打断他人的发言，又能确保自己的观点得到表达。此外，引导话题的能力也至关重要，这要求学生能够敏锐地捕捉交谈中的线索，灵活地引入新话题或深化现有话题的讨论。通过模拟真实场景的角色扮演和小组讨论等活动，学生可以逐渐掌握这些技巧，并在实践中不断提升。

（2）会话管理能力

掌控整个会话进程是高级交际技巧的重要体现。为了提升学生的这一能力，需要关注他们在开场白设计、话题深入与转换，以及结束语运用等方面的表现。一个巧妙的开场白可以迅速拉近交流双方的距离，为后续的交谈奠定良好基础；而话题的深入与转换则需要学生具备丰富的知识储备和敏锐的思维能力，能够根据不同对象和需求灵活调整交谈内容；最后，恰当的结束语不仅可以为本次交流画上圆满的句号，还能为未来的交往留下良好的印象。通过系统的训练和实践，学生可以逐渐提升自己在这些方面的能力。

2. 处理交际障碍与冲突

（1）交际障碍的识别与应对

在跨文化交际中，学生可能会遇到各种交际障碍，如语言障碍、文化障碍等。为了帮助他们有效应对这些障碍，需要首先训练他们快速识别障碍的能力。通过对比分析不同文化背景下的交际实例，学生可以学会识别各种潜在的障碍因素。接下来，需要教导学生采取有效的策略来克服这些障碍。例如，面对语言障碍时，学生可以尝试使用简单的词汇和手势来辅助表达；面对文化障碍时，学生则需要保持开放和尊重的态度，愿意倾听并学习对方的文化习俗。

（2）冲突解决技巧

在跨文化交际中，冲突是不可避免的。为了帮助学生有效化解冲突，需要教导他们掌握一些基本的冲突解决技巧。首先，学生需要学会保持冷静和理智，避免情绪化的言行加剧冲突。其次，学生需要尝试站在对方的角度思考问题，理解对方的立场和需求。最后，通过有效的沟通和协商，学生可以寻求双方都能接受的解决方案，从而达成共识并化解矛盾。这些技巧不仅适用于跨文化交际场景，也对学生未来的职业发展和人际交往具有重要意义。

五、批判性思维与跨文化分析能力

（一）批判性思维能力的塑造

1. 逻辑思维与辩证思维
（1）培养逻辑思维能力

逻辑思维能力是批判性思维的基础。通过系统的逻辑训练，能够使学生学会如何条理清晰地分析问题。这种训练不仅包括形式逻辑的学习，如命题逻辑、谓词逻辑等，还涉及辩证逻辑的运用，旨在帮助学生在复杂多变的情况中，形成合理、有效的推理与判断。在日常教学中，可以通过逻辑游戏、案例分析等方式，让学生在实践中锻炼和提升逻辑思维能力，从而更好地应对未来学习和工作中的各种挑战。

（2）引导辩证思考

辩证思考是批判性思维的重要组成部分。它要求学生能够跳出固有的思维框架，从不同角度审视问题。为了培养学生的辩证思考能力，教师需要鼓励学生发散思维，勇于挑战传统观念，同时提供多元化的思考视角和案例。通过这样的训练，学生可以逐渐形成全面、深入的思考习惯，避免片面性和偏见，从而更加客观、理性地看待世界。这种思考方式不仅有助于学生的个人成长，还能为社会培养出具备创新精神和开放视野的优秀人才。

2. 质疑精神与探索意识

（1）激发质疑精神

质疑是思维的火花，是创新的起点。在外语专业的教学中，鼓励学生勇于对既有观点提出质疑，这不仅能够培养他们的独立思考能力，还能够激发他们的创新思维。为了实现这一目标，需要营造一个开放、包容的学习氛围，让学生能够自由发表自己的观点，敢于挑战权威。同时，还可以通过组织讨论、辩论等活动，引导学生学会理性、有序地表达自己的质疑，培养他们的批判性思维能力。通过这样的训练，学生将逐渐学会不盲从、不迷信，以独立的思考和判断来面对各种信息和观点。

（2）培养探索意识

探索是人类进步的重要动力，也是外语专业学生必备的精神品质。为了培养学生的探索意识，需要引导他们主动探求知识，对未知领域保持好奇心和求知欲。在教学过程中，可以通过设置开放性问题、布置研究性任务等方式，激发学生的探索欲望，让他们在实践中体验探索的乐趣。同时，还可以鼓励学生积极参加各种学术活动、实践项目等，拓宽他们的视野，增强他们的实践能力。通过这样的培养，学生将逐渐形成勇于探索、不断创新的良好品质，为未来的学习和工作奠定坚实的基础。

（二）跨文化分析能力的提升

1. 文化比较与鉴别

（1）文化比较能力

在全球化的时代背景下，跨文化交流日益频繁，培养学生从不同文化背景下对比分析文化现象的能力显得尤为重要。这种能力不仅要求学生具备扎实的语言基础，还需要他们具备广阔的文化视野和敏锐的洞察力。通过对比分析不同文化中的价值观、风俗习惯、社会制度等方面，学生可以更深入地理解文化差异，从而在未来的跨文化交流中更加游刃有余。为了实现这一目标，教师可以引导学生阅读不同文化的经典文献，观看反映不同文化的影视作品，甚至组织学生实地考察不同文化的社会环境，让他们在亲身体验中感受文化的多样性。

（2）文化鉴别力

在跨文化交流中，不同文化之间往往存在着微妙的差异，这些差异可能会导致误解和冲突。因此，提升学生对这些微妙差异的敏感度，培养他们的文化鉴别力，是外语专业教学中不可忽视的一环。通过精细化的文化教学和实践训练，学生可以学会捕捉不同文化中的细微差别，如语言中的隐喻、非言语行为的含义等，从而更准确地把握文化特质。这种能力不仅有助于学生在跨文化交流中避免误解和冲突，还能使他们在文化研究和文化传播等领域发挥更大的作用。为了培养学生的文化鉴别力，教师可以设计专门的文化对比课程，引导学生通过案例分析、小组讨论等方式深入探讨不同文化之间的差异和相似之处。

2. 跨文化视角下的深度解析

（1）深化跨文化理解

在跨文化交流中，表面的文化差异往往只是冰山一角，更深层次的文化观念、价值体系和行为模式等才是决定交流成功与否的关键。为了帮助学生深入理解这些深层次问题，可以通过案例分析、文化解读等多样化的教学方式，引导学生深入剖析跨文化交流中的实际案例。例如，通过分析不同文化背景下的商务谈判案例，学生可以深刻体会到文化差异对交流结果产生的深远影响。同时，通过对不同文化经典文本的解读，学生还可以更深入地理解不同文化的核心价值观和思维方式。

（2）培养跨文化分析能力

面对复杂多变的文化现象，学生需要具备运用跨文化知识进行深度剖析的能力。这种能力不仅要求学生掌握丰富的跨文化知识，还需要他们具备敏锐的文化洞察力和批判性思维。为了培养学生的这种能力，可以结合具体的文化案例，引导学生进行深入的分析和讨论。通过不断的实践训练，学生将逐渐学会如何运用跨文化知识，对复杂文化现象进行鞭辟入里的分析，并提出自己独到的见解。这种能力的培养不仅有助于学生在学术上取得更高的成就，还能使他们在未来的职业生涯中更好地适应多元文化环境，成为具有国际视野的优秀人才。

第三节　跨文化交际能力在国际传播中的作用

一、跨越文化壁垒，促进国际理解

（一）文化壁垒的识别与分析

1. 文化差异的基本认知

（1）语言和非语言沟通的差异

语言作为文化的核心，直接体现了不同文化间的思维方式和表达习惯。在国际交流中，语言的差异不仅体现在词汇和语法上，更在于语言背后的文化含义。此外，非语言沟通，如肢体语言、面部表情等，也同样承载着丰富的文化信息。对这些差异的认知，是跨越文化壁垒的基础。

（2）社会习俗和礼仪的不同

社会习俗和礼仪是文化的具体表现，它们规范着人们在特定文化环境中的行为方式。不同文化间的习俗和礼仪差异显著，如打招呼的方式、餐桌礼仪、节庆习俗等。了解这些差异，有助于减少在国际交往中的尴尬和误解，增进相互理解和尊重。

（3）价值观和信仰体系的多样性

价值观和信仰体系是文化的深层次结构，它们塑造着人们的世界观和人生观。不同文化间的价值观和信仰体系差异巨大，如对个人与集体关系的看法、对时间观念的态度、对道德规范的理解等。认知这些差异，有助于深入理解不同文化的核心精神，为国际交流中的求同存异奠定基础。

2. 文化壁垒对国际交流的影响

文化壁垒是国际交流中难以避免的现象，它源于不同文化间的差异和误解。这些壁垒不仅阻碍了信息的有效传递，还可能导致误解和冲突的产生。例如，在商务谈判中，由于语言和非语言沟通的差异，双方可能无法准确理解对方的意图和需求，从而影响合作的顺利进行。此外，社会习俗和礼仪的不同也可能导致交往中的尴尬和不适，甚至引发文化冲突，深层次的是，价值观和信仰体系的多样性可能导致双方在某些核心问题上难以达成共识，从而阻碍国际合作的深入发展。因此，充分认识并努力跨越文化壁垒，对于促进国际交流与合作具有重要意义。

（二）跨文化交际能力的培养

1. 提升跨文化沟通技巧

在全球化日益加速的今天，跨文化交际能力显得尤为重要。其中，提升跨文化沟通技巧是培养这种能力的关键一环。首先，需要深入了解不同文化背景下的沟通习惯和期望，这包括语言使用、沟通风格，以及对于礼貌和尊重的理解。通过学习和实践，可以逐渐掌握如何在不同文化环境中进行得体、有效的沟通。此外，提升跨文化沟通技巧还意味着需要学会倾听和理解不同文化背景下的观点和诉求。这要求学生具备开放的心态和同理心，能够接纳并尊重文化差异。在沟通过程中，还应灵活运用各种沟通技巧，如提问、反馈，以及非语言沟通方式，以确保信息的准确传递和理解的达成。

2. 跨文化培训与教育资源

为了有效培养跨文化交际能力，跨文化培训与教育资源发挥着至关重要的作用。首先，针对个人或团队特点的定制化培训课程能够深入剖析不同文化间的差异，帮助学员建立全面的跨文化认知框架。这些课程通常涵盖语言学习、文化习俗讲解，以及实际案例分析等多个方面，旨在提升学员在跨文化环境下的适应能力和沟通技巧。除了传统培训课程外，现代科技也为跨文化培训提供了丰富的资源。例如，虚拟现实（VR）技术可以模拟真实的跨文化交流场景，让学员在安全的环境中进行实践练习。此外，网络平台上也涌现出大量关于跨文化交际的教程、案例分析和互动练习，这些资源具有便捷性和实时性，能够满足不同学习者的需求。在实施跨文化培训时，还需要注重培训效果的评估与反馈。通过定期测试、问卷调查等方式，可以了解学员的学习进度和效果，以便及时调整培训内容和方式。同时，鼓励学员在实际工作中运用所学技巧，并分享自己的经验和教训，从而形成一个良性循环的学习氛围。

（三）促进国际理解的实践策略

1. 跨文化交流活动的组织

组织跨文化交流活动是增进国际理解最直接、有效的方式之一。这类活动包括国际文化节、艺术展览、音乐会、电影节等，它们为来自不同文化背景的人们提供了展示、交流和学习的平台。通过这些活动，参与者能够亲身体验到文化的多样性，从而加深对不同文化的理解和尊重。此外，组织跨文化交流活动还有助于打破文化壁垒，促进信息的自由流通，为国际合作与发展奠定坚实基础。为了确保活动的成功，组织者需要精心策划、广泛宣传，并邀请具有影响力的文化代表和专家参与，以提升活动的层次和影响力。

2. 媒体与网络平台的角色

在全球化时代，媒体与网络平台在促进国际理解方面发挥着越来越重要的作用。它们不仅是信息传播的主要渠道，更是塑造国际形象、引导公众舆论的关键力量。媒体通过报道国际新闻、介绍外国文化、展示国际交流成果等方式，帮助公众了解世界，拓宽视野。同时，网络平台如社交媒体、在线论坛等也为人们提供了便捷的跨文化交流途径。通过这些平台，人们可以实时分享信息、交流观点、建立跨国界的人际关系。因此，媒体与网络平台应积极承担社会责任，传播真实、客观、全面的信息，为推动国际理解与和平发展贡献力量。

3. 国际教育与合作项目

国际教育与合作项目是促进国际理解的重要途径之一。这类项目包括学生交流、教师互访、合作研究等多种形式，旨在通过教育领域的交流与合作，增进不同国家之间的了解与友谊。通过参与这些项目，学生们有机会亲身体验不同国家的文化与生活，拓宽国际视野，培养跨文化交际能力。同时，教师和教育机构之间的合作也有助于推动教育资源的共享和教育理念的创新。此外，国际教育与合作项目还为各国提供了共同解决全球性问题的平台，如气候变化、公共卫生等。通过这些项目的合作与交流，各国能够携手应对挑战，共同推动人类社会的可持续发展。

二、推动文化创新，促进多元共融

（一）跨文化交际能力引领文化创新潮流

1. 融合多元文化元素

在全球化日益加速的今天，跨文化交际能力的重要性愈发凸显。具备这种能力的人，能够轻松游走于不同文化之间，捕捉各种文化的精髓，进而实现多元文化元素的有机融合。这种融合不是简单的文化拼凑，而是在深入理解各种文化的基础上，进行巧妙的创意组合，从而创造出既新颖独特又富有内涵的文化产品。这种创新方式，不仅丰富了文化的多样性，也为人们带来了全新的文化体验。同时，跨文化交际能力还使得文化创新者能够敏锐地洞察到不同文化背景下的市场需求和审美趋势，从而更有针对性地进行文化创作和推广。这种以市场需求为导向的文化创新，既满足了人们的文化消费需求，也推动了文化产业的持续发展。

2. 推动创意产业发展

跨文化交际能力对于推动创意产业的发展具有举足轻重的作用。在全球化背景下，创意产业已不再局限于某一特定地域或文化，而是呈现出跨国界、跨文化的融合趋势。具备跨文化交际能力的人才，能够准确把握这一趋势，从全球范围内汲取灵感和资源，为创意产业注入源源不断的创新活力。此外，跨文化交际能力还有助于拓展创意产业的市场空间。通过深入了解不同文化背景下的消费者需求和喜好，创意产业从业者可以更加精准地定位目标市场，推出更具吸引力的产品和服务。这不仅有助于提升创意产业的市场竞争力，还能促进其国际化发展，进一步拓展全球市场份额。

（二）跨文化交际能力促进多元文化共融

1. 增进文化互信与包容

在多元文化交汇的时代，跨文化交际能力显得尤为重要，它不仅是沟通的工具，更是心灵之间的桥梁，是增进文化互信与包容的不可或缺的关键要素。具备这种能力的人们，他们眼界开阔，思维灵活，能够超越自身文化的界限，摆脱固有的文化框架，以更加开放、包容的心态去接触、理解和接纳其他文化。通过深入的跨文化交流，这些人能够逐渐消除心中的疑虑和隔阂，减少因文化差异而产生的误解和偏见。他们学会换位思考，站在其他文化的角度去审视问题，从而更加全面、客观地认识和理解各种文化现象。在这个过程中，他们惊喜地发现，不同文化之间虽然存在差异，但同时也蕴含着许多共性和互补性，这些共性和互补性正是建立深厚文化互信的基础。随着文化互信的加深，人们开始更加欣赏和尊重文化的多样性，他们愿意为其他文化提供展示和交流的平台，让更多人了解和认识这些文化的独特魅力。这种对文化多样性的包容和尊重不仅体现在个人层面上，更逐渐渗透到社会的各个层面，成为推动多元文化共融的重要力量。在这样的环境下，各种文化得以和谐共存，相互借鉴，共同发展，为多元文化共融创造了有利的社会氛围。

2. 搭建文化交流与合作桥梁

在全球化日益盛行的今天，跨文化交际能力在搭建文化交流与合作桥梁方面的作用愈发凸显。具备这种宝贵能力的人们，不仅精通多种语言，更对多元文化有深入的了解和独到的见解。这使得他们能够轻松跨越语言和文化的重重障碍，游刃有余地穿梭于不同的文化群体之间，成为促进各方有效沟通的重要纽带。具备跨文化交际能力的人不仅能够准确无误地传达各方的意愿和需求，确保信息的畅通无阻；更能在交流中深入挖掘不同文化之间的共鸣和契合点，推动各方在理解、尊重和欣赏的基础上展开深度合作。这种深度理解和合作，为文化的交流与融合注入了新的活力，使得各种文化资源得以在全球范围内共享和传播。同时，这种桥梁作用还极大地激发了文化创新的火花。在跨文化的交流与碰撞中，人们开始共同探索文化发展的新路径、新模式，推动多元文化在相互借鉴、相互融合中实现共同进步。这种交流与合作不仅增进了各国人民之间的深厚友谊，更为世界的和平与发展贡献了不可估量的文化力量。

3. 培养全球化人才

在全球化浪潮中，培养具备跨文化交际能力的人才已经成为一项紧迫而重要的任务。这种独特的能力使他们能够自如地适应多元文化环境，有效应对各种复杂多变的文化挑战。为了实现这一目标，通过系统的教育和培训，对这些人才提供了全方位的支持和培养。在培训过程中，学生不仅深入学习了世界各地的文化知识，掌握了与不同文化背景人士交往的技巧和策略，更重要的是，他们逐渐培养出一种开放、包容的心态。这种心态使他们能够以更加平和、客观的态度看待文化差异，灵活应对各种文化冲突和挑战。这些全球化人才将成为推动多元文化共融和文化创新的重要力量，他们凭借深厚的跨文化交际能力，能够在国际舞台上发挥积极作用，促进不同文化之间的深度交流与融合。同时，这些全球化人才还将成为文化传播的使者，将本国的优秀文化传统推向世界。全球化人才能够以国际化的视野和表达方式，向世界展示本国文化的独特魅力和价值。通过他们的努力，世界将更加丰富多彩，各种文化将相互辉映，共同谱写人类文明的华彩乐章。

第四章

外语专业跨文化教育的现状分析

第一节
跨文化外语教育的相关研究

外语专业跨文化教育，简而言之就是将跨文化教育与外语专业教学有机结合，既提高学习者的外语能力，又培养他们的跨文化能力。张红玲（2007）在《跨文化外语教学》中正式提出并系统阐释，经过学界不断地研究与实践，跨文化教学的模式更加多元，教学方法更加丰富。

一、跨文化外语教学的目的

（一）国外相关研究

国外对跨文化外语教学研究较早的文献出现在 20 世纪 80 年代，C. Kramsch、W. Baker、

M.Byram 和 A.J.Liddicoat 是国外跨文化外语教育研究最具影响力的学者，发表多篇文章，出版诸多著作，涵盖多种语言，核心议题包括"跨文化能力""跨文化教育""跨文化交际能力"等。Kramsch（1993, 1998）很早就提出，跨文化能力在语言学习中的重要性，培养跨文化人（intercultural speaker）是外语教育的目标定位。Byram 在课程开发、活动设计、教学方法和评价研究等跨文化外语教学相关环节都取得了开拓性成果，他提出的外语交际能力与跨文化能力并重的跨文化交际能力模型更是成了当前应用最为广泛的理论模型之一，是跨文化外语教学实践的一个重要理论依据。Liddicoat（2013）从语言、文化和二语习得的本质特点出发，阐述跨文化外语教学的内在必然性，将以信息传递及知识传授为主的文化视角和以互动、对话、体验、反思为主要形式的跨文化视角进行了对比分析，提出了跨文化学习互动过程模型。

Seelye(1993) 确定了文化教学的"超级目标"和"教学目标"。其中，"超级目标"是指文化教学致力于发展学生的文化理解力、文化态度和跨文化交际技巧。后来，他又将教学目标细化，即培养学生感知目标文化中"谁在什么时间、在哪里、出于什么原因做了什么"的兴趣。《欧洲语言共同参考框架》指出语言学习的目的不是改变学习者的语言和文化，也不是发展两种不同的话语和行为方式，而是发展"跨文化间性（interculturality）"。跨文化外语教学的目的是让学习者了解自己与他人的身份，而不是取代身份。社会文化认同具有开放性，是在接触中改变。

（二）国内相关研究

我国外语教学也受到经济发展、社会文化、政治等因素的影响。近年来，跨文化交际能力已被纳入英语专业社会文化课程的教学目标之一。2018 年颁布的《外国语言文学类教育质量国家标准》亦将提升学生跨文化能力这一培养目标纳入外语类专业本科阶段课程设置指导方案。我国外语教学领域对跨文化教育研究主要包括胡文仲、高一虹（1997，2002）、张红玲（2007）、高永晨（2014）、孙有中（2016）等对跨文化外语教学的思想、理论框架的建构。高一虹（2002）提出文化的"跨越"与"超越"是跨文化交际能力培养的两个层面。前者是对具体的目的语文化的理解和有关交际能力的提高，后者是获得一般的、整体意义上的文化意识以及反思的、宽容的态度。在目前的中国英语教学中，"跨越"是文化教学的主要关注点，但"超越"应是更为重要的教育目标。高一虹（1998）提出应对跨文化交际能力作"道"与"器"的区分，前者指健全的人格及能产性交际取向，后者指文化知识、交际技巧及功效。跨文化交际能力培养应遵循道高于器而寓于器。

近十年对跨文化外语教学目的的研究凸显本土化特征。高永晨（2014），运用知行合一的方法论，构建了中国大学生跨文化交际能力测评体系的理论框架。孙有中（2016）从构成要素的角度将跨文化能力的核心内涵概括为：尊重世界文化多样性，具有跨文化同理心和批判性文化意识；掌握基本的跨文化研究理论知识和分析方法；熟悉所学语言对象国的历史与现状，理解中外文化的基本特点和异同；能对不同文化现象、文本、制品进行阐释和评价；能得体和有效地进行跨文化沟通；能帮助不同语言文化背景的人士进行有效的跨文化沟通，并提出跨文化教学的五项基本原则，即思辨（Critiquing）、反省（Reflecting）、探究（Exploring）、共情（Empathizing）和体验（Doing）。

二、跨文化外语教学的培养模式

（一）跨文化构成三分模式

在对跨文化交际能力的组成部分做理论划分时，多位学者采用了三分模式（Paige 1986；Martin 1987）。据心理学理论，这一模式的跨文化交际能力包括认知、情感、行为三个层面。

1. 认知层面培养

在跨文化交际能力的培养中，认知层面的培养是基石。它强调学生不仅要掌握目的语的语言规则，还要深入理解其背后的文化含义。通过系统的学习和训练，学生能够更准确地把握目的语文化的精髓，从而在交际中避免误解和冲突。此外，认知层面的培养还注重信息加工模式的训练，帮助学生打破固有的文化定型，以更开放的心态去接纳和理解不同文化间的细微差异。这种能力的培养有助于学生形成全面的、深入的文化认知，为有效的跨文化交际奠定坚实基础。

2. 情感层面培养

情感层面的培养在跨文化交际中同样占据重要地位。它主要关注学生对目的语文化环境的适应能力和灵活性，以及学生在交际过程中共情能力的提升。通过培养学生对目的语文化的积极情感态度和兴趣，可以增强学生的学习动力和参与度。同时，情感层面的培养还着重于减少文化冲突和误解，使学生能够更好地融入目的语文化环境，与当地人建立和谐的人际关系。为了实现这一目标，教育者可以设计丰富的文化体验活动，让学生在实践中亲身感受目的语文化的魅力，从而培养学生的文化敏感性和共情力。

3. 行为层面培养

行为层面的培养是跨文化交际能力培养中的实践环节。它聚焦于学生在具体交际场景中的表现，强调与目的语使用者的和谐交流与有效沟通。通过模拟真实场景的角色扮演、案例分析等实践活动，学生可以将在认知和情感层面学到的知识和技能转化为实际的交际行为。在这个过程中，教育者需要给予学生充分的实践机会和反馈指导，帮助学生不断调整和优化自己的交际策略。同时，行为层面的培养还注重培养学生的解决问题能力和应变能力，使学生在面对复杂的跨文化交际挑战时能够迅速做出反应，确保交际的顺利进行。

（二）行为中心模式

该模式以跨文化交际能力的培养实践为核心关注点，其关注焦点集中在交际行为或外部结果上，这也可被称为"有效性"或"功效"（effectiveness）（Kise et al. 1995，Walter et al. 1995，Dodd，1995）。"功效"这一概念通常涵盖了跨文化情境中的个人适应能力、人际互动效果以及任务完成情况。

1. 技能训练为重点

在行为中心模式中，技能训练被视为提高学生跨文化交际能力的关键。该模式强调，仅仅掌握语言和文化知识是远远不够的，学生需要通过大量的实践练习来磨炼自己的交际技能。因此，教育者会设计各种真实或模拟的跨文化交际场景，让学生在这些场景中进行实践。通过这样的训练，学生不仅能够提升自己的语言运用能力，还能培养在复杂文化背景下的应变能力和解决问题的能力。这种以技能训练为重点的模式，有助于学生将理论知识转化为实际应用，从而更好地适应多元文化环境。

2. 任务导向学习

任务导向学习是行为中心模式中的重要一环。在这种学习模式下，学生需要完成具体的交际任务，如与外国人进行商务谈判、参加国际学术会议等。这些任务不仅具有挑战性，而且能够真实反映跨文化交际的实际需求。在完成任务的过程中，学生需要主动学习和运用各种跨文化交际技巧，如何建立信任、如何进行有效沟通等。通过这种方式，学生不仅能够在实践中提升自己的交际能力，还能加深对跨文化交际重要性的认识。同时，任务导向学习还能激发学生的学习兴趣和动力，使学生更加积极地投入到跨文化交际的学习中。

3. 反思与评估

在行为中心模式中，反思与评估是不可或缺的一部分。学生被鼓励对自己的跨文化交际行为进行深入的反思，以识别在交际过程中出现的错误和不足。

通过这种自我审视，学生可以更清楚地了解自己的交际风格和需要改进的地方。同时，定期的评估也是必要的，它可以帮助学生全面了解自己的交际能力水平。这种评估可以是自我评价，也可以是他人评价，或者两者相结合。通过评估，学生可以明确自己在跨文化交际方面的长处和短处，并据此制订针对性的提升方案。这种反思与评估的过程，有助于学生实现自我超越，不断提高自己的跨文化交际能力。

（三）知识中心模式

此类模式同样以实践能力培养为核心关注点，在我国外语教育领域占据重要地位。对于众多教师与学者而言，跨文化交际能力主要指的是在目标文化环境中恰当运用目标语言的能力，因此，它也可被视作"目标语言的社会文化能力"。该模式着重强调了"交际能力"的核心构成部分，即关于交谈规则与适宜性的知识。

1. 系统学习文化知识

在知识中心模式中，系统学习文化知识是核心。这不仅包括目的语国家的语言、历史、地理等基础知识，还涵盖了宗教、艺术、社会习俗等深层次的文化内容。通过课堂教学这一主渠道，学生可以系统地接触到这些文化知识，建立起扎实的文化基础。同时，阅读相关书籍和观看纪录片等多样化的学习方式，能够帮助学生从多个角度理解文化，形成更为全面的文化知识体系。这种系统的学习不仅为学生提供了丰富的文化素材，更为学生后续深入的文化探索和交流打下了坚实的基础。

2. 文化差异对比分析

在掌握了一定的文化知识后，引导学生进行对比分析是知识中心模式的重要步骤。学生需要学会将本族语文化与目的语文化进行对比，发现两者之间的差异和相似之处。这种对比分析不仅能够帮助学生更深入地理解两种文化的特质，还能提高学生对文化差异的敏感性和洞察力。通过这种训练，学生在未来的跨文化交际中能够更快速地适应不同文化背景，减少因文化差异造成的误解和冲突。

3. 知识应用与实践

知识中心模式强调知识的应用与实践。学生所学的文化知识不应仅仅停留在理论层面，而应通过实践活动转化为实际的交际能力。为此，教育者可以组织丰富的文化体验活动，如文化节庆、民俗体验等，让学生在亲身参与中感受文化的魅力。同时，参与国际交流项目也是极佳的实践机会，学生可以在真实的跨文化环境中运用所学知识，与来自不同文化背景的人进行深度交流。这些实践活动不仅能够巩固和加深学生对文化知识的理解，更能提升学生的跨文化交际能力，为未来的国际交流与合作打下坚实的基础。

三、跨文化外语教学的方法

（一）国外相关研究

在 20 世纪初，外语教师逐渐在语言教学中广泛融入文化因素。Risager（2007）强调语言教学的关注点要从教材的主题内容转向学生文化学习过程中意识与品格的培养。早期的跨文化教学主要体现在对目的文化的知识获取上。但是，这种教学倾向受到学界的质疑。Phillips（2003）认为这不会带来与另一种文化的真正接触。Crawford & McLaren（2003）认为，教学中要对两种文化进行对比，关切学生的交际需求。20 世纪 90 年代，跨文化教学逐渐关注"跨文化"，即学习者对自身文化和目的文化差异的探索，以培养跨文化交际能力。教学过程中，注重学习者反思自己的文化、体验新文化以及如何应对文化差异（Liddicoat 2005），开始注重语境的重要性。以学生为中心的过程性、体验性教学有助于学生理解文化的多样性和培养开放的心态。Crawford-Lange &

Lange（1984）、Kramsch（1993）和 Byram（1997）等主张将跨文化外语教学方法植根于学习过程。跨文化比较是这种文化教育的核心。语言教学向人类学和跨文化教育学靠拢，探索使用人类学的民族志方法进行跨文化教学。民族志方法受到跨文化外语教学研究的推崇（Byram 1997; Corbett 2003; 张红玲 2007）。这种教学有利于培养学生的批判性文化意识。Corbett（2003）指出，在培养学习者语言技能的同时促进学习者个人和社会身份的建构。Kramsch（1998）认为教师可以通过文本阅读、视频赏析和情景模拟等手段，融合民族志、角色扮演等方法。

Freadman（2014）等外语教育者建议将听故事、讲故事置于语言教学的核心。Block（2013）认为，外语教师不仅要教会学生如何完成语法和拼写单词方面语言的输入，还要帮助学生认识、理解文化适切性的短语（Kramsch & Zhu 2016）。学界越发注重教学方法的多样化和创造真实情景，不仅关注语言知识的教学，更注重语言背后的文化。

（二）国内相关研究

语言教学与跨文化能力培养融合也是国内外语教育界关注的重点。胡文仲（1982）提出可以用社会语言学的观点来指导外语教学。外语教学应该考虑到语言的社会文化背景，帮助学习者了解和适应目标语言国家的文化习俗和社会规范。此外，社会语言学的观点也强调了语言的多样性和变化性，鼓励学习者对语言有更深入的理解，以及在不同语境中灵活运用语言。这种教学方法有助于培养学习者的跨文化交际能力，使他们能够在不同的社会文化环境中更有效地使用外语。同时，它也有助于提升学习者对语言多样性的认识，增强他们的语言意识和语言能力。毕继万（2005）倡导将课堂教学置于跨文化交际环境之中。高一虹（2008）认为培养人的"跨文化意识和自我反思能力"的内在素质是语言与文化课程的关键，要调动学生的自我体验，使学生意识到文化差异的相对性，从本群体的中心主义转向相对主义，从多元视角来看世界。

近十年学界对外语专业跨文化教育有新的发展与突破，教学方法呈现多样化。常晓梅、赵玉珊（2012）认为，通过案例分析和反思文化差异等环节来提高学生的跨文化能力。黄文红（2015）认为，可以让学生通过描述中西文化、开展文化研究、撰写学习日志、反思中西文化等步骤来提升跨文化能力的过程性文化教学。文秋芳（2016）提出英语作为通用语背景下的语言文化教学。北京外国语大学孙有中教授率领研究团队进行多年教改实践和理论探索，提出"跨文化思辨英语教学"理念与方法，用以指导我国外语教育教学改革，提高人才培养能力。主张同步培养语言能力、思辨能力、跨文化能力和人文素养。常俊跃（2020）提出内容依托式教学（Content-Based Instruction, CBI）的理念。这种教学方法强调将语言教学与学科内容相结合，通过语言来学习学科知识，同时通过学科知识来提高语言能力。它是一种教学模式，旨在通过学科内容来驱动语言学习，使学生在掌握学科知识的同时，提高语言技能。此外，近几年，跨文化能力测评工具也正在进行，如：钟华、白谦慧和樊葳葳（2013）初步构建了跨文化交际能力自测量表，并用量表对 264 名大学生进行了测评，对量表进行了区分度检验、探索性因子分析和信度分析。

综上所述，国内外跨文化教学方法呈现多样化发展，但仍存在诸多挑战。跨文化外语教学的跨学科性特征日益显著，要求教师储备微观社会学和文化研究领域的专业知识，并能够从意识形态、话语分析和整体叙事角度做出评论（Holliday 2018）。其次，教师对文化本质的理解与他们课堂教学实践密切相关，英语教师培训需增加话语分析、民族志等方面的内容。

四、跨文化交际能力培训的具体方法

（一）试错法

试错学习在国际汉语教学中的表现，可以根据桑代克（E. L. Thorndike）

的"试错学习"理论归纳出的三条学习定律：准备律、练习律、效果律。这种学习方式被普遍运用在教学过程中。可以结合这些学习定律，来进行国际汉语教学。

1. 准备律

在跨文化交际培训中，准备律的重要性不容忽视。这一理论强调，学习者在接触全新的文化情境之前，必须做好充分的心理准备和知识储备。这种准备不仅关乎对目标文化的基本了解，更涉及对其深层次的社会结构、价值观念和行为模式的认知。为了帮助学生建立起这种初步的认知框架，教师需要精心策划并实施一系列有针对性的教学活动。其中，介绍目标文化的背景知识和社交习俗是至关重要的一环。通过讲解历史、地理、政治等背景信息，教师可以帮助学生构建起对目标文化宏观层面的理解；而通过介绍礼仪、风俗、节庆等社交习俗，则可以引导学生深入探究目标文化微观层面的生活细节。这些教学活动不仅有助于激发学生对目标文化的兴趣，更能为学生在后续的交际实践中提供宝贵的参考和指导。

2. 练习律

练习律在跨文化交际培训中占据着举足轻重的地位。这一理论明确指出，唯有通过反复的实践和练习，学习者才能真正熟悉并掌握跨文化交际的种种技巧和策略。单纯的理论学习或纸上谈兵，显然无法让学习者在实际交际中游刃有余。为了满足这一需求，教师必须精心设计多样化的交际场景和任务。这些场景和任务不仅要贴近学生的生活实际，还要能充分反映目标文化的特点，从而让学生在模拟或真实的语境中得到充分的锻炼。在这些场景中，学生将有机会不断尝试、调整和完善自己的交际方式。他们可能会遇到困惑，也可能会犯错，但正是这些经历，让他们有机会反思、学习和成长。通过这样的实践过程，学生不仅能够提高自己的语言运用能力，更能培养出对文化差异的敏感性和适应性。

3. 效果律

效果律是跨文化交际培训中不可或缺的一环，它着重强调了学习结果对学习者行为的深远影响。在这一理论的指导下，教师的角色变得尤为关键。其不仅需要密切关注学生的学习过程，更要及时、准确地给予反馈和评价。这种反馈和评价的重要性在于，它们能帮助学生清晰地认识到自己在跨文化交际方面的表现，包括哪些方面做得较好，哪些方面还有待提升。通过教师的正向激励，学生会更加自信，对自己的努力和进步产生积极的认同，从而激发学生继续学习的动力。同时，负面的纠正也同样重要。当学生在交际中出现错误或不足时，教师需要以建设性的方式指出，并给出具体的改进建议。这样，学生不仅能够明确自己的问题所在，还能知道如何有效地进行改进。

（二）分析原因的训练法

在分析原因的训练方式中，由于是针对某一特定事件展开分析比较，所以事件的选择对于能否有助于受训者跨文化交际能力的提高显得尤其重要。在选取冲突事件时，应该做到。

1. 事件具有典型性

在跨文化交际培训中，选择具有典型性的事件进行分析是至关重要的。典型性意味着所选事件能够代表或反映目标文化中广泛存在的交际难题或常见挑战。通过深入研究这些事件，学习者可以洞察到文化间的深层次差异，从而更好地理解并应对在真实交际环境中可能遇到的问题。这种分析方法不仅帮助学习者掌握具体的交际技巧，更重要的是，它能让学习者从中汲取具有普遍意义的经验和教训，引导学习者在未来的跨文化交际中更加自信、灵活和富有策略性地应对各种情况，实现更为顺畅和有效的沟通。

2. 事件具有比较性

在跨文化交际培训中，选择具有比较性的事件进行分析，是一种富有成效的教学方法。这种比较性体现在事件应涵盖不同文化背景下的交际行为或策略，从而为学习者提供一个对比分析的平台。通过这样的对比分析，学习者能够更深入地理解文化差异对交际产生的深远影响。学习者可以观察到，在不同文化背景下，人们如何采用不同的方式来表达自己的思想、情感和需求，以及这些方式如何反映出各自文化的独特性和价值观。通过比较不同文化中的交际行为，学习者可以更加清晰地认识到自己文化与他者文化之间的异同，这种认识不仅有助于增强学习者的跨文化意识，还能培养学习者的文化敏感度和文化适应性。

3. 事件具有相关性

在跨文化交际能力的培训中，选择与学习者实际需求或兴趣密切相关的事件至关重要。这种相关性能够直接触及学习者的内心，激发学习者的学习热情和探索欲望。当学习者发现所学内容与他们的日常生活、职业发展或个人兴趣紧密相连时，其会更加投入地参与分析过程中，积极思考、主动提问，并努力将所学知识转化为实际应用。同时，高相关性的事件也意味着这些情境更有可能在学习者的实际交际中出现。因此，通过分析这类事件，学习者不仅能够获得宝贵的经验，还能掌握实用的交际技能。这些技能和经验将帮助学习者实现更为顺畅、有效的沟通。

五、跨文化能力的评估

跨文化能力的深刻内涵构成了评估工作的核心基石与逻辑起点。唯有精准把握其意义精髓，并辅以严谨的定义界定，深入剖析其构成要素的内在逻辑，方能精准高效地实施测量与评估策略。评估的精髓，在于精心挑选并设计测评方法。审视当前跨文化能力评估领域的研究实践，不难发现，多元化的方法体系已初具规模，包括但不限于问卷调查、实验研究、深度访谈、个案剖析、民族志记录、档案文件夹分析以及 Delphi 专家意见法等，这些方法各有千秋，共同织就了评估的多元图景。

（一）跨文化能力评估的方法

1. 测评交际者跨文化能力的主要方法

跨文化能力的评估体系丰富多元，涵盖了诸如访谈、观察、问卷调查、个案研究、文件夹评估及实验法等多种方法（Deardorff 2006；Fantini 2009）。这些方法在性质上各有侧重：访谈以其深入探索的特性，主要归入定性研究范畴；实验法则因其量化分析的需求，倾向于定量研究；而文件夹评估则巧妙地融合了定性与定量研究的元素，展现出混合性研究的优势。Deardorff（2006）的研究强调了学生访谈在评估跨文化能力方面的卓越有效性。问卷调查，作为信息搜集的重要工具，广泛应用于跨文化能力评估中，尤其是以自评问卷形式为主（Van de Vijver & Leung 2009），便于大规模数据收集与分析。个案研究则聚焦于真实场景中的细致探索，通过深入挖掘特定案例，为跨文化交际技巧的学习与转化提供了宝贵的实践模板与启示（Koester & Lustig, 2015）。文件夹评估以其全面性和深度著称，被认为是迄今为止最为详尽的评估方法之一。结合访谈使用，能最大限度地发挥其效用（Fantini 2009），使研究者能够依据跨文化能力的核心要素，系统分类并整合所收集的信息。跨文化研究评估中，前后测控制组设计作为一种常用的实验手段，有效揭示了如工作坊、海外游学及培训班等项目对于提升跨文化能力的实际效果。综上所述，这些评估方法各具特色，相互补充，共同构成了跨文化能力评估的多元体系，为精准评估与有效促进跨文化能力的发展提供了坚实的支撑。

2. 收集专家意见的方法

Delphi 专家意见法主要用于收集专家的意见，为跨文化能力理论及其评估工具的发展提供指导。Delphi 是一种通过发放问卷和控制反馈的方式获取

专家组成员共识的方法（Sitlington & Coetzer 2015）。Delphi 方法既包括定量
分析又包括定性分析，属于混合研究方法。它有四个特征：（1）参与的专家
保持匿名，自由表达见解；（2）研究人员在不同轮次的问卷调查之间，有选
择地向专家们反馈各种观点；（3）过程有重复，专家可以思考、重估、澄清
或修正他们的观点；（4）专家回应信息的收集以及回应信息的解析。它的优
点是可以收集分布不同国家或地区的专家的意见，减少研究开支；能够让各
位专家畅所欲言，对信息进行整合，参与人员还有机会修正原来的观点，研
究过程充满活力和创造性（Coetzer & Sitlington 2014）。不足之处在于时间跨
度长，达成一致的意见难，共识析取过程反复多次。学界一致认为，应该从
多种角度运用多种方法对之进行综合评估。

（二）跨文化能力的评估工具

1. 国外跨文化能力评估工具

跨文化能力评估需要稳定可靠的测量工具。一个好的评估工具有其坚实
的理论基础，较少带有文化偏见，能够准确且客观地测量交际者跨文化能力
的水平与发展状况。学界们经过长期努力创建了许多形态不一、功能多样的
工具，用以评估整体的跨文化能力以及其各个层面的因素。20 世纪 70 年代
以来，学者们积极研发了多达一百余种跨文化能力评估工具，旨在全面衡量
个体的跨文化交际能力（Fantini, 2014）。Ruben（1976）建构的跨文化行为
评估量表（Intercultural Behavioral Assessment Indices, IBAI）是较早的评估
跨文化能力的工具之一。Kelly & Meyers（1987）创建跨文化适应能力评价
量表（Cross-Cultural Adaptability Inventory, CCAI）。 Koester & Olebe（1988）
重写了 Ruben（1976）量表的表述文字，创建了新的跨文化交际行为评估量
表（Behavioral Assessment Scale for Intercultural Communication, BASIC）。
Searle& Ward（1990）初步创建社会文化适应量表（Sociocultural Adaptation

Scale, SCAS）。Buawuk & Brislin（1992）创建跨文化敏感性评价量表（Inter-cultural Sensitivity Inventory, ICSI），评估跨文化交际者在跨文化语境中理解文化差异和调节交际行为的能力。Kassing（1997）借鉴 McCroskey（1992）的交际意愿量表（Willingness to Communicate Scale, WTC）创建跨文化交际意愿量表（Intercultural Willingness to Communicate Scale, IWTC），用于测量交际者是否愿意进行跨文化交际。除了上述评估工具外，还有许多其他工具可供研究者选择使用。这些功能多样的量表为我们评估跨文化能力、验证研究假设、完善现有理论提供了比较稳定可靠的工具。

2. 国内跨文化能力评估工具

值得关注的是钟华等（2013）创建中国大学生跨文化交际能力自测量表（Intercultural Communicative Competence Self Report Scale, ICCSRS）。ICCSRS 是一个 5 点自评量表，包括交际能力和跨文化能力两个量表。其中，交际能力量表有 4 个因子、34 个项目，跨文化能力量表有 4 个因子、29 个项目。跨文化交际能力自测量表编制完成之后，他们对量表进行了区分度、效度和信度检验。吴卫平等（2013）借鉴 Byram 的跨文化能力（ICC）评价模式理论和 Fantini（2000, 2006）的研究成果，创建中国大学生跨文化能力评估量表（Intercultural Communicative Competence Assessment Scale, ICCAS）。ICCAS 是一个 5 点自评量表，包括 6 个因子、28 个项目。根据吴卫平等（2013）的研究，改进后的本土化跨文化能力量表具有较高的信度和效度，适合评估中国大学生跨文化能力的实际水平。在评估和解析中国大学生跨文化能力的过程中，我们发现六个因子各自扮演着不同的角色并产生着不同的影响。其中，外国文化知识的影响表现得最为显著，而跨文化交流技能的影响紧随其后。本国文化知识和态度的影响则处于中间水平，相比之下，跨文化认知技能的影响显得较为微弱，而跨文化意识的影响力更是最为微弱。通过全面综合国内外相关量表的研究，我们可以观察到，大多数现有的量表主要侧重于测量行为和知识层面，而针对情感和意识层面进行测量的量表则相对较少。

第二节　现有培养模式的优势与不足

一、外语专业跨文化交际能力现有培养模式的优势分析

（一）混合式教学模式的灵活性

1. 自主学习与课堂互动的结合

混合式教学模式将自主学习与课堂互动有机结合，为学生提供了更加个性化的学习路径。在自主学习阶段，学生可以根据自己的学习进度和兴趣，选择适合自己的学习资源和方式，从而有效地提高学习效率。同时，课堂互动环节为学生提供了与教师和同学交流讨论的机会，有助于及时解决学习中的疑惑和难点。这种结合不仅培养了学生的自主学习能力，还增强了学生的沟通协作能力，对于提升跨文化交际能力具有重要意义。

2. 打破时空限制的学习体验

混合式教学模式打破了传统课堂的时空限制，为学生提供了更加灵活多样的学习体验。学生可以在任何时间、任何地点通过网络平台进行学习，不再受制于固定的课堂时间和地点。这种灵活性不仅方便了学生的学习安排，还为学生提供了更多的学习机会和资源。同时，学生可以根据自己的学习需求和兴趣，随时调整学习内容和进度，从而实现个性化的学习目标。这种学习体验有助于激发学生的学习兴趣和积极性，提高学生的学习效果和跨文化交际能力。

3. 技术手段增强学习效果

混合式教学模式充分利用现代技术手段，如多媒体、网络技术等，丰富了教学手段和资源，从而有效地增强了学习效果。教师可以利用多媒体课件、

网络视频等生动形象地展示教学内容，帮助学生更好地理解和掌握所学知识。同时，学生可以利用网络学习平台进行自主学习和测试，及时了解自己的学习进度和效果，以便及时调整学习策略。此外，教师还可以利用网络交互工具与学生进行实时交流和反馈，及时解决学生的学习问题和困难。这些技术手段的运用不仅提高了教学效率和质量，还为培养学生的跨文化交际能力提供了有力支持。

（二）文化教学内容的丰富性

1. 多元文化的全面介绍

在外语专业的跨文化交际能力培养中，文化教学内容的丰富性首先体现在对多元文化的全面介绍上。教师不仅深入讲解目标语国家的文化、历史、社会习俗等，还广泛涉及世界各地的文化现象，帮助学生建立全球视野。这种全面的介绍使学生能够更全面地了解不同文化的特点和精髓，加深学生对文化多样性的认识和尊重。同时，通过对多元文化的深入学习，学生还能够更好地理解和接纳不同文化背景下人们的思维方式和行为习惯，为未来的跨文化交际打下坚实基础。

2. 文化比较与融合的教学思路

文化教学内容的丰富性还体现在文化比较与融合的教学思路上。教师不仅注重对不同文化的独立讲解，还强调文化之间的比较和融合。通过对比分析不同文化的异同点，学生能够更深入地理解各种文化的独特性和相对性，培养学生的文化敏感性和鉴别能力。同时，教师还引导学生探讨文化融合的可能性与趋势，使学生认识到在全球化背景下，不同文化之间的交流、碰撞与融合是不可避免的，从而为学生未来在多元文化环境中工作和生活做好准备。

3. 文化实践活动的融入

文化教学内容的丰富性还通过文化实践活动的融入得到体现。在外语专业的跨文化交际能力培养中，教师注重将文化理论与实践相结合，设计各种文化体验活动，如角色扮演、情景模拟、实地考察等。这些活动使学生能够在亲身参与中感受和理解不同文化的内涵和特点，增强学生的文化实践能力。同时，通过参与文化实践活动，学生还能够锻炼自己的语言表达和沟通能力，提高在跨文化交际中的自信和应变能力。这种融入文化实践活动的教学方式，不仅丰富了学生的学习体验，还有效地提升了学生的跨文化交际能力。

（三）实践机会的多样性

1. 校内实践活动

校内实践活动是外语专业跨文化交际能力培养中不可或缺的一环。这些活动，如外语角、文化节、模拟联合国等，为学生提供了将所学知识应用于实际情境的机会。在外语角，学生可以与来自不同文化背景的同学进行自由交流，锻炼口语表达能力和跨文化沟通技巧。文化节则让学生深入了解和体验不同国家的文化特色，加深对文化多样性的认识。而模拟联合国等活动则通过模拟国际会议和谈判场景，培养学生的国际视野和外交能力。这些校内实践活动不仅丰富了学生的课余生活，还有效地提升了学生的跨文化交际能力。

2. 国际交流与合作项目

国际交流与合作项目是外语专业培养跨文化交际能力的重要途径。通过与国外高校建立合作关系，开展交换生项目、短期访学、联合培养等活动，学生有机会直接接触和体验不同国家的文化、教育和社会环境。这种沉浸式的学习方式让学生更加深入地了解不同文化的内涵和价值观，提高文化敏感性和适应性。同时，国际交流与合作项目还为学生搭建了拓宽国际视野、结交国际友人的平台，有助于培养学生的全球意识和跨文化交流能力。

3. 实习与就业机会

实习与就业机会是外语专业跨文化交际能力培养的延伸和拓展。通过与涉外企事业单位合作，建立实习基地，学生可以在实际工作中运用所学知识，锻炼跨文化交际能力。在实习过程中，学生不仅能够提升语言技能和专业知识，还能学习到职场文化、商务礼仪等实用技能。更重要的是，实习与就业机会为学生提供了与来自不同文化背景的同事、客户合作和交流的机会，进一步巩固和提升了学生的跨文化交际能力。这种以实践为导向的学习方式有助于学生更好地适应未来职场的需求和挑战。

二、外语专业跨文化交际能力现有培养模式的不足剖析

（一）教学方法的局限性

1.传统教学方法的束缚

传统教学方法在外语专业跨文化交际能力培养中的确仍占据一席之地，这在某种程度上确实对教学的创新与进步构成了束缚。这些方法往往偏重于语言知识的单向灌输，过分强调对语法规则和词汇的机械记忆，却忽视了对学生更为重要的实际语言运用能力和跨文化交际技巧的培养。在这种以教师为绝对主导、教材为唯一依托的教学模式下，学生的角色变得相对被动，他们缺乏足够的实践机会去真实运用所学语言，更难以在复杂的跨文化交流场景中灵活应对。长此以往，这不仅会影响学生外语学习的深度和广度，更可能阻碍他们未来在全球化背景下的发展潜力。

2.缺乏个性化教学

当前外语专业在培养学生跨文化交际能力时，明显缺乏个性化教学，这是一个不容忽视的问题。每个学生都是独一无二的个体，他们拥有不同的学习风格、兴趣爱好和认知水平。然而，在实际的教学过程中，很多教师却忽视了这一点，采用"一刀切"的教学方式，对所有学生采用相同的教学方法和内容。这种教学方式没有充分考虑到学生的个体差异，也就无法满足他们多样化的学

习需求。其结果是，一些学生可能因为教学方式与他们的学习风格不符，而感到学习困难，甚至失去学习的兴趣和动力。同时，这种缺乏个性化的教学方法也可能阻碍学生跨文化交际能力的全面发展，因为每个学生在跨文化交际能力上的短板和优势都是不同的，需要有针对性的教学来帮助他们提升。

3. 技术应用不足

现代科技在教育领域的渗透与应用已经日益成为教育变革的重要驱动力，然而，在外语专业跨文化交际能力的培养过程中，技术应用的深度和广度仍显得远远不够。一方面，一部分教师可能由于自身技术水平的局限，或者对新兴技术的接受程度不高，导致在实际的课堂教学中，科技的应用比例相对较低。他们可能仍然习惯于传统的教学方式，对如何利用现代技术提升教学效果感到迷茫或抗拒。另一方面，一些学校在教学设施的建设和更新上也存在滞后，无法为教师提供足够的技术支持，这也间接限制了先进教学技术在课堂上的推广和应用。这种技术应用的不足，不仅使得教学效果难以达到理想状态，更重要的是，它限制了学生跨文化交际能力的发展与提升。在全球化日益加剧的今天，这种能力的欠缺无疑会对学生未来的职业发展造成不利影响。

（二）文化教学的表层化

1. 文化内容浅显

在外语专业的跨文化教学中，文化教学的深度和广度一直是一个值得关注的问题。很多时候，教师对于文化内容的处理显得过于浅显，仅仅停留在表面的介绍和描述上。例如，他们可能只是简单地提及目标语言国家的节日、风俗、历史等基本常识，而没有进一步深入探究这些文化现象背后所蕴含的深层次意义。这种教学方式忽视了文化是一个复杂而多维的概念，它不仅仅包括表面的现象和符号，更包括深层次的价值观、信仰体系和社会结构。由于这种浅显的文化教学，学生往往难以真正理解和把握目标文化的核心和精髓。他们可能只是机械地记忆了一些文化事实和知识点，而无法将这些知识与实际情境相结合，更无法在跨文化交际中灵活运用所学知识。这种教学方式不仅限制了学生对于文化的深入理解和体验，也阻碍了他们在未来跨文化交流中的有效沟通和适应能力。因此，如何在外语专业的跨文化教学中更加深入地挖掘和传授文化知识，成了一个亟待解决的问题。

2. 缺乏文化对比与批判性思维

当前外语专业的跨文化教学在培养学生全面的跨文化交际能力方面存在明显不足，特别是缺乏对不同文化之间的深入对比，以及未能有效提升学生的批判性思维能力。文化对比是跨文化教学中极为关键的一环，它有助于学生更清晰地认识到不同文化体系间的差异与共性，进而加深他们对文化多样性的理解和尊重，提高他们的文化敏感性和在不同文化环境中的适应能力。然而，在现有的教学模式下，这一重要环节往往被忽视或浅尝辄止，导致学生难以形成全面的跨文化视野。同时，批判性思维的缺失也是一个不容忽视的问题。在全球化背景下，学生需要具备独立思考、分析并评价各种文化现象的能力，以避免盲目接受或排斥某一特定文化。但当前的教学实践在培养学生这一关键能力方面显然做得不够，这无疑限制了学生未来在跨文化交流中的发展潜力。

3. 文化实践与课堂教学脱节

在外语专业的跨文化教学中，一个显著且亟待解决的问题是文化实践与课堂教学之间的脱节现象。教师在课堂上可能会详尽地讲解目标文化的各种理论知识，包括其历史背景、社会习俗、价值观念等，然而，这些丰富的知识往往只停留在理论层面，缺乏与真实情境的有机结合。学生虽然在课堂上获得了大量的信息，但没有足够的机会去亲身体验和实践这些知识，导致他们难以将这些理论知识真正内化为自己的实际交际能力。当面对真实的跨文化交流场景时，学生可能会感到手足无措，无法将所学的文化知识恰当地运用到实际中去。这种脱节不仅影响了学生的学习效果，也限制了他们在未来跨文化交流中的表现和发展潜力。

（三）实践环节的薄弱性

1. 实践机会有限

在外语专业的跨文化交际能力培养过程中，实践机会的匮乏成了一个不容忽视的难题。尽管众多教育机构已经认识到了实践在提升学生实际运用能力中的关键作用，但受限于资源、时间以及经费等多重因素，真正能够落实到学生身上的实践机会却寥寥无几。这种现状直接导致了学生缺乏与多元文化背景人士进行深度交流的实际场景，使得他们在将课堂所学的理论知识转化为实际应用时感到力不从心。更为严重的是，由于实践机会的稀缺，学生之间为了争夺这些宝贵的机会而展开了激烈的竞争，这不仅加剧了他们的学习压力，也使得部分学生因无法获得实践机会而倍感失落，进而影响了他们的整体学习效果和积极性。

2. 实践指导不足

在外语专业的跨文化实践活动中，实践指导的缺失或不足已经成为制约学生能力提升的一个重要因素。许多学生在参与实践活动时，由于缺乏专业的、有针对性的指导，感到迷茫和无助，他们往往难以将课堂上学到的理论知识有效地运用到实践中去。这种情况下，学生不仅无法从实践中获得预期的收获和成长，甚至可能对实践活动本身产生怀疑和挫败感。同时，部分负责指导实践活动的教师，可能由于自身经验不足或对跨文化实践活动的理解不够深入，无法为学生提供真正有价值的指导和建议。这种指导上的不足，不仅影响了实践活动的质量和效果，还可能对学生的学习积极性和自信心造成负面影响。

3. 实践与课堂教学脱节

在外语专业的跨文化交际能力培养过程中，实践与课堂教学之间时常出现脱节的现象，这成了一个亟待关注的问题。一方面，部分教师在课堂教学中往往偏重于理论知识的传授，他们可能详尽地讲解跨文化交际的各种理论和技巧，但却未能将这些理论与实际情境相结合，导致学生难以真正理解和运用所学知识。当学生面对真实的跨文化交流场景时，他们可能会感到无所适从，无法有效地将课堂上学到的知识应用到实践中去。另一方面，实践环节的薄弱也是导致实践与课堂教学脱节的重要原因。由于实践机会有限、实践指导不足等问题的存在，学生在实践过程中可能无法充分运用到课堂上学到的跨文化交际知识，这不仅影响了学生的学习效果，也限制了他们在实际交流中的表现。

第三节　影响跨文化交际能力培养的主要因素

一、教学方法与内容的影响

（一）传统教学方法的局限性

1. 重视语言形式而忽视实际交际

传统的教学方法在语言教学中确实有其不可或缺的地位，它帮助学生建立了坚实的语言基础，使得学生能够准确地掌握语法规则、丰富词汇和标准发音。然而，这种过于强调语言形式的教学方法也带来了一定的问题。在实际生活中，尤其是在跨文化交际的场合，单纯的语言形式往往难以应对复杂多变的交际需求。为了真正培养学生的跨文化交际能力，教师需要从根本上转变教学观念。除了继续关注语言形式的准确性外，更应重视学生在实际交际中的表现。这意味着教师需要创造更多的交际场景，让学生在真实的语境中运用所学语言，培养他们的语言运用能力和交际策略。只有这样，学生才能在未来的跨文化交际中自信、准确地表达自己的思想，达到真正的交流目的。

2. 缺乏真实语境的模拟与实践

跨文化交际能力的培养，绝非纸上谈兵，而是需要在真实的语境中通过模拟与实践来不断磨炼。传统的教学方法，虽然能够为学生提供扎实的语言基础，但往往局限于课堂和教科书，缺乏真实语境的模拟与实践。这种教学方式下，学生难以深入理解和体验不同文化间的微妙差异，更无法在真实的跨文化交际中灵活应对。为了弥补这一不足，教师必须积极创新，努力创设贴近生活的真实语境。这可以通过组织角色扮演、模拟商务谈判、文化交流活动等多样化的实践方式来实现。在这些实践活动中，学生不仅能够亲身感受不同文化的碰撞与融合，还能在实践中逐步学会如何调整自己的交际策略，以适应不同文化背景下的交流需求。通过这样的教学方式，学生不仅能够更深入地理解跨文化交际的魅力和挑战，还能在未来的国际舞台上更加自信、从容地展现自己。

（二）创新教学方法的探索与实践

1. 任务型教学法在跨文化交际中的应用

任务型教学法是一种以任务为核心的教学方法，强调学生在完成任务的过程中学习和运用语言。在跨文化交际能力的培养中，任务型教学法具有显著的优势。通过设计具有真实性和交际性的任务，学生可以在完成任务的过程中接触和理解不同文化之间的差异，提高跨文化交际能力。同时，任务型教学法还能够激发学生的学习兴趣和积极性，提高学生的学习效果。

2. 情景模拟与角色扮演法的有效性

情景模拟与角色扮演法是培养学生跨文化交际能力的重要手段。通过创设真实的跨文化交际情景，让学生扮演不同的角色进行模拟对话和表演，可以帮助学生更好地理解和体验不同文化之间的差异和冲突。这种方法不仅能够提高学生的语言运用能力，还能够培养学生的跨文化交际意识和策略。同时，情景模拟与角色扮演法还能够增强学生的学习体验和学习兴趣，提高学生的学习效果和自信心。

（三）文化教学与语言教学的融合策略

1. 文化背景知识的渗透与讲解

在跨文化交际的广阔天地中，对文化背景知识的深入了解如同一把钥匙，能够打开通往有效沟通的大门。因此，在语言教学的每一个环节，教师都应当有意识地将文化背景知识的渗透与讲解融入其中。这种融合并非简单的附加，而是在传授语言知识的同时，自然而然地引入与之相关的文化背景，使学生在学习语言的过程中，也能够领略到文化的韵味。例如，在讲解某个词汇或表达方式时，教师可以穿插介绍其背后的文化含义和历史渊源，这样不仅能加深学生对语言知识的理解，还能激发他们对文化探索的兴趣。通过这种语言与文化的交融教学，学生能够逐渐构建起一个立体、全面的语言知识体系，这个体系不仅包含纯粹的语言要素，更融入了丰富的文化内涵。如此一来，当学生在面对真实的跨文化交际场景时，便能更加自信、准确地运用所学语言，展现出卓越的跨文化交际能力。

2. 语言教学中文化意识的提升

除了文化背景知识的渗透与讲解外，教师还需要注重在语言教学中提升学生的文化意识。文化意识是指对不同文化之间的差异和相似性的敏感度和理解能力。通过培养学生的文化意识，可以帮助学生更好地理解和接纳不同文化之间的差异，提高学生的跨文化交际能力。为了提升学生的文化意识，教师需要引导学生积极接触和了解不同文化之间的相似之处和差异性，培养学生的全球视野和跨文化交际能力。同时，教师还可以通过组织文化活动、观看文化影片等方式来增强学生的文化体验和感知能力。

二、文化差异与认知障碍的挑战

(一) 文化差异对交际的深层影响

1. 价值观与思维方式的差异

价值观是文化的核心，不同文化背景下，人们对善恶、美丑、真假等价值的判断存在显著差异。这些差异深刻影响着人们的思维方式，导致在跨文化交际中，双方可能难以理解和接受对方的价值观和思维逻辑。例如，个人主义与集体主义、时间观念、权威观念等方面的差异，都可能成为交际障碍。因此，培养跨文化交际能力，必须深入了解不同文化的价值观，并学会在差异中寻求共同点，以促进有效沟通。

2. 行为习惯与交际规则的冲突

行为习惯与交际规则，这两者恰如文化的镜像，反映着各种文化背景下人们的生活方式与沟通理念。在多元文化的交汇中，不难发现，每个文化都有其独特的行为准则和交际惯例。若置身于一个陌生的文化环境，却未能对这些差异有所认识与尊重，那么误解与冲突便可能接踵而至。同样，对于言谈间的距离、音调的高低，乃至用餐时的礼仪，都有着千差万别的解读。这些看似微小的差异，实则对跨文化交际的成败有着举足轻重的影响。

(二) 认知障碍的形成与克服

1. 刻板印象与偏见的消除

刻板印象和偏见是人们在跨文化交际中常见的认知障碍，它们源于对不同文化的片面了解和主观臆断。这些认知障碍会阻碍人们客观地看待和理解其他文化，甚至导致歧视和排斥。为了克服这些障碍，需要保持开放的心态，积极接触和了解不同文化，从中发现共性和差异。同时，还应该学会批判性思维，对接收到的信息进行深入分析和判断，避免盲目接受或排斥。

2. 文化适应能力的培养与提升

文化适应能力，作为跨文化交际能力不可或缺的一环，体现了个体在多元文化环境中的柔韧性和成长潜力。当一个人置身于陌生的文化语境时，能否迅速而准确地捕捉到新环境的文化信号，并据此调整自己的言行举止，就显得尤为重要。这种能力的培养并非一蹴而就，而是需要个体投入相当的时间和精力，在多样化的文化实践中逐步累积和深化。在这个过程中，个体不仅要通过学习了解不同文化的深层次结构——如历史沉淀、社会架构、风俗传统等，还要在实际交往中锻炼自己的文化敏感性和应变能力。面对文化差异带来的挑战，学会灵活变通和适当妥协是关键。这不仅有助于减少误解和冲突，还能促进更深层次的文化理解和交流。通过这样的努力，个体的文化适应能力将日益增强，从而在跨文化交际的舞台上更加游刃有余。

（三）跨文化敏感性的培养策略

1. 提高对文化差异的觉察能力

跨文化敏感性首先要求对文化差异具有敏锐的觉察能力。这需要不仅关注语言本身，还要关注语言背后的文化内涵和交际情境。通过学习和实践，可以逐渐提高对文化差异的敏感性和洞察力，从而在跨文化交际中更加得心应手。为了提高觉察能力，可以多阅读关于不同文化的书籍、观看反映不同文化的影视作品、参加国际交流活动等，以拓宽自己的视野和增加对不同文化的了解。

2. 学会尊重与接纳不同文化

尊重与接纳不同文化是培养跨文化敏感性的重要前提。在跨文化交际中，应该摒弃民族中心主义的思想，以平等、开放的心态看待其他文化。尊重其他文化的价值观、风俗习惯和行为方式，不仅有助于建立良好的人际关系，还能够促进文化之间的交流与融合。同时，也应该学会接纳不同文化中的差异和独特性，以包容的态度面对跨文化交际中可能遇到的挑战和困难。通过不断的学习和实践，可以逐渐培养起一种跨文化的心态和素养，提高自己在全球化时代中的竞争力和适应能力。

三、实践机会与场景的缺失问题

（一）实践在跨文化交际能力培养中的重要性

1. 理论与实践相结合的必要性

在跨文化交际能力的培养过程中，理论与实践是相辅相成的。单纯的理论学习只能让学生获得抽象的知识，而缺乏实际运用的能力。通过实践，学生可以将所学的理论知识应用于实际情境中，从而加深对理论知识的理解和记忆，提高运用能力。因此，将理论与实践相结合是培养学生跨文化交际能力的重要途径。

2. 真实场景中的语言运用与应变能力

在真实的跨文化交际场景中，学生所遭遇的绝不仅仅是语言层面上的挑战。每一个细微的手势、每一个不易察觉的表情变化，都可能蕴含着深厚的文化差异和丰富的交际信息。在这样的环境下，学生必须学会如何在瞬息万变的交流中迅速做出反应，如何在文化差异造成的误解面前保持冷静，并灵活地调整自己的交际策略。这种能力不是一朝一夕能够培养出来的，而是需要在一次又一次的实践中不断摸索、反思和提升。通过不断地置身于真实的跨文化交际场景，学生可以逐步锻炼出自己在复杂文化背景下的语言运用能力和应变能力，学会如何根据实际情况灵活调整自己的言行，以确保交流的顺利进行。

（二）国内外实践机会的现状分析

1. 校企合作与国际交流项目的开展情况

目前，越来越多的高校开始重视与企业合作开展实践教学，为学生提供更多的实践机会。同时，国际交流项目也日益增多，为学生提供了更广阔的跨文化交际实践平台。然而，这些实践机会仍然有限，无法满足所有学生的需求。此外，部分实践项目的质量也参差不齐，影响了实践效果。

2. 学生参与实践的意愿与障碍

尽管实践对于培养跨文化交际能力至关重要，但并非所有学生都愿意积极参与实践活动。一方面，部分学生可能缺乏自信，担心自己在实践中表现不佳；另一方面，实践可能需要投入额外的时间和精力，而学生可能面临学业、生活等多方面的压力。此外，经济因素、签证问题等也可能成为学生参与国际交流的障碍。

（三）模拟实践与真实场景的构建策略

1. 利用现代技术模拟真实交际场景

随着科技的发展，可以利用虚拟现实、增强现实等现代技术模拟真实的跨文化交际场景，为学生提供更加逼真的实践体验。这种模拟实践方式具有成本低、灵活性高等优点，可以帮助学生熟悉各种交际场景和应对策略，提高学生的跨文化交际能力。

2. 搭建多元化的实践平台与机会

为了满足更多学生的实践需求，需要搭建多元化的实践平台与机会。除了校企合作和国际交流项目外，还可以考虑开展校内模拟商务谈判、国际文化节等活动，为学生提供更多的实践机会。同时，也可以鼓励学生自主寻找实践机会，如参加国际志愿者项目、在线国际交流等。通过这些多元化的实践方式，学生可以更加全面地提升自己的跨文化交际能力。

四、师资力量与教学资源的制约因素

（一）师资队伍的跨文化交际能力现状

1. 教师的跨文化背景与经验

教师的跨文化背景与经验在培养学生跨文化交际能力方面起着至关重要的作用。具有丰富跨文化背景和经验的教师能够更深入地理解不同文化间的差异，为学生提供真实的跨文化交际示例和实践机会。然而，目前许多教师缺乏足够的跨文化背景和经验，这在一定程度上制约了跨文化交际能力的培养。因此，提高教师的跨文化素养，增加其跨文化经验，是提升跨文化交际教学质量的关键。

2. 教师培训与专业发展的重要性

随着全球化的深入发展，跨文化交际能力的培养显得尤为重要。教师培训和专业发展是提升教师跨文化交际能力、更新教学理念和方法的重要途径。通过定期参加专业培训、学术研讨会等活动，教师可以不断拓宽视野，了解最新的跨文化交际理论和教学实践成果，从而更好地指导学生进行跨文化交际。因此，学校和教育部门应加大对教师培训和专业发展的投入，为教师提供充足的学习和发展机会。

（二）教学资源的开发与利用

1. 跨文化交际教材的编写与选用

高质量的教材是培养学生跨文化交际能力的基础。在编写和选用跨文化交际教材时，应注重内容的真实性、实用性和时代性，确保教材能够反映不同文化的特点和差异，提供丰富的跨文化交际实例和练习。同时，教材还应注重培养学生的批判性思维和跨文化意识，帮助学生更好地理解和适应不同文化环境。

通过精心编写和选用合适的教材，可以为学生提供更有效的学习资源，促进学生跨文化交际能力的提升。

2. 多媒体与网络资源的整合与应用

随着信息技术的快速发展，多媒体和网络资源为跨文化交际教学提供了丰富的学习材料和互动平台。通过整合这些资源，教师可以创造更加生动、真实的语言学习环境，激发学生的学习兴趣和积极性。例如，利用视频、音频等多媒体资料展示不同文化的交际场景，引导学生观察和分析；利用网络社交平台与外国人进行实时交流，提高学生的语言运用能力和跨文化交际能力。因此，教师应积极探索多媒体和网络资源在跨文化交际教学中的应用，充分发挥其优势，提升教学效果。

（三）师资培训与教学资源共享机制的建立

1. 加强校际合作与资源共享

为了提高跨文化交际能力的培养质量，各高校应加强校际合作，实现教学资源的共享。通过搭建校际交流平台，教师可以互相学习、借鉴成功的教学经验和方法，共同探讨跨文化交际教学的最佳实践。同时，各高校还可以共享优质的教学资源，如教材、多媒体课件、网络学习平台等，从而提高教学效率和质量。这种合作与共享的机制有助于缩小高校间的教育差距，促进教育公平和整体教学水平的提升。

2. 完善教师培训体系与激励机制

为了提升教师的跨文化交际能力，各高校应完善教师培训体系，为教师提供系统的培训和支持。这包括定期组织跨文化交际专题培训、邀请专家进行学术讲座、鼓励教师参加国际学术会议等。同时，还应建立有效的激励机制，如设立教学奖励、提供晋升机会等，以激发教师提升跨文化交际能力的积极性和动力。通过这些措施的实施，可以打造一支具备高素质、专业化、创新精神的跨文化交际教师队伍，为培养学生的跨文化交际能力提供有力保障。

五、学习动机与态度的关键作用

（一）学习动机对学习效果的影响

1. 内在动机与外在动机的驱动作用

学习动机是学生学习行为的源泉，对学习效果具有重要影响。内在动机源于学生对跨文化交际的兴趣、好奇心和求知欲，这种动机能够持久地激发学生的学习热情和主动性。外在动机则来自外界的评价、奖励或压力等因素，它可以为学生提供短期的学习动力。在培养跨文化交际能力的过程中，教师需要结合学生的内在动机和外在动机，创造有利的学习环境，激发学生的学习兴趣和目标导向，从而提升学习效果。

2. 学习目标与期望的设定与调整

明确的学习目标和合理的期望是学生学习的重要指南。学生应设定具体、可衡量的学习目标，如掌握一定的跨文化交际技巧、提高语言运用能力等。同时，教师也应根据学生的实际情况和学习进展，适时调整学习目标和期望，以保持学生学习的积极性和动力。通过设定和调整学习目标与期望，学生可以更加有针对性地投入到学习中，提高学习效果。

（二）积极学习态度的培养与激励机制

1. 激发学生对跨文化交际的兴趣与热情

兴趣是最好的老师，激发学生对跨文化交际的兴趣与热情是培养其积极学习态度的关键。教师可以通过丰富多样的教学方法、生动有趣的教学内容以及与实际生活紧密联系的案例来吸引学生的注意力，引发学生的好奇心和探索欲。同时，教师还可以鼓励学生多参与跨文化交际的实践活动，如国际交流、模拟商务谈判等，让学生在实践中亲身体验跨文化交际的魅力，从而激发更强烈的学习兴趣。

2. 建立正向反馈与评价体系，增强学习动力

正向反馈与评价体系能够让学生及时了解自己的学习进度和成果，增强学习动力。在教学过程中，教师应关注学生的每一点进步和成就，及时给予肯定和鼓励，让学生感受到自己的努力得到了认可。同时，教师还应建立科学合理的评价体系，将过程评价与结果评价相结合，注重学生的全面发展和个性差异。通过正向反馈与评价体系的建立，学生可以更加清晰地认识到自己的学习目标和方向，从而更加努力地投入到学习中去。

（三）学生自主性与合作性的提升策略

1. 鼓励学生自主学习与探索

自主学习与探索是培养学生自主性的重要途径。教师应鼓励学生根据自身兴趣和需求选择适合自己的学习资源和方法进行自主学习与探索。例如，教师可以为学生推荐相关的书籍、网站或学习平台等资源供学生自主选择和利用；同时还可以鼓励学生自主制订学习计划并监控自己的学习进度；此外也可以引导学生主动参与到课堂讨论或小组活动中去发表自己的观点和看法等。通过这些方式可以有效地增强学生的自主学习意识和能力并培养学生的主动性和创造性。

2. 培养学生的团队合作精神与协作能力

团队合作精神与协作能力是现代社会中不可或缺的重要素质之一也是培养跨文化交际能力的重要方面之一。在教学过程中教师应注重培养学生的团队意识并教会学生如何与他人进行有效的沟通与协作，例如可以通过小组讨论、角色扮演或项目合作等方式来开展相关的教学活动；同时教师还应对学生的合作表现给予及时的评价和反馈以激励学生更好地发挥自己的团队作用；此外也可以鼓励学生积极参与到各种社会实践活动中去锻炼自己的团队合作和人际交往能力。

第五章
跨文化交际能力培养模式的创新与实践

随着全球化的深入发展，国际传播力成为国家软实力的重要组成部分。在这一背景下，跨文化交际能力成为国际传播活动中不可或缺的能力。无论是政府间的外交活动，还是企业间的国际合作，都需要具备跨文化交际能力的专业人才来推动信息的有效传递和文化的深入交流。国际传播不仅仅是信息的传递，更是文化的交流和碰撞。跨文化交际能力能够帮助传播者更好地理解和适应不同文化背景下的受众需求，从而提高信息传播的有效性和针对性。建构跨文化交际能力培养的"一三五"模式，即以思政引领服务国际传播能力建设，使思辨能力、语言能力与跨文化教学相统一；优化跨文化能力课程体系的"三合"原则，即知识与育人相结合，高阶性、创新性与挑战度相结合，线上与线下相结合；提升跨文化交际能力培养的

"课岗证赛研"路径，即以"课程为核心，以岗位需求为导向、以证书为驱动、以赛事为载体、以科研为引领"。

图 4.1　跨文化交际能力培养的"一三五"模式

第一节　服务国际传播能力建设的思政引领

国际传播背景下，培养时代需要的外语人才，推动中国智慧、中国主张和中国方案的有效传播，是当前的一项紧迫任务。创新服务国际传播能力建设的思政理念，是新时代背景下对思想政治教育工作的新要求和新挑战。这一理念创新旨在通过提升国际传播能力，增强中华文明的传播力影响力，为推进和拓展中国式现代化营造良好外部舆论环境，同时推动构建人类命运共同体，通过跨文化能力培养的思政、语言、思辨"三位一体"目标，强调在跨文化教育的过程中，不仅要注重语言技能的训练，还要融入思想政治教育和思辨能力的培养，旨在提高国际传播能力。这一模式将三者有机结合，形成一个相互促进、相互支撑的整体，共同服务于学生跨文化能力的全面提升。

一、跨文化意识与课程思政的深度融合

跨文化交际学课程中蕴含十分丰富且重要的"课程思政"育人要素，深入挖掘思政元素，始终坚持正确的政治观和价值观导向，将跨文化交际学理论内容与社会主义核心价值观结合，符合教育部提出的"立德树人、价值引领"的教育要求。注重培养学生的国际化视野，将跨文化交际教育与课程思政紧密融合，在提升学生思辨能力的同时，引导学生从跨文化认知层面转向行动实践过程中，自觉肩负起国际传播的责任感和使命感，为国家形象塑造和软实力提升贡献力量，推动全球文明交流互鉴、构建人类命运共同体。

（一）跨文化意识的认知

1. 全球化语境下的文化认知

在全球化的浪潮下，学生身处一个多元文化交融与碰撞的时代。培养学生具备全球化语境下的文化认知，已经成为提升他们国际传播能力不可或缺的基础。这种认知不仅要求学生深入了解本国的文化传统和价值观，更要对世界各国的文化有基本的认识和尊重。通过引导学生积极关注国际动态，学习丰富多彩的世界历史，以及接触和欣赏不同国家的艺术作品，可以帮助他们逐步拓宽文化视野，增强对全球化语境的敏感性和适应能力。这样的教育过程不仅能够提升学生的文化素养，更有助于他们在未来的国际舞台上自信地展示自我，有效地进行跨文化沟通与交流，成为推动世界和平与发展的积极力量。

2. 文化差异与交际的中国立场

为了培养学生的国际传播能力，我们必须高度重视对他们辨识文化差异和交际误区的能力培养。这种能力不仅仅是对不同文化中的价值观、思维方式、行为习惯等方面的简单了解，更包括在深入理解和尊重的基础上，学会如何在交际过程中灵活应对，避免刻板印象和偏见带来的误解和冲突。在文化差异与交际的广阔舞台上，中国坚持着一种既尊重多元又倡导和谐共生的立场。守护中国立场不仅是培养学生跨文化意识的重要任务，更是推动他们全面发展、成为具有国际视野和竞争力的优秀人才的关键所在。我们应该在教育中注重引导学生深入了解自己的文化根源，培养他们的文化自信和自豪感；同时，也要鼓励他们积极参与跨文化交流活动，拓宽国际视野，增强国际竞争力。只有这样，我们才能培养出真正具备跨文化意识和能力的优秀人才，为构建人类命运共同体贡献中国的智慧和力量。

（二）跨文化意识的系统塑造

1. 多元文化知识体系的构建

构建多元文化知识体系是培养学生具备跨文化意识的关键所在。在全球化的时代背景下，我们必须系统地学习不同文化的历史渊源、社会制度、宗教信仰以及风俗习惯等深层次知识，从而构建起全面而细致的文化知识网络。为了实现这一目标，我们可以通过多种途径为学生提供丰富的学习资源和实践机会。例如，开设涵盖世界各地文化的相关课程，让学生有机会深入了解不同文化的精髓；定期举办文化讲座，邀请专家学者为学生解读文化现象背后的深层含义；组织丰富多彩的文化交流活动，如国际文化节、文化沙龙等，让学生在亲身体验中感受文化的魅力。这些举措不仅有助于拓宽学生的文化视野，更能帮助学生建立起坚实的多元文化知识基础，为培养具有高度跨文化意识和国际传播能力的人才奠定坚实基础。

2. 文化适应与交际策略的训练

在跨文化交际的复杂环境中，文化适应能力和交际策略的运用是相辅相成的，二者缺一不可。学生必须深刻理解，在不同的文化背景下，同样的言行举止可能会产生截然不同的效果。因此，学会根据不同文化环境灵活调整自己的语言、行为和态度，就显得尤为重要。其中包括对语言细微差别的敏锐捕捉和恰当运用，比如在某些文化中直接回答可能被视为无礼，而在另一些文化中则恰恰相反。同时，对礼仪习俗的遵守与变通也是文化适应能力的重要体现，它要求学生在尊重传统的同时，也能灵活应对各种实际情况。为了提高学生的这些能力，模拟真实的跨文化交际场景进行角色扮演和实战演练是非常有效的方法。通过身临其境的体验，学生可以更加直观地了解不同文化间的差异，从而在实践中不断磨炼自己的文化适应能力和交际策略运用水平。

（三）跨文化意识的实践强化与拓展

1. 国际交流项目的参与和体验

参与国际交流项目，无疑为学生打开了一扇直观感受世界的窗口，这是提升他们跨文化意识极为有效的途径。当学生身临其境地置身于不同的文化环境中，他们有机会近距离观察和体验那些仅在书本上或屏幕上见过的风土人情。这种沉浸式的体验让学生能更加深入地了解其他国家的日常生活、社会习俗以及深层的价值观念，从而培养他们的文化包容性，拓宽他们的国际视野。国际交流项目为学生提供了与来自五湖四海、拥有多样文化背景的人们直接交流的机会。在这样的互动中，学生不仅能够锻炼自己的语言运用能力，更能学习到如何在实际情境中灵活运用交际技巧，建立起真正的跨文化友谊。

2. 反思与自主学习能力的提升

在跨文化意识的实践旅程中，反思与自主学习能力的培养是不可或缺的环节。每一次的跨文化交际实践，都是学生宝贵的学习机会。实践后，学生需要静下心来,对自己的表现进行深入的反思和客观的评价。这不仅包括回顾自己在交际过程中的言行举止,更包括挖掘背后可能存在的文化误解和认知偏差。通过这样的反思,学生可以总结出宝贵的经验教训,从而在未来的交际中更加从容应对,避免重蹈覆辙。同时,自主学习能力的培养也是至关重要的。在全球化日新月异的今天,文化知识在不断更新和演变。反思与自主学习能力的提升对于促进我国国际传播能力具有重要意义。通过增强文化敏感性、优化传播内容、提升传播策略以及拓宽知识视野、提升传播技能、培养创新思维等措施,我们可以不断提升我国的国际传播能力,为构建人类命运共同体贡献中国智慧和力量。

二、语言技能与文化知识的融合

(一)语言教学中的文化渗透

1. 文化元素在语言教学中的引入

在传统语言教学的课堂上,教师往往侧重于语法结构和词汇的传授,而忽略了语言背后所承载的丰富文化内涵。然而,语言是文化的载体,二者相互依存、密不可分。因此,现代语言教学应更加注重文化元素的引入,使语言学习与文化认知相辅相成。为了实现这一目标,教师可以通过教授具有文化内涵的词汇、短语和表达方式,引导学生在语言学习中感受和理解目标语言国家的文化特色。例如,在教授英语词汇时,可以引入与英国历史、文学、艺术等相关的词汇和表达方式,让学生了解英国文化的独特之处。同时,教师还可以结合多媒体教学资源,如电影、音乐、艺术作品等,让学生在欣赏和学习中感受目标语言国家的文化氛围,从而加深对语言的理解和掌握。

2. 语境创设与文化背景的融合

在语言学习中,语境的创设至关重要。一个真实的语言交际语境能够帮助学生更好地理解和运用语言，提高他们的语言交际能力。而将语境创设与文化背景紧密结合，则能进一步加深学生对不同文化背景下交际规则和习惯用法的理解。为了实现语境创设与文化背景的融合，教师可以模拟真实场景中的对话和交流，让学生在实际运用语言的过程中体验和理解不同文化背景下的交际规则。例如，在"国际商务谈判"课程教学中，教师可以模拟商务谈判的场景，让学生扮演不同角色进行对话。在对话过程中，教师不仅关注学生的语言表达是否准确，还注重引导学生理解和遵循商务场合的交际规则和礼仪。此外，教师还可以利用现代教学技术，如虚拟现实（VR）技术，为学生创设更加逼真的语言交际环境。通过 VR 技术，学生可以身临其境地感受不同文化背景下的交际场景，从而更好地理解和适应不同文化环境下的交际需求。

（二）文化知识在语言技能提升中的作用

1. 文化知识对听力理解的促进

听力理解作为语言技能的核心部分，不仅仅是捕捉声音信息的过程，更是对语言背后深层次文化含义的解读。当学生接触到一段听力材料时，其中所蕴含的文化元素、历史背景、社会习俗等都可能成为理解的关键。通过深入学习和了解目标语言国家的文化知识，学生能够在听力过程中更加敏锐地捕捉到这些文化信息，从而更准确地理解材料的真实意图和深层含义。文化知识的学习能够帮助学生拓宽国际视野，了解不同国家和地区的历史、文化、社会背景等。这种背景知识的积累有助于学生在听力过程中更好地理解语境，把握说话人的意图和态度。不同文化背景下的语言习惯和表达方式可能存在差异。通过文化知识的学习，学生可以更好地理解这些差异，减少在听力过程中因文化背景不同而产生的误解。

2. 文化知识对口语表达的丰富

在口语表达中，文化知识的作用不容忽视。深厚的文化知识底蕴能够增强学生的文化自信。在国际传播中，文化自信是展现国家形象、传播国家声音的重要基础。当学生具备丰富的文化知识时，他们能够更加自信地介绍自己的国家和文化，从而在国际舞台上赢得更多的尊重和认可。此外，文化知识还能为口语表达提供源源不断的素材和灵感。文化知识的学习能够帮助学生掌握更多具有文化特色的词汇和表达方式。这些词汇和表达方式往往蕴含着丰富的文化内涵和历史背景，使得口语表达更加生动、具体和富有感染力，能够吸引听众的注意力、激发听众的兴趣，从而增强传播效果。例如，在描述节日、习俗、历史事件等话题时，运用相关的文化词汇和表达方式能够更准确地传达信息，同时增强表达的趣味性和吸引力。

（三）跨文化交际中的语言技能与文化知识互动

1. 语言技能在跨文化交际中的实际应用

在跨文化交际的广阔舞台上，语言技能的重要性不言而喻。无论是商务谈判、学术交流还是日常沟通，准确、流畅的语言表达都是传递信息和沟通思想的基础。学生经过多年的语言学习，积累了大量的词汇、语法和表达方式，但在真实的交际场景中，如何将这些语言技能综合运用，达到有效沟通的目的，则是一个需要不断实践和挑战的过程。在跨文化交际中，学生需要灵活运用听、说、读、写等各项语言技能。听力理解帮助他们捕捉对方的信息和意图，口语表达则让他们能够清晰、准确地传达自己的观点和情感。同时，阅读理解能力使他们能够深入理解各种文本资料，而写作能力则让他们能够用书面形式进行复杂、精确的信息传递。

2. 文化知识在跨文化交际中的关键作用

在跨文化交际中，仅仅掌握语言技能是远远不够的。不同的文化背景下，人们的价值观、思维方式、行为习惯等都存在显著的差异。这些差异往往会导致交际中的误解和冲突，甚至可能完全阻碍信息的有效传递。因此，文化知识在跨文化交际中扮演着关键的角色。学生需要运用所学的文化知识来解读和理解不同文化背景下的语言和行为，通过了解这些文化差异，学生可以更加敏感地捕捉到交际中的微妙信息，从而避免误解和冲突。同时，文化知识还能帮助学生更好地融入目标文化环境，提高他们的交际效果和满意度。当学生表现出对目标文化的尊重和理解时，他们往往能够获得对方的信任和好感，从而建立起更加稳固和深入的交际关系。这种基于文化知识的交际策略，不仅有助于学生的个人发展，更有助于促进不同文化之间的和谐交流与融合。

三、跨文化能力与思辨能力的深度融合

跨文化能力与思辨能力在理论基础上存在显著的互补性。跨文化能力侧重于对不同文化现象、价值观念、行为准则的理解和适应，它要求个体具备文化敏感性、开放性和包容性。而思辨能力则强调对信息的批判性分析、逻辑推理和独立思考，它要求个体具备问题意识、判断力和创新能力。这两种能力在理论层面相互支撑，共同构成了个体在全球化背景下全面发展的基石。

（一）全球视野与家国情怀的融合

1. 全球视野的拓展与深化

为了帮助学生全面了解世界并拓宽他们的知识视野，构建多元化课程体系显得尤为重要。这一体系不仅应涵盖世界各国的文化、历史、政治和经济等领域，还应注重跨学科融合，为学生提供多角度、全方位的认知体验。通过这样的课程设计，学生能够接触到不同国家和地区的文化精髓，深入理解各种社会现象背后的历史渊源和政治经济因素。同时，多元化课程体系还有助于培养学生的批判性思维和全球意识，使他们在面对复杂的国际问题时能够做出明智的判断和决策。通过与国际学校、机构的紧密合作，我们可以为学生创造更多亲身感受不同文化环境的机会。开展学生互访、文化交流等项目,不仅有助于增进学生对不同文化的理解和尊重,还能切实提升他们的跨文化沟通能力。

2. 家国情怀的坚守与传承

为了让学生更好地了解和热爱自己的民族文化,增强文化自信和归属感,必须强化家国情怀教育。这不仅仅是在历史或文学课程中增加一些传统文化的内容,更是要跨学科、多角度地融入本土文化元素。在外语专业课程中坚守与传承家国情怀,是一个需要细致规划和深入实践的教育目标。这要求外语教育者不仅要关注学生的语言技能提升,还要注重培养他们的文化意识、民族自豪感和爱国情怀,使他们在学习外语的同时,不忘本土文化的根与魂。在设计外语专业课程时,应注重将本土文化元素与国际视野相结合。可以在教材中适当融入与中国文化相关的内容,如历史、文学、艺术、社会现象等,并通过外语进行解读和讨论。同时,也要引导学生关注国际时事、文化趋势等,培养他们的全球视野。通过中外文化的对比教学,帮助学生认识到不同文化的独特性和价值,培养他们的文化敏感性和批判性思维能力。在对比中,强调中国文化的优秀传统和独特魅力,增强学生的文化自信和民族自豪感。组织以中国文化为主题的实践活动和项目学习,如翻译中国文学作品、制作关于中国文化的外语视频、参与国际文化交流活动等。这些活动不仅可以提升学生的语言技能,还能加深他们对家国情怀的理解和感悟。

(二) 沟通能力与批判性思维的融合

1. 有效的跨文化沟通能力

跨文化能力与思辨能力的深度融合,是一种在现代社会中极为宝贵且必要的综合素质体现。这种融合不仅要求个体具备跨越文化界限进行有效沟通和理解的能力,还要求他们能在复杂多变的信息环境中,运用批判性思维对问题进行深入分析、评估和决策。在跨文化能力方面,这种融合意味着个体能够超越自身的文化局限，以开放、包容的心态去接纳和理解不同文化背景下的价值观、信仰、习俗和行为方式。他们不仅了解并尊重这些差异，还能在跨文化交流中灵活运用这些知识，以促进相互理解和合作。这种能力使得个体在全球化的今天，能够更好地适应不同文化环境，与来自世界各地的人们建立和谐的关系。

2. 敏锐的批判性思维

思辨能力的融入，则为跨文化交流增添了深度和广度。具备思辨能力的个体，在面对跨文化交流中的挑战和冲突时，不会简单地接受或拒绝某种观点，而是会运用批判性思维去审视、分析和评估这些观点。他们会从多个角度思考问题，考虑不同文化背景下的逻辑和合理性，从而形成更加全面、客观和深入的理解。这种能力使得个体在跨文化交流中不仅能够传达自己的思想和观点，还能够有效地回应和反驳他人的质疑和批评，从而推动交流的深入和发展。因此，跨文化能力与思辨能力的深度融合，是一种高度综合和复杂的素质。它要求个体在具备扎实的语言和文化知识的基础上，还要具备敏锐的观察力、深入的思考力、灵活的应变能力和强烈的责任感。只有这样，才能在全球化的大潮中，成为具有国际视野、跨文化沟通能力和批判性思维能力的优秀人才。

第二节　优化跨文化交际课程体系的"三合"原则

一、跨文化交际课程体系现状

（一）课程内容单一

1. 缺乏多样性

许多跨文化交际课程的内容设计相对单一，主要集中在语言和文化基本知识的传授上。虽然语言和文化是跨文化交际的基础，但仅仅关注这些方面显然是不够的。实际上，跨文化交际涉及更广泛的领域，如不同文化背景下的价值观、思维方式、行为习惯以及交际策略和沟通技巧等。这些内容的深入探讨对于培养学生的跨文化交际能力至关重要。然而，现有的课程往往缺乏对这些方面的全面涉及，导致学生在面对实际跨文化交际场景时感到力不从心。为了丰富课程内容，提高多样性，可以引入更多涉及多元文化背景、交际策略和沟通技巧的内容。

2. 实用性不足

另一个问题是课程内容与实际交际场景的脱节。许多学生在完成跨文化交际课程后，发现所学知识难以应用于实际交际中。这主要是因为课程内容过于理论化，缺乏与实际场景的结合。理论知识固然重要，但如果没有实际应用的机会，学生很难真正掌握所学知识并将其转化为实际能力。为了提高课程的实用性，需要加强课程内容与实际交际场景的联系。首先，可以引入更多真实的跨文化交际案例，让学生通过分析案例来了解实际交际中的问题和挑战。其次，可以设计模拟交际场景，让学生在模拟环境中进行实践练习，提高他们的实际交际能力。最后，还可以鼓励学生参与真实的跨文化交际活动，如国际交流项目、文化体验活动等，让他们在实践中学习和成长。

（二）教学方法陈旧

1. 灌输式教学

传统的跨文化交际课程通常采用教师主导的教学方式，即教师在课堂上进行讲解，学生被动听讲。这种灌输式的教学方法往往导致课堂氛围沉闷，学生缺乏主动参与的机会。在这种情况下，学生难以真正理解和掌握知识，更难以将所学应用于实际情境中。为了改变这一现状，教师需要转变教学观念，采用更加灵活多样的教学方法。例如，可以通过组织小组讨论、角色扮演、案例分析等活动来增加学生的参与度，激发他们的学习兴趣和积极性。同时，教师还应鼓励学生提出问题、发表观点，培养他们的批判性思维和自主学习能力。

2. 缺乏创新

在跨文化交际课程中，教学方法的单一性也是一个大问题。很多教师仍然沿用传统的教学方法，如单一的课堂讲解、死记硬背等，这不仅难以激发学生的学习兴趣，也限制了他们的学习效果。在这个信息化、多元化的时代，缺乏创新的教学方法显然已经无法满足学生的学习需求。为了改善这一状况，教师需要积极探索新的教学方法，充分利用现代技术手段和多元化教学资源。例如，可以利用多媒体教学工具来呈现生动、形象的教学内容，吸引学生的注意力；可以采用线上线下相结合的混合式教学模式，为学生提供更加灵活、便捷的学习方式；还可以引入项目式学习、协作式学习等创新的教学方法，培养学生的实践能力和团队合作精神。同时，教师也需要关注行业动态和教育发展趋势，及时更新自己的教学理念和技能，以保持教学方法的时效性和前瞻性。

（三）评估体系不完善

1. 评估方式单一

在当前的跨文化交际课程评估体系中，存在一个显著的问题就是评估方式过于单一。这种单一性主要体现在两个方面：一是过于注重书面考试，往往把考试成绩作为衡量学生学习效果的唯一标准；二是过于强调知识记忆，忽视了对学生实际交际能力和综合素质的考核。这种评估方式不仅无法全面反映学生的真实水平，还可能导致学生在学习过程中产生应试心态，忽略对跨文化交际能力的实际培养。为了改变这一现状，需要建立更加多元化的评估体系。除了书面考试外，还可以增加口头报告、情景模拟、小组讨论等评估方式，以便更好地评估学生的实际交际能力和综合素质。

2. 反馈机制不足

在跨文化交际课程的评估过程中，另一个重要的问题是反馈机制的不足。具体来说，评估结果往往只是简单地以分数或等级的形式呈现给学生，而缺乏对评估结果的详细解释和针对性建议。这导致学生难以了解自己的不足之处，更无法进行有效的改进和提升。为了完善反馈机制，教师需要做到及时、具体、有针对性的反馈。首先，要及时将评估结果反馈给学生，让他们及时了解自己的表现。其次，反馈内容要具体明确，不仅要指出学生的不足之处，还要给出具体的改进建议和方法。最后，反馈要具有针对性，要根据学生的实际情况和需求来提供个性化的指导和帮助。通过建立完善的反馈机制，教师可以更好地帮助学生发现自己的不足并进行针对性改进，从而有效提升学生的跨文化交际能力。

二、优化跨文化交际课程体系的必要性

（一）适应社会发展需求

1. 全球化趋势的推动

全球化浪潮下，国际交流与合作已经成为不可逆转的趋势。随着各国之间经贸、科技、文化等领域的联系日益紧密，具备跨文化交际能力的人才显得尤为重要。这类人才不仅需要掌握外语和专业知识，更要懂得如何在不同文化背景下进行有效沟通和协作。因此，优化跨文化交际课程体系，加强对学生跨文化交际能力的培养，成为高等教育的重要使命。通过课程体系的改革和完善，可以帮助学生更好地适应全球化趋势，成为具有国际视野和竞争力的复合型人才。

2. 职场竞争力的提升

在多元化的职场环境中，企业对于具备跨文化交际能力的人才青睐有加。

这类人才能够更好地理解和适应不同文化背景的同事、客户和合作伙伴，从而提高团队协作效率和业务成果。因此，优化跨文化交际课程体系，对于提升学生的职场竞争力具有重要意义。通过课程学习，学生可以掌握跨文化交际的基本技巧和策略，提高自己在多元文化职场中的适应能力和应变能力，为未来的职业发展奠定坚实基础。

3. 文化交流与理解的促进

文化交流和理解是构建和谐共处国际环境的基础。然而，由于文化差异和语言障碍，不同国家和地区之间往往存在着误解和冲突。优化跨文化交际课程体系，通过增加对不同文化的介绍、对比和反思，可以帮助学生更好地了解不同文化的价值观、思维方式和行为习惯，从而增进对不同文化的理解和尊重。同时，通过培养学生的跨文化交际能力，可以促进不同文化之间的交流与融合，有助于构建和谐共处的国际环境。这不仅有利于学生的个人发展，更对于促进世界和平与发展具有重要意义。

（二）提升学生综合素质

1. 语言与交际能力的提升

优化后的跨文化交际课程体系将更加注重对学生实际交际能力的培养。通过增加实践环节，如模拟交际场景、角色扮演等，学生可以更加深入地了解不同文化背景下的交际规则和技巧，从而提高他们的外语水平和跨文化沟通技巧。同时，这种实践性的教学方式还可以帮助学生在多元语境中更加自信地表达自己，增强他们的交际自信心。这将对学生未来的职业发展和国际合作产生积极的影响，使他们能够更加自如地与不同文化背景的人进行交流和合作。

2. 文化敏感度和包容性的增强

优化跨文化交际课程体系，注重多元文化的学习和实践，对于学生文化敏感度和包容性的增强具有显著效果。通过深入了解不同文化的历史、价值观和社会习俗，学生可以学会尊重并接纳文化差异，培养对异文化的敏感度和包容心态。这种开放、包容的心态有助于学生形成全球视野，更好地适应多元文化环境，并在国际交流中发挥积极作用。此外，增强的文化敏感度和包容性还能促进学生之间的和谐相处，减少因文化差异引起的误解和冲突，为构建和谐社会做出贡献。

3. 批判性思维与创新能力的培养

优化跨文化交际课程体系将着重引入涉及文化对比与反思的内容，以激发学生的批判性思维并培养他们的创新意识。通过对不同文化的深入比较和分析，学生可以学会批判性地看待问题，不再盲从或局限于单一的文化视角。同时，鼓励学生对文化现象进行独立思考和创新性解读，将培养他们的创新思维和解决问题的能力。这种培养方式将使学生具备更强的独立思考和创新能力，为未来职业生涯中的挑战和机遇做好充分准备。此外，批判性思维和创新能力也是现代社会对高素质人才的基本要求，具备这些能力的学生将更加适应社会的发展和变革。

（三）推动教育改革创新

1. 教育国际化的推进

优化跨文化交际课程体系是推动高等教育国际化的关键步骤。随着全球化的加速，高等教育必须与时俱进，培养具有国际视野和竞争力的人才。通过优化课程体系，引入国际先进的教学理念和方法，可以为学生提供更加国际化、前沿化的教育内容，从而增强他们的国际竞争力。这不仅有助于提升学校的国际影响力和竞争力，更能为国家的长远发展培养一批具备全球背景和国际交往能力的高素质人才。因此，优化跨文化交际课程体系是高等教育国际化不可或缺的一环。

2. 教学方法与手段的创新

在优化跨文化交际课程体系的过程中，鼓励教师采用创新的教学方法和手段至关重要。传统的教学方法往往注重知识灌输，而忽视了学生的主体性和实践性。通过引入混合式教学、项目式学习等创新方法，可以有效激发学生的学习兴趣，提高他们的学习积极性和实践能力。这些创新方法不仅能够提升教学效果，还能为学生提供更加丰富、多样的学习体验，培养他们的创新思维和解决问题的能力。因此，教学方法与手段的创新是推动教育改革创新的重要动力。

3. 教育评估体系的完善

优化评估体系是推动教育改革创新的重要环节。传统的评估方式往往过于注重考试成绩，而忽视了对学生综合素质和能力的全面评价。通过优化评估体系，引入更多元化的评估方式和反馈机制，可以更全面地了解学生的学习成果和综合素质，为他们的个性化发展提供有力支持。同时，完善的评估体系还能为教师提供更为准确、全面的教学反馈，帮助他们不断改进教学方法和手段，提升教学质量。因此，教育评估体系的完善是推动教育改革创新、提升教育质量的关键所在。

三、跨文化交际课程体系优化原则

（一）知识与育人相结合

1. 融入文化对比与反思

在外语专业的跨文化教学中，将知识与育人相结合是一项重要且富有挑战性的任务。这不仅要求学生掌握外语的语言技能，还需深入理解目标文化的内涵，同时培养跨文化交际能力、批判性思维能力以及全球视野。融入文化对比与反思于教学过程中，对学生理解文化差异与共性、提升跨文化敏感度和批判性思维能力至关重要。通过对比不同文化的特点，学生可更直观地认识到文化的多样性，进而学会尊重和接纳异文化。同时，反思自身文化观念和行为模式，有助于学生发现潜在的文化偏见，从而调整自己的交际方式，避免文化冲突。这种教学方法不仅丰富了课堂内容，还为学生提供了宝贵的跨文化学习经验，使他们在全球化背景下更加自信、开放和包容，为未来的国际交流与合作打下坚实基础。因此，教师在设计课程时，应巧妙地融入文化对比与反思环节，帮助学生建立全面的跨文化认知体系。

2. 强化实践环节设计

强化实践环节设计是提升学生跨文化交际能力和思政能力的关键。在优化跨文化交际课程体系的过程中，必须高度重视实践环节的设计与实施。通过设计丰富多样的实践环节，如实地考察、文化交流活动等，可以为学生提供身临其境的学习机会，让他们在亲身体验中深刻感受不同文化的魅力。实地考察是让学生走出课堂、直接接触和了解不同文化的重要途径。通过参观当地的历史遗迹、博物馆、艺术馆等，学生可以直观地感受不同文化的独特之处，从而加深对文化多样性的认识和尊重，树立文化自信。同时，实地考察还能帮助学生将课堂上学到的理论知识与实际情况相结合，提升他们的理解和应用能力。文化交流活动则是培养学生跨文化交际能力的重要手段。通过参与各种形式的文化交流活动，如文化节庆、艺术展览、学术研讨会等，学生可以有机会与来自不同文化背景的人进行深入的交流和互动。这不仅能锻炼他们的语言能力和沟通技巧，还能帮助他们更好地理解和适应不同文化的行为规范和价值观念，进而提高文化自信。

（二）高阶性、创新性、挑战度相结合

1. 精选教材与辅助材料

精选教材与辅助材料是优化跨文化交际课程体系不可或缺的一环。为了确保教学内容的前沿性和实用性，必须选用具有时代性、代表性的教材和辅助材料。这些材料应该能够反映当前跨文化交际领域的最新研究成果和实践经验，从而让学生接触到最前沿的知识和信息。同时，还需要根据学生的实际需求和学习特点，对选用的教材进行适当调整和补充。不同学生群体的学习需求和背景可能存在差异，因此，教材应该具有一定的灵活性和可调整性，以便更好地满足学生的个性化需求。例如，对于某些重点或难点内容，可以增加详细的解释和实例，帮助学生更好地理解和掌握；对于某些与学生实际生活联系紧密的话题，可以引入更多的实际案例和讨论，激发学生的学习兴趣和参与度。此外，还可以积极利用现代技术手段，如多媒体教学资源、在线学习平台等，为学生提供更加丰富多样的学习材料和辅助资源。这些资源可以包括视频讲座、互动练习、在线论坛等，从而为学生提供更加便捷、高效的学习体验。

2. 增加课程的广度和深度

首先，引入涉及不同文化背景的实例分析和案例讨论是至关重要的。这些实例和案例可以包括不同国家之间的商务谈判、跨文化婚姻、国际教育交流等真实场景，通过深入剖析这些场景中的交际行为、文化冲突与融合，使学生能够更加直观地了解跨文化交际中的挑战和应对策略。这种教学方式不仅能够激发学生的学习兴趣，还能帮助他们将理论知识应用于实际，提高解决实际问题的能力。其次，还应该系统地引入跨文化交际的理论、策略和方法等内容。这些知识是构建学生完整跨文化交际知识体系的基础。通过学习跨文化交际的基本理论，学生可以了解文化差异的根源、跨文化交际的基本原则等；通过学习跨文化交际的策略和方法，学生可以掌握如何在实际交际中有效沟通、化解文化冲突等技巧。这些知识的传授将使学生具备更加全面、深入的跨文化交际能力，为他们未来的国际交往奠定坚实基础。鼓励教师从多学科视角出发设计和组织教学内容显得尤为重要。通过结合心理学、社会学等相关理论和方法，教师可以为学生提供一个更加宽广的知识视野。

（三）线上与线下相结合

1. 创新教学方法

运用翻转课堂、混合式学习，虚拟仿真技术等，实现线上与线下相结合的教学模式。创新教学方法是提升跨文化交际课程质量的关键。在线上部分，教师可以利用视频、音频、PPT 等多媒体材料，向学生介绍跨文化交际的基本概念和理论，以及思政教育的相关知识点。线下部分，则侧重于实践活动，如小组讨论、角色扮演、案例分析等，让学生在实践中运用所学知识，提升跨文化交际能力和思政能力。根据学生的实际情况和学习需求，设计线上预习、线下深入探究的教学模式。在线上，学生可以通过观看教学视频、完成在线测试等方式进行自主学习；在线下，则通过教师引导、小组讨论、实践操作等方式，深化对跨文化交际和思政教育的理解。利用虚拟仿真技术，为学生创造模拟的跨文化交际环境。例如，通过虚拟现实（VR）技术，学生可以身临其境地体验不同文化背景下的交流场景，从而在虚拟环境中提升跨文化交际能力。同时，也可以通过模拟思政教育的真实情境，让学生在虚拟环境中接受思政教育，增强思政教育的实效性。

2. 完善评估体系

评估是优化跨文化交际课程的重要一环。传统的单一考核方式无法全面反映学生的实际交际能力，因此需要建立更加多元化的线上线下相结合的评估体系。利用学习通等平台，跟踪学生的学习进度和完成情况，包括观看教学视频的时间、完成在线测试的成绩等。评估学生在在线讨论区、论坛等互动环节中的表现，包括发言质量、参与度等。鼓励学生进行自我评估和同伴评估，通过撰写学习反思、参与同伴互评等方式，提升学生的自我认知能力和团队协作能力。利用大数据和人工智能技术，对学生的学习数据进行深度分析，发现学习中的问题和不足，为个性化教学提供依据。

多样化的线下评估，观察学生在课堂上的表现，包括参与度、回答问题的准确性、与同学交流的情况等。评估学生完成的跨文化交流项目、案例分析等作业，考查学生的语言运用能力、跨文化交际能力和解决问题的能力。

四、跨文化交际课程体系的建构

（一）课程体系设计理念

1. 前沿性与实用性相结合

在构建跨文化交际课程体系时，坚持将前沿理论与实用技能相结合。这意味着，不仅要引入最新的跨文化交际理论、研究成果和教学方法，确保学生接触到最前沿的知识体系，还要注重这些理论在实践中的应用。设计了一系列的实操课程和案例分析，让学生在模拟的真实环境中运用所学知识，提高学生的实际操作能力。通过这种方式，旨在培养既掌握前沿理论又具备实战经验的跨文化交际人才。

2. 全球化视野与本土文化根基并重

在全球化日益加速的背景下，培养学生的全球化视野至关重要。跨文化交际的课程体系注重引导学生了解不同文化、价值观和习俗，培养学生的跨文化意识和国际视野。同时，也强调本土文化的根基性地位。通过深入研究本土文化，学生可以更好地理解和传承民族文化的精髓，从而在国际交流中更加自信地展示自己的文化特色。这种全球化与本土化的有机结合，有助于学生在跨文化交际中既保持开放心态，又坚守文化立场。

3. 模块化与个性化相协调

为了满足不同学生的学习需求和职业发展目标，跨文化交际的课程体系采用模块化设计。每个模块都围绕一个核心主题或技能展开，既独立又相互联系，方便学生根据自己的兴趣和需要进行选择。同时，也注重课程的个性化定制。

通过评估学生的学习风格、兴趣和职业倾向，为学生提供个性化的学习路径和资源，帮助学生更好地实现自我发展和提升。这种模块化与个性化的相协调，确保了课程体系既具有系统性和完整性，又能满足学生的个性化需求。

（二）核心课程设置

1. 跨文化交际基础理论与实务

（1）跨文化交际导论

这门课程旨在为学生提供跨文化交际的基本概念、理论和框架。通过深入剖析跨文化交际的内涵、特点和影响因素，帮助学生建立起对跨文化交际的全面认识。同时，课程还涉及跨文化交际的历史背景和发展趋势，引导学生从更广阔的视角审视这一领域。

（2）跨文化沟通技巧与案例分析

这门课程着重于培养学生的跨文化沟通能力。通过讲解和演示不同文化背景下的沟通技巧，结合丰富的案例分析，使学生在实际操作中学会如何有效地进行跨文化交流。此外，本课程还包含模拟实践环节，让学生在模拟的真实场景中运用所学知识，提升沟通技巧。

（3）中国文化概论

这门课旨在为学生了解中国文化的基本知识、主要类型、经典文本与核心精神，了解中国文化在哲学、政治、学术、审美、风俗、科技、器物等各个层面的成就及要义，发掘中国文化的现代意义和实践价值。

2. 文化差异与跨文化适应能力培养

（1）世界主要文化体系概览

这门课程旨在让学生了解世界各地的主要文化体系，包括它们的价值观、信仰、习俗等。通过对不同文化的深入探索，学生可以加深对文化多样性的认识，为后续的跨文化交际和适应打下基础。

（2）跨文化适应策略与心理调适

这门课程关注学生的跨文化适应能力培养。本课程将介绍跨文化适应的基本策略和方法，同时探讨在跨文化环境中可能出现的心理问题和调适方式。通过理论讲解、案例分析以及心理辅导等教学手段，帮助学生更好地适应不同文化环境，提升学生的心理素质和适应能力。

3. 商务外语与跨文化商务实践

（1）商务外语听说读写译技能训练

这门课程专注于提升学生的商务外语能力。通过系统的听说读写译训练，使学生能够熟练掌握商务外语的基本技能，为后续的商务沟通和谈判打下基础。同时，本课程还注重商务外语的实际应用，结合商务场景进行模拟练习，提高学生的语言运用能力。

（2）跨文化商务谈判与礼仪实操

这门课程旨在培养学生的跨文化商务谈判能力和礼仪素养。本课程将介绍不同文化背景下的商务谈判技巧和礼仪规范，同时结合实际操作和案例分析，使学生在模拟的商务环境中学会如何进行有效的跨文化谈判和交往。此外，本课程还包含礼仪实操环节，让学生在实践中提升礼仪素养和职业素养。

（三）辅助与拓展课程安排

1. 跨文化交际能力提升选修课

（1）跨文化领导力培养

这门课程专注于培养学生的跨文化领导力。在全球化背景下，领导者需要具备跨文化沟通和管理的能力，以应对多元文化团队和国际合作挑战。课程将深入探讨跨文化领导力的内涵、特质和技巧，包括如何建立跨文化团队、解决文化冲突以及激发团队成员的潜能等。通过案例分析、角色扮演和团队项目等实践活动，学生将学会在跨文化环境中展现领导力，提升团队效能。

（2）国际市场营销中的文化因素

这门课程旨在帮助学生了解国际市场营销中的文化因素及其影响。在跨国营销活动中，文化差异往往对市场策略、产品设计和广告宣传等方面产生深远影响。本课程将介绍不同文化背景下的消费者行为、市场细分和定位策略，同时探讨如何利用文化差异创造市场机会。通过实际案例分析和模拟营销项目，学生将学会在国际市场中运用文化知识制定有效的营销策略。

2. 跨文化实践活动与项目

（1）国际文化节组织与参与

国际文化节是提升学生跨文化交际能力的重要实践平台。通过组织和参与国际文化节，学生将有机会亲身体验不同文化的魅力，加深对文化多样性的理解。在活动中，学生可以展示自己国家的文化特色，同时欣赏和学习其他国家的文化元素。这种互动式的文化交流有助于培养学生的全球视野和跨文化敏感度。

（2）海外实习与交流项目体验

海外实习与交流项目是学生亲身体验跨文化环境的重要途径。通过参与这些项目，学生将有机会在异国他乡生活和工作一段时间，深入了解当地的文化习俗和社会环境。这种沉浸式的学习体验有助于提升学生的语言技能、跨文化适应能力和国际视野。同时，海外实习与交流项目还能为学生建立国际人脉网络，为未来的职业发展打下坚实基础。

3. 跨文化专题研究与讲座

（1）邀请国内外专家进行专题讲座

邀请国内外跨文化交际领域的专家进行专题讲座，是拓宽学生知识视野和了解前沿动态的有效途径。这些专家通常具有丰富的实践经验和深厚的理论素养，能够为学生提供宝贵的学术见解和实践指导。通过参加专题讲座，学生可以深入了解跨文化交际的最新研究成果、发展趋势和实践案例，从而提升自己的学术水平和专业素养。

（2）开设跨文化研究方法与论文写作指导课程

这门课程旨在培养学生的跨文化研究能力和学术论文写作能力。本课程将介绍跨文化研究的基本方法、研究设计和数据收集与分析等关键环节，同时提供论文写作的指导和建议。通过学习本课程，学生将学会如何运用科学的研究方法进行跨文化研究，并撰写高质量的学术论文。这对于培养学生的研究素养和学术能力具有重要意义。

第三节
跨文化交际能力培养的"课岗证赛研" 路径

一、以课程为核心的跨文化交际能力培养

（一）精准教学目标

1. 明确目标维度

明确精准四位一体教学目标，包括语言知识与能力目标、跨文化素养与交际能力目标、思辨与自主学习能力目标和思政目标。明确学生在听、说、读、写四个方面的具体能力要求，如能够流利地进行日常和专业交流，准确理解并翻译专业文献等。设定词汇量和语法掌握程度的目标，确保学生能够运用足够的词汇和正确的语法结构进行表达。培养学生理解和尊重不同文化背景的能力，使其能够在跨文化环境中进行有效交流和合作。通过对比中外文化的异同，增强学生对不同文化的敏感性和理解力。鼓励学生进行批判性思考，分析问题、评价观点并提出自己的见解。培养学生的创新意识和能力，鼓励

他们在语言学习和应用中不断尝试新的方法和思路。引导学生形成良好的学习习惯和策略，提高自主学习和终身学习的能力。通过对文化偏见的理解，帮助学生调节自身文化身份及思维定式，深化在全球化世界中树立自身民族文化自信的认知。培养学生的爱国情怀，使其能够在跨文化交流中自觉维护国家利益和民族尊严。帮助学生树立符合社会主义核心价值观的正确世界观、人生观和价值观。

2. 评估与调整教学目标

设定具有可测量性的教学目标，以便在教学过程中和结束后对学生的学习成效进行评估。例如，通过测试、作业、课堂表现等方式来评估学生的语言能力是否达到预定目标。确保教学目标是学生在一定时间内通过努力可以达成的。过高的目标会让学生感到挫败，而过低的目标则无法激发学生的学习动力。总之，在外语专业教学中精准设定教学目标需要综合考虑多个因素，包括教学目标的维度、具体情境、学生水平和社会需求等。通过明确教学目标、结合具体情境、确保可测量性和可达成性以及持续评估与调整等步骤，可以有效地提高外语专业教学的质量和学生的学习成效。

在教学过程中，教师应持续评估学生的学习进展和成效，并根据评估结果及时调整教学目标。如果发现学生在某些方面存在困难或进展缓慢，可以适当降低目标难度或增加针对性训练；如果发现学生已经掌握了相关知识和技能，可以适时提高目标要求或引入新的学习内容。

（二）优化教学内容

1. 模块化教学

跨文化课程的模块化教学旨在通过系统性的教学设计，将跨文化交际的知识、技能和态度培养分解为若干个相对独立但又相互联系的模块。每个模块都有明确的教学目标、教学内容和教学活动，以便于学生逐步掌握跨文化交际的核心能力。

语言与文化基础知识模块：介绍目标语言国家的历史、地理、社会制度等基本文化背景。讲解语言与文化的关系，包括语言中的文化元素、文化对语言使用的影响等。

跨文化交际理论模块：阐述跨文化交际的基本概念、原理和策略。分析跨文化交际中的障碍及其克服方法。文化差异感知与理解模块：通过案例分析、角色扮演等活动，引导学生感知和理解不同文化间的差异。讨论文化差异对交际行为的影响，以及如何在交际中妥善处理这些差异。跨文化交际能力训练模块：提供模拟跨文化交际场景，如商务谈判、旅游接待等，让学生进行角色扮演和模拟对话。通过反馈和评估，帮助学生提升跨文化交际的实际操作能力。文化适应与冲突解决模块：探讨在异国文化中如何适应和融入，以及如何处理可能遇到的文化冲突。培养学生以开放、包容的心态面对文化差异，提高文化适应能力。按照模块的顺序逐步推进，确保学生在每个阶段都能获得相应的知识和技能。注重实践操作和技能训练，使学生在实际交际中能够灵活运用所学知识。鼓励学生之间的互动与合作，通过小组讨论、团队项目等方式培养学生的团队协作精神。通过模块化教学，外语专业跨文化课程可以更加系统地培养学生的跨文化交际能力。在实施过程中，教师应根据学生的实际情况灵活调整教学内容和教学方法，以确保教学效果的最大化。同时，学校也应加强师资培训，提高教师的跨文化教学能力和素养。

2. 立体化教学

立体化教学强调通过多种教学手段和方式构建全方位、多层次的教学体系，旨在为学生提供更加丰富、多样的学习体验。在这一理念指导下，跨文化交际能力培养的立体化教学主要体现在以下几个方面。借助互联网和信息技术手段，教师可以将线上资源和线下课堂有机结合，打破传统教学的时空限制。线上资源如网络课程、虚拟实验室、在线讨论区等，为学生提供了便捷的学习途径和广泛的学习资源；而线下课堂则注重面对面的互动和深入讲解，使学生能够在教师的引导下更好地理解和掌握知识。这种融合不仅丰富了教学内容，还为学生提供了更多的互动机会，有助于激发他们的学习兴趣和积极性。除了传统的课堂教学外，教师还应积极组织学生参与跨文化交流活动、国际实习、项目合作等实践活动。这些实践活动为学生提供了真实的跨文化交际场景，使他们能够在实践中检验和巩固所学知识，提升跨文化交际能力。同时，通过实践活动，学生还能更好地了解不同文化的差异和相似之处，培养他们的文化敏感性和适应性。为了全面反映学生的学习成果和能力水平，教师应建立包括课堂表现、作业完成情况、项目合作成果、跨文化交际能力测试等在内的多维评价体系。这种评价体系不仅关注学生的学习成绩，还注重评价他们的跨文化交际能力、团队协作能力、创新能力等多个方面，从而为学生提供更加全面、客观的评价反馈。通过将跨文化交际能力培养与其他相关学科如语言学、文化学、心理学等相结合，教师可以形成跨学科的教学体系，促进学生的全面发展。这种整合不仅有助于拓宽学生的知识视野，还能使他们在不同学科之间建立联系，形成更加完整、系统的知识体系。

（三）创新教学方法

1. 情境模拟与角色扮演

情境模拟与角色扮演是一种高度互动的教学方法，通过模拟真实的跨文化交际场景，让学生扮演不同文化背景下的角色，亲身体验跨文化交流中的挑战与机遇。这种方法不仅能够激发学生的学习兴趣，还能有效提升他们的跨文化敏感性和应对能力。教师需要精心设计跨文化交际的场景，确保场景贴近现实生活，具有代表性和典型性。场景可以涉及商务谈判、国际会议、日常交流等多个方面，涵盖不同文化背景下的语言习惯、非语言行为、社交礼仪等内容。通过场景设计，为学生营造一个沉浸式的跨文化交际环境。在场景设计完成后，教师需要根据学生的特点和兴趣进行角色分配。每个角色都应具有明确的文化背景、性格特点和交际目标。同时，教师需要提供必要的背景资料和指导，帮助学生了解角色的文化背景、交际习惯和心理状态，为角色扮演做好充分准备。在角色扮演过程中，学生需要按照所分配的角色进行交际互动。教师可以观察学生的表现，记录他们在跨文化交际中的优点和不足。角色扮演结束后，教师应及时给予反馈，指出学生在语言使用、非语言行为、交际策略等方面的表现情况，并提出改进建议。同时，鼓励学生之间相互评价，分享彼此的经验和感受。

2. 跨文化案例分析与讨论

跨文化案例分析与讨论是一种基于真实案例的教学方法，通过选取具有代表性的跨文化交际案例，引导学生进行深入分析和讨论。这种方法不仅能够帮助学生理解跨文化交际中的复杂性和多样性，还能培养他们的批判性思维和问题解决能力。教师需要从现实生活中选取具有代表性的跨文化交际案例，确保案例具有典型性、时效性和教育意义。案例可以涉及商务谈判失败、国际项目合作纠纷、文化误解导致的冲突等多个方面。通过精心挑选案例，教师可以为学生提供一个全面、深入的跨文化交际视角。在案例呈现后，教师需要引导学生对案例进行深入分析和讨论。首先，教师可以提出问题引导学生思考案例中的跨文化交际问题及其成因；其次，鼓励学生发表自己的观点和看法，分享自己的经验和感受；最后，组织学生进行小组讨论或全班讨论，促进思想碰撞和观点交流。在分析和讨论结束后，教师需要引导学生对案例进行总结和反思。通过总结案例中的经验教训和启示意义，帮助学生加深对跨文化交际的理解和认识；同时，鼓励学生反思自己在跨文化交际中的表现和不足，提出改进措施和建议。

（四）丰富教学评价

1. 多维度评价体系构建

多维度评价体系是指在教学评价过程中，不仅关注学生的知识掌握情况，还从技能、态度、情感等多个维度进行全面考查。这一评价体系的构建基于教育评价理论的发展，特别是建构主义和人本主义教育理念的兴起，强调学生的主体性、全面性和发展性。在跨文化交际课程中，多维度评价体系的必要性在于它能够更全面地反映学生的跨文化交际能力，促进学生在语言、文化、情感等多方面的均衡发展。语言能力是跨文化交际的基础。评价内容包括听、说、读、写四个方面，特别是口语表达能力和书面交流能力。通过模拟对话、演讲、写作任务等形式，评估学生在实际跨文化交际场景中的语言运用能力。此外，还可以借助语言测试工具，如托福、雅思等，对学生的语言水平进行量化评估。跨文化意识与态度是跨文化交际能力的关键组成部分。评价内容包括学生对不同文化的认知程度、尊重态度以及开放心态。通过问卷调查、小组讨论、文化敏感性测试等方式，评估学生对文化差异的敏感性和包容性。同时，观察学生在跨文化交际活动中的表现，如是否主动了解对方文化、是否尊重对方习俗等，也是评价跨文化意识与态度的重要途径。跨文化技能是指学生在跨文化交际中运用各种策略解决问题的能力。评价内容包括非语言交际技能（如肢体语言、面部表情等）、文化适应能力、冲突解决能力等。通过模拟跨文化交际场景、角色扮演等活动，评估学生在实际交际中的表现。同时，鼓励学生进行自我反思和同伴评价，以更全面地了解自己的跨文化技能水平。

2. 过程性评价与终结性评价相结合

过程性评价是指在教学过程中对学生学习情况进行持续、动态的评价。与终结性评价相比，过程性评价具有以下优势：首先，它能够及时反映学生的学习状态和进展，为教师提供调整教学策略的依据；其次，它能够激发学生的学习兴趣和积极性，促使学生更加主动地参与学习活动；最后，它能够更全面地反映学生的综合素质和能力水平，避免单一评价方式的局限性。在跨文化交际课程中，过程性评价的意义在于它能够关注学生的跨文化交际过程，评估学生在实际交际中的表现和问题，从而更有效地提升学生的跨文化交际能力。终结性评价是指在教学活动结束后对学生学习成果进行的总结性评价。虽然终结性评价具有一定的必要性和价值，如能够量化学生的学习成果、为教学提供反馈等，但其局限性也不容忽视。终结性评价往往侧重于对知识的记忆和再现能力的考查，而忽视了对学生实际应用能力和综合素质的评价。在跨文化交际课程中，单一的终结性评价难以全面反映学生的跨文化交际能力水平。

二、以岗位需求为导向的跨文化交际实践教学

（一）岗位需求分析与课程对接

1. 市场调研与岗位定位

在跨文化交际实践教学中，进行市场调研是至关重要的一步。通过深入市场，了解各行业对跨文化交际人才的需求情况，包括所需技能、知识结构和职业素养等。同时，结合行业发展趋势和市场需求，对岗位进行精准定位，明确实践教学的目标和方向。这样，学校才能根据市场需求调整教学计划，培养出真正符合社会需要的高素质人才。

2. 课程设置与岗位能力映射

课程设置是实现岗位需求与教学实践对接的关键环节。根据市场调研结果和岗位定位，对课程进行合理调整和优化，确保课程内容与岗位所需能力紧密相关。通过映射岗位能力与课程内容，使学生明确学习目标和职业路径，更好地将所学知识应用于实际工作中。这种以岗位需求为导向的课程设置方式，有助于提高学生的就业竞争力和职业发展潜力。

（二）实践教学模式创新

1. 项目化实践教学

项目化实践教学是一种以学生为中心，以项目为驱动的教学模式。在这种模式下，教师引导学生参与真实或模拟的跨文化交际项目，让学生在实践中运用所学知识解决问题。通过项目化管理和实施，培养学生的团队协作能力、创新思维和跨文化沟通能力。这种教学模式不仅能够激发学生的学习兴趣和积极性，还能够提高学生的实践能力和综合素质。

2. 校企合作育人

校企合作育人是实现实践教学与岗位需求有效对接的重要途径。学校与企业建立深度合作关系，共同制定实践教学方案，为学生提供实习实训机会。通过校企合作，学生能够在真实的工作环境中感受企业文化，了解行业规范，提升职业素养和实际操作能力。同时，企业也能够从学校中选拔优秀人才，为企业的长远发展注入新鲜血液。

（三）实践教学评价体系构建

1. 多元化评价方式

为了全面、客观地评价学生的实践教学成果，需要构建多元化的评价方式。除了传统的笔试、口试等考核方式外，还应引入过程性评价、表现性评价等多元化评价方法。通过观察学生在实践过程中的表现、记录学生的学习轨迹和成果展示，更准确地评估学生的实践能力、团队协作精神和创新思维等方面的发展情况。同时，结合行业标准和职业资格证书等外部评价资源，使评价更具社会认可度和实用性。

2. 反馈与改进机制

实践教学评价体系的构建还需要建立完善的反馈与改进机制。通过定期收集学生、教师和企业等各方面的反馈信息，及时发现问题并进行针对性改进。同时，对实践教学成果进行定期总结和评估，总结经验教训并不断优化实践教学方案和方法。这种反馈与改进机制能够确保实践教学始终与岗位需求保持紧密联系，不断提高教学质量和效果。

三、以证书驱动的跨文化交际能力培养与评估

（一）证书体系构建

1. 确立核心证书标准

在构建证书驱动的跨文化交际能力培养体系中，首要任务是确立核心证书标准。这些标准应基于行业需求、教育目标和国际标准，确保证书的权威性和实用性。核心证书标准应涵盖跨文化交际的关键能力，如语言沟通、文化理解、商务礼仪等，并明确各能力的具体要求和评估标准。通过确立这些标准，能够为后续的证书设计、能力培养和评估提供明确的指导。

2. 设计证书等级与路径

证书等级的设置应考虑到学生的不同水平和发展需求，从初级到高级，形成清晰的晋升体系。每个等级应对应具体的能力要求和评估标准，以便学生明确自己的学习目标。同时，设计证书路径时，应充分考虑学生的学习过程和能力提升的逻辑性，确保路径的连贯性和有效性。通过设计合理的证书等级与路径，能够引导学生系统地提升跨文化交际能力，并为学生的职业发展提供有力支持。

上海外语教育出版社跨文化能力测试中心组织专家学者精心研制的以专业的学科理论为支撑、以 CAK 模型为主导推出的跨文化能力大规模标准化考试在国内外均属首例，并且创新性地将考试与竞赛同步实施，展示了外教社在引领跨文化教育、推动具有中国情怀、全球视野和全球胜任力的跨文化人才、服

务国家发展战略方面的胆识、魄力与开创精神。考试内容包括知识、态度、技能和意识四个维度，涵盖六个要素：跨文化交流技能、跨文化认知技能、跨文化态度、跨文化意识、中国文化知识和外国文化知识。考试等级分为初级、中级和高级三个级别。

（二）能力培养与证书对接

1. 课程内容与证书要求融合

为了实现能力培养与证书的对接，课程内容需要与证书要求紧密融合。首先，应分析证书所涵盖的知识点和技能点，确保这些内容在课程中得到充分体现。其次，根据证书的难度等级，调整课程的深度和广度，确保学生在完成课程学习后能够达到相应证书的能力要求。此外，还可以引入证书考试的模拟题和实战案例，帮助学生熟悉考试形式，提升应试能力。通过课程内容与证书要求的融合，不仅能够提高学生的学习积极性和目标导向性，还能够为学生的职业发展奠定坚实基础。

2. 实践教学与证书技能提升

实践教学是培养学生跨文化交际能力的重要环节，也是与证书技能提升紧密相连的关键环节。在实践教学中，应注重培养学生的实际操作能力和问题解决能力，使学生在真实环境中能够灵活运用所学知识。同时，应结合证书的技能要求，设计具有针对性的实践项目，帮助学生在实践中提升证书所需的技能。例如，可以组织学生参与国际文化交流活动、模拟商务谈判等，让学生在实践中锻炼跨文化沟通能力、团队协作能力和应变能力。通过实践教学与证书技能提升的紧密结合，能够更有效地培养学生的跨文化交际能力，并为学生的职业发展提供有力保障。

（三）评估机制与证书挂钩

1. 建立学分互认机制

学分互认机制是证书驱动培养模式中不可或缺的一环。通过建立学分互认机制，学校能够与其他教育机构、行业协会或企业建立合作关系，共同认可学生在跨文化交际课程中所获得的学分。这种机制不仅为学生提供了更广阔的学习空间和更多的学习机会，还能够促进教育资源的共享和优化配置。同时，学分互认也为学生的证书获取和职业发展创造了有利条件，使学生在不同学习阶段都能够得到相应的认证和支持。在实施学分互认机制时，应明确学分互认的标准和程序，确保评估的公正性和透明度。此外，还需加强与合作机构的沟通协调，建立长期稳定的合作关系，共同推动跨文化交际人才培养事业的发展。

2. 证书成果转换与认定

证书成果转换与认定是评估机制与证书挂钩的另一重要环节。学生通过参与证书驱动的跨文化交际能力培养项目，所获得的证书成果应能够得到相应的转换和认定。这不仅能够激发学生的学习动力，还能够为学生的职业发展提供有力支持。为了实现证书成果的转换与认定，需要建立明确的转换规则和认定标准。学校可以与相关机构合作，共同制定证书转换的指导原则和实施细则。同时，应设立专门的认定机构或委员会，负责对学生所获得的证书成果进行认定和评估。这些机构或委员会应具备专业性和权威性，确保认定结果的公正性和可信度。

（四）证书驱动的效果评估与反馈

1. 实施效果跟踪调查

实施效果跟踪调查是评估证书驱动培养模式有效性的重要手段。通过定期对学生进行跟踪调查，可以了解学生在跨文化交际能力培养过程中的学习进展、遇到的问题以及取得的成果。这些数据和信息对于优化培养方案、改进教学方法以及完善评估机制都具有重要意义。在实施效果跟踪调查时，应设计科学合理的调查问卷和访谈提纲，确保能够全面、客观地收集到学生的反馈意见。同时，还应对调查结果进行深入分析，提炼出有价值的信息和建议，为后续的改进工作提供有力支持。

2. 持续改进与优化策略

基于实施效果跟踪调查的结果，学校应制定持续改进与优化策略，不断完善证书驱动的跨文化交际能力培养模式。这包括调整课程设置、优化教学方法、更新教学资源以及改进评估方式等多个方面。通过持续改进和优化，可以确保培养模式的先进性和适应性，更好地满足行业和社会对跨文化交际人才的需求。在实施持续改进与优化策略时，应坚持以学生为中心的原则，关注学生的需求和期望。同时，还应加强与行业企业的沟通与合作，及时了解市场动态和人才需求变化，为培养模式的调整和优化提供有力依据。

四、以赛事为载体，提升学生跨文化交际实战能力

（一）赛事平台搭建与资源整合

1. 构建多层次赛事体系

构建多层次赛事体系是以赛促学的核心环节。通过设立校级、省级、国家级等跨文化交际赛事，能够为学生提供多样化的实践机会和挑战平台。校级赛事作为基础，鼓励学生广泛参与，培养兴趣；省级赛事提升难度，选拔优秀选手；国家级赛事则代表最高水平，展示学生实力。这种递进式的赛事体系，不仅有助于全面培养学生的实战能力，还能激发学生的竞争意识和创新精神。

2.整合优质教学资源

整合优质教学资源对于提升学生跨文化交际实战能力至关重要。通过汇聚校内外专家、教师资源，可以组建专业指导团队，为学生提供高质量的指导和支持。同时，积极引入企业、行业资源，与实际工作场景相结合，丰富赛事内容和形式，使赛事更具实战性和针对性。这种资源整合的方式，能够帮助学生更好地了解行业前沿动态，提升学生的职业素养和综合能力。

（二）赛事设计与组织能力培养

1.创新赛事设计思路

创新赛事设计思路是提升学生实战能力的关键。在设计赛事时，应结合行业需求，设置具有实战性和挑战性的任务，让学生在解决问题的过程中锻炼能力。同时，引入真实案例，模拟跨文化交际实际场景，帮助学生更好地理解和应用所学知识。此外，还可以尝试采用新颖的赛事形式，如团队对抗、角色扮演等，激发学生的参与热情和创新思维。

2.提升学生组织能力

提升学生的组织能力是以赛促学的重要目标之一。在赛事筹备和执行过程中，鼓励学生自主策划、组织活动，能够培养学生的团队协作精神和领导能力。学校可以提供必要的指导和支持，帮助学生明确目标、制订计划、分配任务，确保赛事活动的顺利进行。同时，通过参与组织工作，学生还能更好地了解赛事运作机制，为未来的职业发展打下坚实基础。

（三）以赛促学的实施路径与策略

1.赛前培训与辅导

赛前培训与辅导是以赛促学的重要环节。在赛事开始之前，学校可以组织相关培训，向学生介绍赛事规则、技巧等基础知识，帮助学生更好地了解比赛内容和要求。同时，针对学生的实际情况和需求，提供个性化的辅导和指导，帮助学生解决在备赛过程中遇到的问题和困难。这种有针对性的培训和辅导能够提高学生的参赛信心和水平，为学生在比赛中取得好成绩奠定基础。

2. 赛中实践与锻炼

赛中实践与锻炼是提升学生实战能力的核心环节。在比赛过程中，学生需要运用所学知识解决实际问题，这不仅能够检验学生的学习成果，还能锻炼学生的应变能力和创新思维。学校可以为学生提供必要的支持和保障，确保比赛的顺利进行。同时鼓励学生积极参与比赛、勇于挑战自我、不断尝试新的方法和思路，帮助学生在实践中不断成长和进步。

3. 赛后总结与提升

赛后总结与提升是巩固学生实战能力的重要步骤。在比赛结束后，学校可以组织学生进行总结会议，分享彼此的经验教训和心得体会。通过回顾比赛过程、分析成败原因、总结经验教训，学生能够更好地认识自己的优点和不足，明确未来的努力方向。同时老师可以针对学生的表现进行点评和建议，帮助学生更好地改进和提升自己的实战能力。这种及时有效的反馈机制能够激励学生不断进步和完善自我。

五、以科研为引领，探索跨文化交际教学新路径

（一）教学理论研究与创新

1. 跨文化交际理论的深入挖掘

为了深化跨文化交际教学的研究，首先，需要深入挖掘其相关理论。这意味着，不仅要全面回顾与梳理现有的跨文化交际理论，了解其发展历程、主要观点和应用范围，还要深入探讨这些理论在教学实践中的适用性和局限性。此外，通过与其他相关学科的理论进行对话与融合，可以进一步拓展跨文化交际

理论的深度和广度，为教学实践提供更加坚实和全面的理论支撑。同时，也要关注理论的创新发展，积极探索符合当代社会需求的新的理论观点，以引领跨文化交际教学的新方向。

2. 教学方法的创新研究

教学方法是影响教学质量和效果的关键因素之一。在跨文化交际教学中，传统的教学方法往往难以完全满足学生的需求，因此，需要不断进行教学方法的创新研究。这包括分析当前教学方法的优势与不足，结合新技术、新理念探索新的教学方法，并通过实证研究验证其有效性和可行性。例如，可以尝试将虚拟现实技术、游戏化教学等引入到跨文化交际教学中，以提供更加真实、生动的学习体验，激发学生的学习兴趣和积极性。

（二）教学实践探索与案例分析

1. 跨文化交际教学案例的收集与整理

为了丰富跨文化交际教学的内容和形式，需要广泛搜集和整理国内外成功的教学案例。这些案例可以来自不同领域、不同层次的跨文化交际教学实践，既包括传统的课堂教学案例，也包括在线教育、混合式教学等新兴教学模式下的案例。通过对这些案例的深入分析，可以提炼出共性的教学经验、策略和方法，以及差异性的教学特点和亮点，为跨文化交际教学实践提供更加具体、可操作的参考。

2. 教学实践中的问题与对策研究

在跨文化交际教学实践中，难免会遇到各种问题和挑战。为了更好地解决这些问题，需要深入教学实践一线，发现并记录实际教学中存在的问题，然后运用相关理论和方法进行成因分析，提出针对性的解决对策。这些对策可能包括改进教学内容、调整教学方法、优化教学资源等。同时，还要跟踪对策的实施效果，根据实际情况进行持续的改进和优化，以确保教学质量的稳步提升。

（三）教学资源开发与利用

1. 跨文化交际教材的编写与更新

教材是跨文化交际教学的重要资源之一。为了更好地满足教学的需要，需要编写和更新高质量的跨文化交际教材。这要求首先要深入分析现有教材的优缺点，明确新教材编写的目标和要求。然后，结合最新的跨文化交际理论和实践成果，以及当代社会的实际需求，进行教材内容的选取和设计。新教材应该注重实用性和时效性，既要包含基础的理论知识和必要的语言技能练习，又要提供丰富的实例分析和文化对比内容，以帮助学生更好地理解和应用所学知识。此外，还要定期更新教材内容，以确保其与时俱进、适应不断变化的社会环境和学生需求。

2. 多媒体与网络教学资源的整合

随着信息技术的快速发展，多媒体和网络教学资源在跨文化交际教学中的作用越来越重要。为了更好地利用这些资源，需要进行有效的整合和优化工作。这包括搜集和整理网络上的优质教学资源，如在线课程、教学视频、互动学习平台等，然后根据教学需求和学生特点进行筛选和分类。同时，还要积极开发适合跨文化交际教学的多媒体教学课件和工具，如交互式电子教材、在线测试系统等，以提高教学的互动性和趣味性。最后，通过搭建在线教学平台或利用现有的在线教育平台，可以实现资源的共享和高效利用，为学生提供更加便捷、灵活的学习途径和方式。

第六章
跨文化交际能力的师资队伍建设

第一节
师资队伍的重要作用与地位

一、外语专业跨文化交际中师资队伍建设的重要性

（一）提升教学质量与效果

跨文化交际能力的培养确实是外语专业的核心目标之一，其重要性不容忽视。在当前全球化的背景下，具备跨文化交际能力的人才需求日益增长，而外语专业正是培养这类人才的主阵地。拥有高素质、专业化的师资队伍对于实现这一目标具有举足轻重的作用。高素质、专业化的师资队伍意味着教师们不仅具备深厚的语言功底，还熟悉不同文化背景下的交际规则和策略。

教师在教学过程中，不仅能够准确地传授语言知识，还能结合文化因素，引导学生深入理解语言的实际运用。这样的教学方式不仅丰富了教学内容，还使得学生在学习外语的同时，能够更好地理解和尊重不同的文化，提升教师的全球视野和跨文化意识。更为重要的是，这些优秀的教师还能通过实例分析、角色扮演等多样化的教学方法，模拟真实的跨文化交际场景，让学生在实践中学习和运用所学知识。这样的教学方式不仅能够提升学生的语言应用能力，还能培养教师的应变能力和解决问题的能力，使教师在未来的实际交流中更加得心应手，自信从容。因此，加强外语专业师资队伍的建设，提升教师的跨文化交际能力，对于提高教学质量，培养具备全球视野和跨文化交际能力的人才具有深远的意义。

（二）促进学生全面发展

优秀的外语教师深知，语言不仅仅是交流的工具，更是文化的载体。因此，教师在教学过程中，既要关注学生的语言技能提升，又要致力于培养学生的国际视野和跨文化意识。这样的教学理念，旨在将学生培养成为既具备专业技能，又拥有广阔视野和深厚人文素养的复合型人才。为了实现这一目标，优秀的外语教师会运用丰富多样的教学方法和手段。教师可能会采用情景模拟、角色扮演等互动式教学方式，让学生在轻松愉快的氛围中学习外语，同时加深对不同文化的理解和尊重。此外，教师还会引入多媒体和网络教学资源，为学生提供更加真实、生动的语言学习环境，从而激发学生的学习兴趣和积极性。除了语言技能的培养，这些教师还注重培养学生的创新思维和批判性思维。教师鼓励学生勇于尝试、敢于创新，不断挑战自己的语言和文化认知边界。同时，教师也引导学生学会独立思考、理性分析，对不同文化现象进行深入的剖析和反思。

（三）推动学科建设与发展

跨文化交际作为一门高度综合性的学科，涵盖了语言学、文化学、心理学等多个领域，其复杂性和多元性使得师资队伍建设显得尤为重要。一个高素质的教师队伍，对于推动跨文化交际学科的整体发展具有不可替代的重要意义。这样的教师队伍具备深厚的学术素养和敏锐的洞察力，能够紧跟学科前沿动态，及时捕捉并研究新兴的跨文化交际现象和问题。教师通过开展深入的科学研究，不断探索和揭示跨文化交际的内在规律和特点，从而不断丰富和完善跨文化交际的理论体系。这不仅为学科的发展提供了坚实的理论支撑，也为实践教学提供了有力的指导。同时，高素质的教师队伍还具备广泛的国际视野和丰富的学术交流经验。教师能够通过学术交流、合作研究等方式，积极促进国内外相关领域的互动与合作，推动跨文化交际学科的国际化发展。这种跨文化的交流与合作，不仅有助于提升学科的国际影响力，还能够为培养具有国际竞争力的跨文化交际人才创造更为有利的条件。

（四）增强学校竞争力与影响力

拥有优秀的外语专业跨文化交际师资队伍，无疑是学校提升整体竞争力和社会影响力的重要砝码。这样的师资队伍不仅代表着学校在外语教学和研究领域的专业水准，更是学校吸引和培养优秀人才的关键因素。首先，优秀的师资队伍能够凭借其卓越的教学水平和丰富的实践经验，吸引更多的优质生源。学生们在选择学校时，往往会将师资力量作为重要的考量因素。一支高素质、专业化的跨文化交际师资队伍，意味着学生将有机会接受到更高质量的教育和培训，从而在未来的职业生涯中占据更有利的竞争地位。其次，这样的师资队伍还能够显著提高毕业生的就业质量和社会认可度。在全球化日益加剧的今天，具备良好跨文化交际能力的毕业生无疑更受用人单位的青睐。而优秀的师资队伍正是培养学生这一能力的重要保障。教师的辛勤付出和精心指导，使得学生在毕业时能够具备扎实的语言基础、敏锐的跨文化意识和出色的交际能力，从而轻松应对各种复杂的国际交流场景。此外，师资队伍的教学和研究成果也是提升学校学术声誉和社会影响力的重要途径。教师通过发表高水平的学术论文、参与国内外重要学术会议、承担重大科研项目等方式，不断展示学校在跨文化交际领域的最新研究成果和学术实力。这不仅有助于提升学校的整体形象和知名度，还能够为学校赢得更广泛的社会支持和资源投入，从而推动学校的持续发展和进步。

二、外语专业跨文化交际中师资队伍建设的作用

（一）提升教学质量，培养国际化人才

1. 优化教学模式与方法

高素质、具备跨文化交际能力的师资队伍对于提升教学质量至关重要。教师不仅精通外语知识，更能够运用先进的教学理念和多样化的教学手段，为外语课堂注入新的活力。这些教师深知，传统的教学模式已无法满足当代学生的需求，因此教师勇于创新，通过情景模拟、角色扮演等互动性强的教学方法，让学生在轻松愉快的氛围中学习外语。在这样的教学模式下，学生不仅能够提升语言技能，更能够在真实的语言环境中锻炼自己的实际运用能力，从而提高教学效果，为培养国际化人才奠定坚实基础。

2. 培养学生全球视野

在全球化日益加速的今天，培养学生的全球视野显得尤为重要。具备跨文化交际能力的教师深知这一点，教师通过引入国际案例、开展跨文化对比等活动，引导学生关注全球问题，拓宽国际视野。在这样的教学过程中，学生不仅能够了解不同文化背景下的价值观和行为方式，更能够学会尊重和理解多元文

化，培养自己的全球意识和跨文化适应能力。这样的教育环境有助于学生成长为具有国际视野和跨文化交流能力的优秀人才，为未来的职业发展和国际合作打下坚实的基础。同时，这也体现了高素质师资队伍在培养学生全球视野方面的重要作用。教师不仅传授知识，更致力于培养学生的综合素质和全球竞争力，为培养国际化人才贡献自己的力量。

（二）推动学科建设与学术研究

1. 促进学科交叉融合

跨文化交际不仅仅局限于语言层面，它更是一个融合了语言学、文化学、心理学、社会学等多学科的广阔领域。优秀的师资队伍深知这一点，教师具备跨学科的知识背景和研究能力，能够游刃有余地在不同学科间穿梭，寻找共同的研究话题和切入点。这样的师资队伍是推动外语专业与其他学科深度合作的关键力量。教师通过组织跨学科研讨会、搭建合作平台等方式，促进不同学科之间的交流与碰撞，共同开展跨学科研究，为培养既精通外语又具备其他专业技能的复合型人才提供了有力支持。这种学科交叉融合的趋势不仅有助于提升学生的综合素质，也为学术研究注入了新的活力。

2. 引领学术前沿动态

在快速发展的全球化时代，跨文化交际领域的学术前沿动态日新月异。高素质的教师队伍具备敏锐的学术洞察力和不懈的创新精神，教师时刻关注着国内外的最新研究成果和学术动态，能够紧跟学科前沿，甚至引领学术研究方向。教师通过参与国际学术交流会议、与国外知名学者合作研究、发表高水平学术论文等方式，不断将最新的学术思想和研究成果引入课堂，让学生了解最前沿的学术动态，培养学生的创新意识和研究能力。同时，教师的学术成就也提升了学校在外语专业跨文化交际领域的学术声誉和影响力，为学校赢得了更广泛的学术认可和资源支持。这样的师资队伍是学校学术发展的重要推动力，为学校的长期发展注入了源源不断的活力。

（三）增强学校竞争力与社会影响力

1. 吸引优质生源与师资

优秀的师资队伍是学校宝贵的资源，教师不仅在学术上有所建树，更能够以其卓越的教学水平和独特的人格魅力，吸引更多具有潜力的学生和教师慕名而来。这样的师资队伍，无疑是学校声誉和品牌的最佳代言人。教师的学术成就和丰富的教学经验，成为学校宣传的亮点，使得学校在激烈的教育竞争中脱颖而出。随着知名度和吸引力的提升，学校能够吸引到更多的优质生源和教师加入，为学校的长期发展注入源源不断的活力，进一步夯实了学校在社会和教育界的地位。

2. 拓展国际合作与交流渠道

在全球化日益深入的背景下，具备跨文化交际能力的教师显得尤为宝贵。教师不仅能够以开放的心态和专业的素养，与国外同行进行深入的学术交流，更能够积极拓展国际合作与交流渠道，为学校搭建起国际化的发展平台。通过与国际知名高校或研究机构建立稳固的合作关系，开展师生互派、合作研究等多样化项目，教师为学校引入了国际化的教育资源，促进了国际间的教育交流与合作。这些合作项目的成功开展，不仅提升了学校的国际影响力，也为学生提供了更为广阔的国际视野和职业发展道路。学生们在参与这些项目的过程中，不仅能够增强自身的跨文化交流能力，更能够以此为契机，开启自己的国际职业生涯，为未来的发展奠定坚实的基础。

三、外语专业跨文化交际中师资队伍的地位

（一）师资队伍是跨文化交际教学的核心

1.传授知识与技能的关键角色

在外语专业跨文化交际教学中，师资队伍的地位举足轻重，教师是传授知识与技能的关键角色。这些教师不仅精通外语语言知识，更能够深入剖析不同文化背景下的交际规则和策略，为学生提供全面的跨文化交际指导。教师通过丰富多样的教学方法和手段，激发学生的学习兴趣和潜能，帮助学生在掌握外语知识的同时，提升跨文化交际能力。师资队伍的专业素养和教学水平，直接关系到学生的学习效果和未来的职业发展。优秀的师资队伍能够为学生打下坚实的基础，使教师在面对不同文化背景的交际场景时，能够自信、准确地运用所学知识和技能，实现有效沟通。

2.塑造学生跨文化意识的重要力量

在培养学生跨文化意识方面，师资队伍同样发挥着不可替代的作用。教师深知跨文化意识的培养是一个长期且系统的过程，需要通过各种教学手段和实践活动来不断强化和巩固。因此，这些教师注重在课堂上引入多元文化元素，通过生动的案例和真实的跨文化交际场景，帮助学生增强对不同文化的敏感性和包容性。教师鼓励学生积极参与跨文化交流活动，亲身体验不同文化的魅力，从而培养学生的全球视野和跨文化合作能力。师资队伍的引导与示范，对学生形成正确的跨文化认知和行为习惯具有深远影响。在教师的悉心指导下，学生能够更加自信地面对不同文化背景的挑战，成为具备高度跨文化意识的优秀人才。

（二）师资队伍是学科建设与发展的推动力

1. 引领学科研究方向与趋势

高素质的师资队伍在跨文化交际学科建设中扮演着引领者的角色。教师具备深厚的学术素养，对学科的发展历史和现状有着深入的了解，同时，教师还具备敏锐的研究洞察力，能够准确把握学科的发展方向与趋势。这些教师通过开展前沿性、创新性的研究，不断为学科发展注入新的动力，推动学科不断向前发展。教师的研究成果不仅丰富了学科的理论体系，还为实践教学提供了有力的支撑。在教师的引领下，跨文化交际学科能够紧跟时代步伐，不断适应社会发展的需求，为培养具备跨文化交际能力的人才提供坚实的学科基础。

2. 促进学科交叉与融合创新

在跨文化交际学科建设中，师资队伍的跨学科背景和研究能力成为推动学科交叉与融合创新的关键因素。这些教师不仅精通本学科的知识和技能，还具备其他学科的知识和视野。教师积极寻求与其他学科的合作与交流，通过跨学科的视角和方法，共同探索跨文化交际的新领域、新问题。这种跨学科的交叉与融合，不仅为学科的发展带来了新的机遇和挑战，还为解决复杂的跨文化交际问题提供了全新的思路和方法。在教师的努力下，跨文化交际学科与其他学科相互渗透、相互促进，共同推动着学科的繁荣与发展。这种创新性的学科交叉与融合，为培养具备综合素质和创新能力的人才提供了有力的支撑。

（三）师资队伍是学校国际交流与合作的桥梁

1. 拓展国际合作渠道与资源

在全球化日益加速的当下，具备跨文化交际能力的师资队伍成为学校开展国际交流与合作不可或缺的重要桥梁。这些教师凭借自身卓越的外语能力和深厚的跨文化背景，积极地与国外高校、研究机构等建立起紧密的合作关系。教师通过互访交流、共同举办学术会议、开展合作研究项目等多种形式，为学校引进了丰富的优质教育资源，同时，也为学校搭建起了广阔的国际合作平台。这些合作为学校注入了新的活力，推动了教育教学的国际化进程，也使得学校在国际教育舞台上占据了更为重要的位置。

2. 提升学校国际影响力与竞争力

师资队伍的国际化水平和跨文化交际能力，不仅关乎学校的教学质量，更直接影响着学校的国际影响力和竞争力。这些教师经常参与国际学术会议，与世界各地的学者进行深入的学术交流与研讨，积极发表高水平的研究成果。这些学术活动不仅展示了学校的研究实力和学术水平，也极大地提升了学校在国际学术界的知名度和影响力。同时，教师的卓越表现还能够吸引更多的国际学生和国际合作项目，进一步增强了学校的国际化程度和综合竞争力。在教师的努力下，学校逐渐成了国际教育界的重要一员，为推动全球教育交流与合作发挥着积极作用。

第二节　师资队伍的国际化交流与合作

一、国际化交流与合作的背景与意义

随着全球化的不断深入，国际间的交流与合作变得日益频繁和紧密。对于外语专业的师资队伍而言，国际化交流与合作不仅是一种趋势，更是提升自身跨文化交际能力、专业素养和教学水平的关键途径。通过与国外高校、研究机构的深入交流与合作，外语专业的师资队伍得以跨越国界，置身于一个更为广阔的学术环境中。这不仅让他们有机会接触到前沿的学术研究和多元的教育理念，还使他们能够亲身感受并学习不同文化背景下的教学方法和策略。这种经历不仅能够极大地丰富他们的教学视野，更有助于他们在跨文化交际教学中游刃有余。国际化交流与合作的深远影响不仅仅体现在教师个人的成长与进步上。更为重要的是，这些交流与合作所带来的先进教学理念和方法，以及丰富的跨文化交际经验，都会被教师们带回到自己的学校，融入日常的教学和管理中。这无疑会极大地推动学校整体教学质量的提升，使学校在国际教育竞争中占据更为有利的地位。此外，国际化交流与合作还能够为学校搭建起一个更为广阔的国际平台，增强学校的国际影响力和知名度。通过与国外高校、研究机构的紧密合作，学校能够吸引到更多的国际优质教育资源，为学生提供更为丰富和多样化的学习选择。这不仅有助于培养学生的国际视野和跨文化交际能力，更为他们未来的职业发展奠定了坚实的基础。

二、国际化交流与合作的模式与渠道

（一）互访与交流

1. 教师互派与学术访问

教师互派与学术访问是国际化交流与合作中极为重要的组成部分。通过教师互派，双方学校得以实现深度的教育资源共享和学术交流。这种交流方式不仅意味着教师的物理移动，更代表着知识、经验和文化的流动与融合。在互派期间，教师们有机会亲身参与对方学校的教学与研究活动中，深入了解其教育理念、教学方法和学术氛围。这种沉浸式的体验能够让教师们从新的角度审视自己的教学实践，并汲取灵感以丰富自身的教学策略。同时，教师们还能够与对方学校的同行建立紧密的合作关系，共同开展研究项目，推动学术进步。学术访问则提供了更为灵活的交流方式。无论是单个教师还是教师团队，都可以通过学术访问的形式，到访对方学校举办讲座、研讨会或其他形式的学术交流。

这种交流方式不仅有助于增进双方的了解和友谊，还能够为教师们提供一个展示自身研究成果、分享教学经验的平台。通过学术访问，教师们可以接触到更广泛的学术观点和思想，从而拓宽自身的学术视野，提升专业素养。

2. 学生交流与实习项目

学生交流与实习项目是国际化交流与合作中不可或缺的重要组成部分。除了教师层面的交流，学生之间的国际互动同样至关重要，因为它直接关系到学生的成长和未来职业发展。学校通过精心组织学生参与短期的访学与实习项目，为他们提供了一个难得的机会，去亲身体验不同国家的文化、教育和生活方式。这种体验不仅能够极大地拓宽学生的国际视野，还能够增强他们对多元文化的理解和尊重。在访学过程中，学生们有机会与国外的学生和教师进行深度的学术交流，从而激发新的学术灵感和研究兴趣。同时，长期的双学位合作项目更是为学生提供了一个系统、全面的国际化教育平台。通过参与这类项目，学生可以在两个不同的国家、两所不同的高校中分别学习，获得双重的学术熏陶和文化浸染。这种独特的学习经历不仅能够提升学生的学术水平，更能够锤炼他们的跨文化交际能力，为他们未来在全球化的职场中脱颖而出奠定坚实基础。

（二）合作研究与项目

1. 联合研究项目

联合研究项目是国际化交流与合作中一种深层次的合作模式。双方学校通过共同申请和承担国际级或区域级的科研项目，能够集结彼此的学术力量和研究资源，共同攻克某一领域的学术难题或解决实际问题。这种合作方式不仅提升了研究的水平和质量，更促进了科研的深入发展。在联合研究项目中，双方可以共享实验设备、数据和研究成果，从而加速科研的进程。同时，不同文化背景下的学者们相互碰撞、交流，有助于产生新的学术思想和观点，推动相关领域的创新与发展。这种合作模式对于培养具有国际视野和合作精神的科研人才也具有重要意义。

2. 学术成果共享与发布

在合作研究过程中，学术成果的共享与发布是双方合作能否取得实效、能否长远发展的关键所在。为了确保双方都能从合作中获得应有的收益，必须建立起明确、公平、高效的研究成果共享和发布机制。这一机制不仅要能保障双方的权益，更要能激发双方深入合作的积极性。具体来说，联合发表学术论文是这一机制的重要组成部分。通过共同撰写和发表高水平学术论文，双方能够充分展示合作研究的成果，进而提升各自的学术影响力。这不仅有助于巩固双方在学术界的地位，还能够为后续的合作研究吸引更多的资源和关注。同时，共同申请专利也是保护创新成果、推动技术转化和应用的重要手段。在合作过程中，双方应明确各自在专利申请和权益分配方面的责任和义务，确保创新成果能够得到合理的保护和利用。这不仅能够避免可能的纠纷和冲突，还能够为双方带来实实在在的经济利益。此外，合作出版学术著作也是系统总结研究成果、为学术界提供有价值参考的重要途径。通过合作出版，双方可以对合作研究的成果进行全面的梳理和归纳，形成具有深度和广度的学术著作。这不仅有助于提升双方在学术界的声誉和影响力，还能够为相关领域的研究者提供宝贵的参考和借鉴。

（三）学术会议与论坛

1. 定期学术会议与研讨会

定期学术会议与研讨会是推动学术交流与合作的重要途径。通过定期举办这类活动，双方能够针对某一学术主题或领域，邀请国内外的知名学者和专家进行深入探讨和交流。这种集中的学术研讨不仅为参与者提供了一个分享研究成果、交流学术观点的平台，更有助于促进学术思想的碰撞和创新，从而推动相关领域的学术进步。在定期学术会议与研讨会上，与会者可以围绕特定议题展开热烈讨论，分享最新的研究成果和学术动态。通过与不同背景的学者交流，大家能够互相启发，发现新的研究思路和方法，进一步丰富和完善自己的学术体系。同时，这类活动也为年轻学者提供了展示才华的机会，有助于培养他们的学术自信和成长。

2. 国际学术论坛与展览

国际学术论坛与展览是更具规模和影响力的学术交流活动。除了定期的学术会议，双方还可以共同策划和组织这类大型活动。这些论坛和展览通常汇聚了来自世界各地的顶尖学者和专家，他们围绕前沿学术议题展开深入探讨，展示最新的科研成果和创新技术。通过参与国际学术论坛与展览，学校能够获得更多的国际曝光度和影响力，提升其在全球教育领域的地位和声望。同时，这类活动也为教师们提供了与世界各地同行交流的平台，有助于他们拓宽学术视野，了解国际学术动态，提升自身的学术水平和影响力。此外，学生们也有机会接触到更多的国际化学术资源，为他们的学术研究和未来发展奠定坚实基础。

三、国际化交流与合作的挑战

（一）语言与文化差异挑战

1. 沟通障碍问题

（1）外语水平限制

尽管外语专业教师通常被认为是语言高手，但在国际化交流与合作的实际场景中，他们仍可能遇到语言障碍。特别是在非通用语种或专业术语方面，这种限制尤为明显。例如，某些特定领域的专业词汇可能在另一种语言中并没有直接对应的表达，这就需要教师花费额外的时间和精力去查找和学习。此外，即使双方都能使用同一种语言进行交流，由于口音、语速、表达习惯等方面的差异，也可能导致沟通不畅或误解。为了克服这些语言障碍，外语专业的教师需要不断提升自己的语言能力，尤其是听力和口语能力。同时，他们还需要积极学习并掌握各种专业术语的准确表达，以便在国际化交流与合作中能够准确无误地传达自己的意思。此外，利用现代科技手段如翻译软件、语音识别等也可以在一定程度上帮助教师解决语言障碍问题。

（2）文化误解与冲突

文化差异是国际化交流与合作中不可避免的问题。由于不同文化背景下的人们在价值观念、思维方式、行为习惯等方面存在差异，因此很容易导致误解和冲突。这种误解和冲突不仅会影响双方的合作效果和深度，甚至可能导致合作关系的破裂。为了避免文化误解与冲突，外语专业的教师需要具备跨文化交际能力。这包括对不同文化的敏感性和包容性，能够理解和尊重对方的文化习俗和价值观念。同时，教师还需要学会在跨文化交流中灵活应对各种情况，及时调整自己的沟通策略，以确保信息的准确传递和合作关系的顺利进行。此外，通过参加跨文化培训、阅读相关书籍、与来自不同文化背景的人交流等方式，也可以帮助教师提升跨文化交际能力。

2. 教学与合作模式调整

（1）教学方法与理念差异

在国际化交流与合作中，教学方法与理念的差异是一个显著的挑战。不同国家和地区的教育体系、文化背景以及教育理念都深刻地影响着教师的教学方式。例如，某些文化可能更强调学生的主动参与和批判性思维，而另一些文化则可能更注重知识的传授和教师的权威。这种差异可能导致在合作过程中出现教学上的摩擦和不协调。为了应对这一挑战，教师需要具备开放的心态和灵活的教学能力，不仅需要了解并尊重不同文化背景下的教育理念，还需要在实际教学中根据合作方的需求和学生的特点进行调整。这可能包括改变教学方法、调整教学内容，甚至重新设计课程框架。通过不断地学习和实践，教师可以逐渐找到适合国际合作环境的教学方式，从而提高教学效果和合作满意度。

（2）合作模式创新需求

传统的合作模式，如定期的学术交流、师生互派等，虽然在促进国际化交流方面发挥了一定的作用，但在面对日益复杂多变的全球教育环境时，可能显得力不从心。因此，探索和创新更多元化、灵活的合作模式成为迫切的需求。为了满足这一需求，外语专业教师需要积极关注国际教育领域的最新动态，了解并尝试各种新兴的合作模式。例如，可以利用现代信息技术手段，如在线教育平台、虚拟现实技术等，打破时空限制，实现远程合作与教学。同时，还可以尝试开展跨学科、跨领域的合作项目，以拓宽合作视野，增强合作的深度和广度。通过不断地创新和实践，教师可以找到更加适合当前教育环境的合作模式，从而推动外语专业师资队伍的国际化交流与合作向更高层次发展。

（二）资源与支持体系挑战

1. 资金与资源限制

（1）合作经费不足

国际化交流与合作项目往往涉及多方面的费用，包括差旅费、住宿费、会议费、项目研究费等，这些都需要充足的资金支持。然而，在实际操作中，资金筹措经常面临各种困难。一方面，政府或学校的经费支持可能有限，无法满足所有项目的需求；另一方面，寻求外部赞助或捐赠也可能遭遇挑战，如赞助方撤资、捐赠额度减少等。这种资金不足的情况会严重限制项目的规模和范围，甚至可能导致一些有价值的合作项目无法启动或中途夭折。为了应对这一挑战，外语专业教师需要积极寻求多元化的资金来源。例如，可以与多个赞助方建立长期合作关系，共同支持项目的开展；还可以尝试通过众筹、社会捐赠等方式筹集资金。同时，提高项目自身的吸引力和影响力也是关键，这有助于吸引更多的外部支持和资源。

（2）教学与研究资源匮乏

在国际化交流与合作中，教学与研究资源的丰富程度直接影响项目的质量和效果。部分外语专业可能由于历史原因、地理位置或经济条件等限制，缺乏先进的教学设备和研究资料。例如，一些地区可能无法获得最新的语言教学软件、语料库或研究数据库等资源，这无疑会制约教师在国际合作中的表现。同时，缺乏国际合作经验也可能导致教师在面对不同文化背景和教育体系的合作伙伴时感到力不从心。为了解决这一问题，外语专业教师需要积极争取学校和外部机构的支持，加大对教学和研究资源的投入。这包括引进先进的教学设备、购买或共享研究资料、加强与国际同行的交流与合作等。此外，教师还可以通过参加专业培训、研讨会等活动，提升自己的专业素养和国际合作能力。通过这些努力，教师可以逐渐克服资源匮乏带来的挑战，推动国际化交流与合作的深入发展。

2.支持体系不完善

（1）缺乏专业指导与支持

在国际化交流与合作的过程中，专业的指导与支持对于教师来说至关重要。然而，实际情况是，许多教师在这一过程中可能感到孤立无援，缺乏来自专家或同行的有力指导。这可能导致他们在面对复杂的国际合作环境时感到迷茫，无法有效地应对各种挑战和问题。例如，在处理文化差异、教学方法调整或科研合作等方面，缺乏专业指导的教师可能会走弯路，甚至遭遇失败。为了改善这一状况，相关机构和部门应加大对教师的支持力度，提供专业的指导和培训。这可以包括组织定期的国际化交流研讨会、邀请专家举办讲座或工作坊、建立教师互助小组等。通过这些措施，教师可以获得更多的专业知识和技能，增强教师在国际化交流与合作中的自信心和应对能力。

（2）合作平台与渠道

稳定的合作平台和渠道是国际化交流与合作得以顺利进行的基础。然而，部分外语专业可能由于各种原因面临合作平台不稳定、渠道有限的问题。这可能是由于缺乏稳定的合作伙伴关系、资金和资源限制，或者政策和制度障碍等原因造成的。这种情况会严重制约教师的国际交流与合作活动，限制他们获取国际资源和信息的能力。为了拓展合作平台和渠道，教师需要积极寻求和建立稳定的合作伙伴关系。这可以通过参加国际会议、加入专业学术组织、利用学校或机构的国际合作项目等途径实现。同时，教师还可以利用现代信息技术手段，如在线教育平台、社交媒体等，打破时空限制，与全球范围内的同行进行交流和合作。通过这些努力，教师可以逐渐建立起一个多元化、稳定的国际合作网络，为教师的国际化交流与合作活动提供有力支持。

（三）政策与制度环境挑战

1. 教育政策差异
（1）学历与学位认证问题

在国际化交流与合作中，学历与学位认证是一个重要环节，它关系到教师和学生的学术成果能否得到国际认可，进而影响他们的国际流动和职业发展。然而，由于不同国家和地区的教育政策、学制、学位制度等方面存在差异，这可能导致学历和学位认证困难。例如，某些国家可能不承认其他国家或地区的学历或学位，或者在认证过程中设置诸多限制和条件。为了解决这一问题，需要加强国际间的学历与学位互认机制建设，推动各国教育政策的沟通与协调。同时，教师和学生在进行国际交流与合作前，也应提前了解并熟悉目标国家或地区的学历与学位认证政策和程序，以避免因认证问题而带来的不便和损失。

（2）合作项目审批与监管

国际合作项目通常需要经过相关部门的审批和监管，以确保项目的合法性、合规性和质量。然而，由于不同国家和地区的政策差异，这可能导致审批流程复杂、耗时长，甚至可能出现项目被搁置或否决的情况。例如，某些国家可能对外国教育机构在本国开展合作项目有严格的限制和审查要求，或者对项目的实施过程进行密切的监管和评估。为了应对这一挑战，教师在策划和申请国际合作项目时，应充分了解并遵守目标国家或地区的政策和法规，同时积极与相关部门进行沟通和协调。此外，还可以寻求专业的项目管理和法律咨询机构的帮助，以确保项目的顺利推进和合规性。同时，教育机构和政府部门也应加强合作，推动国际合作项目的简化审批流程和高效监管机制的建设，为教师的国际化交流与合作提供更好的政策环境。

2. 知识产权保护风险

（1）科研成果归属与分享争议

在国际化交流与合作中，科研成果的归属和分享问题往往成为敏感且复杂的议题。由于合作双方可能来自不同的国家或地区，拥有不同的法律体系和研究惯例，因此在科研成果的权属、使用、转让及收益分配等方面容易产生分歧和争议。这种争议不仅可能影响双方的合作关系和信任基础，还可能涉及知识产权保护和利益分配等深层次问题。为了避免这类争议，合作双方应在项目开始前就明确科研成果的归属和分享原则，签订详细的合作协议，并在必要时寻求专业法律人士的帮助。

（2）学术不端行为防范

学术不端行为是国际化交流与合作中需要严加防范的问题。在合作过程中，个别人员可能出于各种目的，采取抄袭、篡改、伪造等不正当手段，损害学术诚信和合作质量。这种行为不仅严重违背学术道德和职业操守，还可能对合作项目的声誉和成果造成不可挽回的损害。因此，合作双方应共同建立严格的学术规范和监督机制，加强对合作过程的监管和审核，确保所有参与人员都遵守学术诚信原则，维护合作的纯洁性和高质量。

第三节　师资队伍的跨文化素养提升路径

一、跨文化素养的理念与重要性

（一）跨文化素养的定义与内涵

跨文化素养是个体在全球化时代必备的核心能力，尤其在跨文化交流中显得尤为重要。它不仅仅局限于表面的文化礼仪和习俗的了解，更深入到对不同文化深层次结构、价值观以及行为模式的全面认知。对于外语教师而言，跨文化素养的要求远超过单纯的语言教学技能。外语教师作为学生接触外部世界的重要窗口，其跨文化素养的高低直接影响到学生能否真正理解和接纳不同的文化观念。教师不仅需要精通所教授的语言，更需要深入挖掘每一种语言背后所蕴藏的丰富文化内涵。这包括历史背景、社会习俗、宗教信仰、艺术表现等多个层面。只有这样，教师才能在教学中生动地展现目标文化的全貌，激发学生对不同文化的兴趣和好奇心。同时，跨文化素养也要求外语教师具备高度的文化敏感性和文化适应性。在与来自不同文化背景的学生交流时，教师需要能够敏锐地察觉到学生的文化需求和潜在的文化冲突，并灵活地调整自己的教学策略，以确保信息的有效传递和沟通的顺畅进行。此外，教师还需要培养学生以批判性的眼光看待各种文化现象，既不盲目崇拜也不一概排斥，而是能够在理解和尊重的基础上做出独立的判断和选择。

（二）全球化背景下的跨文化素养需求

随着全球化的浪潮席卷而来，国际间的交流与合作已经变得比以往任何时候都更加紧密和频繁。在这个大背景下，跨文化素养已经从一种可选技能转变为 21 世纪人才的必备能力。特别是在外语教育领域，这种转变尤为明显。外语教师，作为语言与文化的传播者，其角色和任务在全球化时代被赋予了新的内涵。教师不仅是教授语言的导师，更是培养学生全球视野和跨文化交际能力的引路人。具备跨文化素养的外语教师，能够更好地理解和适应不同文化背景下的交流方式，从而在国际舞台上展现出更强的竞争力。更重要的是，外语教师的跨文化素养对学生产生着深远的影响。通过教师的引导和示范，学生能够更加开放地接纳和理解多元文化，培养出真正的全球视野。这种全球视野不仅有助于学生在未来的职业生涯中更好地融入国际环境，还能够增强学生的创新能力和解决问题的能力。为了适应全球化带来的挑战和机遇，外语教师必须不断更新自己的知识体系，积极提高跨文化交流能力。这意味着教师需要持续学习，关注国际动态，了解不同文化的最新发展，以便更好地满足学生的需求并引领学生走向成功。

（三）跨文化素养在外语教学中的作用

跨文化素养在外语教学中的重要性不容忽视，它像一座桥梁，连接着教师和学生，在语言和文化的传递过程中发挥着至关重要的作用。对于外语教师而言，跨文化素养是深入理解和准确传授语言文化知识的关键。语言和文化是密不可分的，每一种语言都蕴含着丰富的文化内涵。只有具备了跨文化素养，教师才能充分挖掘教材中的文化元素，将语言教学与文化教学有机结合起来，从而帮助学生更好地理解和掌握所学语言。这种深入的文化理解不仅能够提升教师的教学效果，还能够增强学生的学习兴趣和动力。跨文化素养有助于培养学生的跨文化交际能力。在多元文化环境中，学生需要具备与不同文化背景的人进行有效沟通的能力。通过在外语教学中融入跨文化素养的培养，教师可以帮助学生了解不同文化间的差异，提高学生的文化敏感性和适应性，从而使学生能够更好地应对跨文化交际中的挑战。这种能力的培养不仅对学生的个人发展具有重要意义，也是提升学生国际竞争力的重要途径。此外，跨文化素养还能够激发教师的教学创新。具备跨文化素养的教师往往具有更开阔的视野和更灵活的思维方式，能够根据不同的文化背景和学生需求，创新教学方法和手段，从而激发学生的学习兴趣和积极性。

（四）跨文化素养与教师专业发展

跨文化素养对于外语教师而言，不仅是专业成长的必备要素，更是应对教育国际化挑战的关键能力。随着全球教育交流的日益密切，外语教师已经不再是单纯的语言知识传授者，而是更多地扮演着跨文化交流桥梁的角色。教师需要引导学生跨越文化鸿沟，培养学生在多元文化环境中自如交流的能力。为了实现这一角色的转变，外语教师必须努力提升自身的跨文化素养。这意味着教师需要深入了解不同文化的内涵和特点，学会在尊重文化差异的基础上进行有效沟通。通过这一过程，教师的国际视野将得到极大拓宽，能够更加自信地面对不同文化背景的学生和教学内容，从而提升自己的教学水平和专业满意度。

二、外语教师的跨文化知识构建

（一）目标文化知识

外语教师的核心任务之一是传授目标文化知识，这涉及对目标语言国家的历史、地理、政治、经济、社会习俗和文学艺术的深入理解。为了构建完善的目标文化知识体系，教师需要持续学习和研究，通过阅读经典文献、参加专业研讨会、实地考察等多种方式，不断更新和丰富自己的知识储备。此外，教师还应关注目标文化的最新发展动态，以便及时将最新信息融入教学之中。目标文化知识不仅是外语教学的基础，也是培养学生跨文化交际能力和全球视野的关键。只有具备了深厚的目标文化知识，教师才能在教学过程中游刃有余，引导学生深入理解目标文化的精髓，从而提高外语教学的质量和水平。

（二）跨文化交际能力

跨文化交际能力对于外语教师而言至关重要，它是教师在国际交流中有效沟通、准确传达信息的关键。为了培养这种能力，教师需要增强文化敏感性，能够迅速识别并尊重不同文化背景中的价值观和行为习惯。同时，教师还应提高文化适应性，灵活应对各种跨文化交际场景，确保信息的顺畅传递。此外，批判性思维也是跨文化交际能力的重要组成部分，它有助于教师理性分析文化差异，避免刻板印象和偏见。为了不断提升跨文化交际能力，教师应积极参与国际交流活动，与来自不同文化背景的人进行广泛而深入的交往，从中汲取经验和智慧。

（三）跨文化教学策略

在外语教学中，实施有效的跨文化教学策略是培养学生跨文化意识和能力的关键环节。教师应根据教学内容和学生特点，精心设计和运用各种教学策略。例如，采用文化对比法，通过比较不同文化间的异同点，帮助学生建立文化敏感性和宽容心态；运用文化体验法，创设真实的语言文化环境，让学生在亲身参与中感受目标文化的魅力；实施文化探究法，鼓励学生自主探究目标文化的深层次结构和价值观，培养学生的批判性思维能力和创新精神。为了实施好这些教学策略，教师需要不断更新教学理念和方法论知识，关注最新教学研究动态，并积极与同行进行经验分享和交流。同时，教师还应根据学生的反馈和需求不断调整和完善教学策略，确保教学的针对性和实效性。

三、多元文化环境下的教学策略调整

（一）教学策略调整的背景与意义

1. 多元文化环境的挑战

随着全球化的推进，教育环境日益呈现出多元文化的特点。学生来自不同的民族、地域和文化背景，带着各自独特的价值观、信仰和学习方式进入课堂。这一变化为外语教学带来了前所未有的挑战。首先，教师需要面对学生多样化的学习需求，如何确保每位学生都能在课堂上获得有效的学习体验成为一大难题。其次，多元文化环境也增加了教学中文化冲突的可能性，如何妥善处理这些冲突，营造和谐的学习氛围，是教师必须面对的问题。此外，随着信息技术的迅猛发展，学生获取信息的渠道日益多样化，教师如何引导学生正确筛选和处理来自不同文化背景的信息，也是当前教育中的重要课题。

2. 教学策略调整的重要性

在多元文化环境下，传统的教学策略往往难以应对上述挑战。因此，对外语教师而言，调整教学策略显得尤为重要。通过教学策略的调整，教师不仅可以更好地满足不同文化背景学生的学习需求，提升他们的学习效果，还能有效促进跨文化交流和理解，培养学生的全球视野和跨文化交际能力。同时，教学策略的调整也是教师专业成长的重要体现，它要求教师不断更新教育理念，提升教学技能，以适应日益复杂多变的教育环境。因此，可以说，在多元文化环境下，教学策略的调整不仅是应对挑战的必然选择，也是提升教学质量、促进学生全面发展的重要途径。

（二）多元文化环境下的具体教学策略

1. 异化教学策略

异化教学策略旨在帮助学生在学习过程中认识、理解和尊重不同文化之间的差异，重点关注学生的个体文化背景，强调文化多样性在学习中的重要性。这种策略强调尊重并突出学生个体和群体间的文化差异，鼓励学生在学习中保持和发展自己的文化特色。在外语教学中，教师可以通过设计具有文化特色的教学活动，让学生有机会展示和分享自己的文化背景，从而增强他们的文化自信和归属感。同时，异化教学策略也要求教师具备高度的文化敏感性和跨文化交际能力，能够准确识别并应对不同文化背景学生的学习需求和挑战。通过实施异化教学策略，教师可以帮助学生建立更加全面和深入的文化认知，培养他们的跨文化交流能力。

2. 合作式学习策略

合作式学习策略是多元文化环境下促进学生间互动与交流的有效手段。这种策略鼓励学生通过小组合作的方式，共同完成学习任务，分享彼此的知识和经验。在小组合作中，不同文化背景的学生可以相互学习、相互启发，从而增进对彼此文化的理解和尊重。教师在此过程中应扮演引导者和促进者的角色，为学生提供必要的支持和指导，确保合作学习的顺利进行。通过实施合作式学习策略，教师可以帮助学生培养团队协作精神，提高他们的跨文化沟通能力和问题解决能力。

3. 文化融入教学策略

文化融入教学策略是多元文化环境下外语教学的核心内容之一。这种策略强调将目标语言的文化元素有机地融入教学过程中，让学生在学习语言的同时，了解并体验目标语言的文化内涵。教师可以通过设计具有文化特色的教学材料、组织文化体验活动等方式，帮助学生建立与目标语言文化的直接联系。同时，文化融入教学策略也要求教师具备丰富的目标语言文化知识，能够准确地向学生传授文化的精髓和价值。通过实施文化融入教学策略，教师可以有效提升学生的文化素养和跨文化交际能力，为学生未来的国际交流打下坚实的基础。

四、实践中的跨文化交流与师资培训

（一）跨文化交流在外语教学中的实践

1. 跨文化交流在外语课堂中的应用

在外语课堂中，跨文化交流不仅是教学目的，也是教学手段。通过引入跨文化交流元素，教师可以帮助学生更深入地理解语言背后的文化内涵。例如，在词汇教学中，不仅讲解单词的字面意思，还探讨其在不同文化背景下的隐喻和象征意义。此外，角色扮演和模拟情景等活动也是跨文化交流在外语课堂中的常见应用。这些活动让学生置身于真实的语言环境中，模拟不同文化间的对话和交流，从而培养学生的语言运用能力和跨文化敏感性。通过这些应用，外语课堂变得更加生动和有趣，学生的学习积极性和参与度也得到显著提高。

2. 跨文化交流活动的组织与策划

组织与策划跨文化交流活动是外语教学中不可或缺的一环。这类活动旨在为学生提供一个真实的、多元化的语言环境，让学生在实践中运用所学语言，增进对不同文化的理解和尊重。在组织与策划过程中，教师需要充分考虑学生的语言水平和文化背景，选择合适的活动主题和形式。例如，可以举办国际文化节，邀请来自不同国家的学生分享他们的文化和传统；或者开展跨文化合作项目，让学生与来自不同文化背景的同学一起完成任务。通过这些活动的组织与策划，教师不仅可以帮助学生提升语言技能，还能培养他们的全球视野和跨文化合作能力。

（二）师资培训中的跨文化能力提升

1. 跨文化能力培训的需求分析

随着全球化的推进和教育国际化的发展，外语教师跨文化能力的提升已成为师资培训的迫切需求。教师需要具备跨文化交际能力，以更好地理解和适应多元文化教学环境，满足来自不同文化背景学生的学习需求。同时，跨文化能力也是教师专业发展的重要组成部分，有助于提升教师的教学质量和教育创新能力。因此，在师资培训中进行跨文化能力培训的需求分析至关重要，它可以帮助培训机构和教师自身明确培训目标，制订有针对性的培训计划。

2. 跨文化能力培训的内容与方法

跨文化能力培训的内容应涵盖文化敏感性、文化适应性、跨文化沟通技巧和策略等方面。通过培训，教师需要掌握如何识别并尊重不同文化的价值观、信仰和习俗，学会在多元文化环境中灵活调整自己的教学行为。培训方法上，可以采用案例分析、角色扮演、模拟情景等互动式学习方式，使教师在参与中体验和学习跨文化交流。此外，还可以邀请具有丰富跨文化教学经验的专家举办讲座和指导，分享他们的实践经验和教学心得。

（三）跨文化交流与师资培训的互动关系

1. 跨文化交流对师资培训的促进作用

跨文化交流在师资培训中发挥着重要的促进作用。首先，跨文化交流为教师提供了广阔的学习平台，使他们能够直接接触和了解不同文化的教育理念和教学方法。这种交流经验极大地丰富了师资培训的内容，使培训更加贴近实际教学需求。其次，通过跨文化交流，教师可以学习到如何更好地应对多元文化教学环境，提高教学效果。这不仅增强了教师的教学自信，也激发了教师探索创新教学方法的热情。最后，跨文化交流还有助于培养教师的全球视野和跨文化素养，为教师在全球化时代的教育工作中奠定坚实基础。

2. 师资培训对跨文化交流的支撑作用

师资培训对跨文化交流同样具有不可或缺的支撑作用。系统的师资培训能够为教师提供跨文化交流所需的理论知识和实践技能，帮助他们建立起跨文化交流的基本框架。通过培训，教师可以更加深入地了解不同文化的特点，学会如何尊重和理解文化差异，从而在跨文化交流中更加得心应手。此外，师资培训还可以为教师提供模拟实践的机会，让他们在安全的环境中尝试和练习跨文化交流技巧，为未来的实际交流做好准备。

3. 跨文化交流与师资培训的协同发展

跨文化交流与师资培训之间存在着密切的协同发展关系。一方面，跨文化交流的不断深入促进了师资培训体系的完善和创新。为了满足教师在跨文化交流方面的需求，培训机构需要不断更新培训内容和方法，引入更多与跨文化教学相关的理念和技能。另一方面，师资培训的提升又反过来推动了跨文化交流的更高层次发展。通过培训，教师的跨文化能力得到提高，能够更加自信、深入地参与到跨文化交流中，为促进不同文化之间的理解与合作贡献更大力量。

五、技术与资源在跨文化教学中的应用

（一）技术助力跨文化教学

1. 在线语言学习平台的利用

在线语言学习平台为跨文化教学提供了前所未有的便利。这些平台通过实时视频、语音交互等功能，打破了地理和时空的限制，使学生能够与来自世界各地的母语者进行直接交流。例如，学生可以利用这些平台参与语言交换，与不同文化背景的学习伙伴共同练习口语，从而提高语言运用的准确性和流利性。同时，平台上的丰富学习资源，如文化讲解视频、情景对话模拟等，能够帮助学生更深入地了解目标语言的文化内涵，培养他们的跨文化意识。此外，智能学习分析系统还能根据学生的学习进度和反馈，提供个性化的学习建议，进一步提升跨文化教学的效果。

2. 虚拟跨文化合作项目的实施

虚拟跨文化合作项目是利用现代技术，将不同文化背景的学生聚集在一起，共同完成特定任务或项目的教学活动。这类项目通过在线协作工具，如共享文档、实时聊天软件等，促进学生之间的沟通与合作。在项目实施过程中，学生需要学会尊重和理解团队成员的文化差异，共同解决跨文化沟通中的障碍。这种实践不仅锻炼了学生的团队协作能力，还提高了他们的跨文化敏感性和适应性。同时，虚拟跨文化合作项目也为学生提供了展示自己才华和创造力的平台，有助于培养他们的全球视野和领导力。

3. 多媒体资源在教学中的整合

多媒体资源在跨文化教学中发挥着重要作用。通过整合视频、音频、图像等多种媒体形式，教师可以为学生创造更加生动、真实的语言学习环境。例如，利用电影片段、音乐 MV 等多媒体资源，教师可以引导学生观察和分析不同文化中的非语言交际行为，如肢体语言、面部表情等，从而增强他们对文化差异的认知和理解。同时，多媒体资源还能够丰富教学内容，激发学生的学习兴趣和动力。例如，通过展示不同国家的风景、民俗等文化元素，教师可以帮助学生建立与目标语言文化的情感联系，提高他们的学习积极性和参与度。

（二）资源在跨文化教学中的开发与利用

1. 文化教学材料的开发与选择

在跨文化教学中，文化教学材料的开发与选择至关重要。优质的教学材料能够帮助学生更深入地了解目标文化的精髓和特点，从而培养他们的跨文化意识和能力。在开发文化教学材料时，教师需要深入研究目标文化的各个方面，包括历史、传统、价值观、社会习俗等，以确保材料的真实性和全面性。同时，教师还需要根据学生的实际需求和水平，选择适合他们的教学材料，如文化对比教材、文化体验活动等，以激发学生的学习兴趣和参与度。此外，教师还可以利用现代技术，如多媒体和网络资源，开发更加生动、互动的文化教学材料，提高教学效果。

2. 真实语料库的建立与应用

真实语料库在跨文化教学中具有不可替代的作用。通过建立真实语料库，教师可以为学生提供大量真实、自然的语言材料，帮助他们更好地了解目标语言的文化背景和实际用法。真实语料库可以包括各种形式的语料，如新闻报道、社交媒体帖子、电影对话等，这些语料能够反映目标语言的最新发展和实际用法，提高学生的语言实用性和交际能力。在应用真实语料库时，教师需要引导学生进行有效的语料分析和利用，如通过语料检索、对比分析等方法，发现语言规律和文化特点，提升学生的自主学习能力和跨文化敏感度。同时，教师还可以利用真实语料库设计各种教学任务和活动，如角色扮演、情景模拟等，让学生在真实的语境中运用所学语言和文化知识，提高学生的跨文化交际能力。

六、建立跨文化素养提升的长效机制

（一）构建系统性的跨文化教育体系

1. 明确跨文化教育目标

在构建跨文化教育体系的过程中，明确教育目标是首要任务。这些目标应涵盖培养学生的全球意识、文化敏感性、跨文化交流能力以及多元文化环境下的适应能力。为实现这些目标，教育者需深入分析当前全球化趋势对人才需求的影响，结合学生的实际情况，制定出既符合时代发展又贴近学生需求的跨文化教育目标。同时，这些目标还应贯穿于教育的各个阶段，确保教育的连贯性和一致性，从而为学生未来的国际交流与合作奠定坚实基础。

2. 完善跨文化课程设置

完善跨文化课程设置是构建系统性跨文化教育体系的关键环节。课程设置应围绕跨文化教育目标，注重内容的丰富性、实用性和前瞻性。具体而言，可以引入涉及不同文化背景、历史传统、社会习俗等内容的课程，帮助学生全面了解不同文化的内涵和特点。同时，还应注重课程的实践性，通过模拟跨文化交流场景、开展国际合作项目等方式，让学生在实践中提升跨文化能力。此外，课程设置还应保持动态更新，及时反映全球文化发展的新趋势和新挑战。

3. 加强师资培训与发展

教师是跨文化教育的实施者，他们的跨文化素养和教学能力直接影响教育的效果。因此，加强师资培训与发展至关重要。培训内容应涵盖跨文化教育理念、教学方法、文化敏感性等方面，帮助教师全面提升跨文化教学能力。同时，还应鼓励教师积极参与国际交流与合作，拓宽国际视野，增强对不同文化的理解和认同。此外，建立完善的教师激励机制，为教师提供持续的职业发展机会和平台，也是确保跨文化教育长效发展的重要保障。

（二）营造跨文化交流与合作的校园环境

1. 打造多元文化校园氛围

为了打造多元文化的校园氛围，学校应该积极策划并组织各类文化活动。这些活动可以包括国际文化周、文化节、文化展览等，通过展示不同国家的文化元素，如服饰、美食、艺术、音乐等，让学生亲身感受并了解世界的多样性。同时，学校还可以鼓励学生自发组织跨文化社团，如国际交流社团、语言学习社团等，这些社团可以定期举办文化交流活动，如文化沙龙、语言角等，为学生提供更多与不同文化背景人士交流的机会。此外，学校还可以在校园内设置多元文化宣传栏，定期更新不同国家的文化信息，增加学生对多元文化的认识和兴趣。

2. 建立跨文化交流平台与机制

为了更有效地促进跨文化交流，学校需要建立专门的跨文化交流平台与机制。首先，学校可以设立跨文化交流中心或国际交流办公室，负责策划、组织和管理各类跨文化交流活动。这些中心或办公室还可以为学生提供跨文化交流的咨询和指导服务，帮助学生解决在交流过程中遇到的问题。其次，学校可以利用现代信息技术手段，如建立校园国际交流网站或 App，提供在线跨文化交流服务。通过这些平台，学生可以随时随地与来自不同文化背景的人士进行在线交流，分享彼此的文化经验和见解。学校还应与国外的学校或机构建立长期稳定的合作关系，开展定期的师生互访、学术交流等活动。这些活动不仅可以为学生提供更广阔的跨文化交流机会，还可以促进学校之间的深度合作与资源共享。

第四节　师资队伍的教学研究与能力评估

一、教学研究的重要性及方法

（一）教学研究的核心价值

1. 提升教学质量

教学研究是提升教学质量的重要途径。通过深入研究教学内容、教学方法和学生学习过程，教师可以更加精准地把握教学重点和难点，从而优化教学设计，提高教学效果。教学研究还可以帮助教师及时了解和掌握最新的教育理念和教学技术，将其应用于实际教学中，使教学更加符合时代发展和学生需求。同时，教学研究能够激发教师的教学热情和创新精神，鼓励教师不断探索和尝试新的教学方法，进而形成自己独特的教学风格，提升教学质量。

2. 促进教师专业成长

教学研究是教师专业成长的重要推动力。通过参与教学研究，教师可以不断反思自己的教学实践，发现问题并寻求解决方法，从而提升自身的教育教学能力。教学研究还可以帮助教师构建和完善自己的知识体系，提高教育理论水平和实践能力。此外，教学研究需要教师之间的合作与交流，这有助于教师拓宽视野、汲取他人经验，促进自身专业成长。

3. 推动教育改革与创新

教学研究是推动教育改革与创新的重要力量。教育改革需要理论和实践的支撑，而教学研究正是探索教育理论、验证教育实践的重要途径。通过教学研究，教师可以发现和揭示教育规律，提出新的教育理念和教学模式，为教育改革提供有力支持。同时，教学研究还可以鼓励教师勇于创新，敢于尝试新的教学方法和手段，从而推动教育的不断创新与发展。

（二）常用的教学研究方法

1. 文献研究法

文献研究法是通过查阅、分析和整理相关文献资料，以获取研究所需信息的一种方法。在教学研究中，文献研究法能够帮助教师全面了解教育领域的前沿动态、历史发展以及理论基础，为教学实践提供有力的理论支撑。通过深入研读文献，教师可以汲取前人的研究成果，避免重复劳动，同时还能够发现新的研究视角和问题，为教学创新提供灵感。

2. 观察法

观察法是通过直接观察教学现场、记录并分析教学行为和学生反应的一种方法。在教学研究中，观察法具有直观、真实的特点，能够帮助教师深入了解教学实际情况，发现教学中存在的问题和亮点。通过观察，教师可以获得第一手的教学资料，为后续的教学改进提供有力依据。同时，观察法还能够促进教师对学生的了解，更好地满足学生的学习需求。

3. 实验法

实验法是通过控制一个或多个变量来研究自变量与因变量之间关系的一种方法。在教学研究中，实验法能够验证某种教学方法或策略的有效性，为教学改革提供科学依据。通过实验法，教师可以在相对控制的环境中探究不同教学方法对学生学习效果的影响，从而找出最佳的教学方案。同时，实验法还能够培养教师的科学精神和实证意识，提高教学研究的质量。

4. 问卷调查与访谈法

问卷调查与访谈法是通过向受访者发放问卷或进行面对面交流以收集信息的一种方法。在教学研究中，这两种方法能够帮助教师广泛收集学生、家长和同事的意见和建议，全面了解教学现状和需求。问卷调查具有覆盖面广、便于统计的特点，而访谈法则能够深入探究受访者的内心世界和真实想法。通过结合使用这两种方法，教师可以获得更为全面、真实的教学反馈信息，为教学改进提供有力支持。

5. 行动研究法

行动研究法是教师在实际教学过程中开展研究的一种方法。它强调教师在实践中的反思和行动，通过不断尝试、观察和调整教学策略来解决实际问题。在教学研究中，行动研究法能够促进教师的实践智慧和创新能力的发展，使教师成为教学改革的主体和推动者。通过行动研究法，教师可以边实践、边研究、边改进，不断提高教学质量和效果。同时，这种方法还能够增强教师的职业认同感和成就感，激发教师的教学热情和创新精神。

（三）教学研究方法的实践应用

1. 案例分析法

案例分析法是通过深入剖析具体的教学案例，以揭示教学规律、提炼教学经验的一种实践应用方法。在教学研究中，案例分析法能够帮助教师将理论与实践相结合，从实际的教学情境中提炼出具有普遍意义的教学策略和方法。通过选择典型的教学案例，教师可以详细分析案例中的教学行为、学生反应以及教学效果，从而深入理解教学的成功之处和存在的问题。这种方法不仅有助于教师提升教学实践能力，还能够为其他教师提供可借鉴的教学经验。

2. 参与式研究

参与式研究是一种强调教师积极参与、开展合作的教学研究方法。在这种方法中，教师不再是单纯的研究对象，而是成为研究的主体和参与者。通过与其他教师、研究人员以及学生的合作，教师可以共同确定研究问题、设计研究方案，并共同实施和评估研究效果。参与式研究不仅能够激发教师的积极性和创造力，还能够促进教师之间的经验共享和知识创新。同时，这种方法也有助于培养教师的团队合作精神和研究能力，推动教学研究的深入发展。

3. 成果导向的教学研究

成果导向的教学研究是一种以预期的教学成果为导向，逆向设计教学研究过程的方法。在这种方法中，教师首先明确教学研究的目标和预期成果，然后根据这些目标和成果来规划和设计研究过程。通过明确教学成果，教师可以更加有针对性地选择研究方法、收集和分析数据，并确保研究的有效性和实用性。成果导向的教学研究不仅能够帮助教师聚焦教学重点、提高教学效率，还能够确保教学研究与实际教学需求紧密相连，推动教学实践的持续改进和创新。

二、跨文化交际能力在教学中的体现

（一）教学内容中的跨文化元素融合

1. 多元文化素材的选用

在教学内容中融入多元文化素材是提升跨文化交际能力的重要途径。多元文化素材的选用不仅能够拓宽学生的文化视野，还能让他们在实际学习过程中体验和感知不同文化的魅力。通过引入包含不同文化背景的教学材料，如经典文学作品、影视作品片段、音乐艺术作品等，教师可以为学生呈现一个丰富多彩的世界，激发他们的文化好奇心和探索欲望。同时，多元文化素材的选用也有助于培养学生的文化包容性和批判性思维。在接触和了解不同文化的过程中，学生会逐渐学会尊重和理解文化差异，摒弃文化偏见和刻板印象。这种开放和包容的态度是跨文化交际能力的重要组成部分，也是培养全球视野和国际竞争力所必需的。

2. 文化对比与解读

文化对比与解读是教学内容中体现跨文化交际能力的又一关键环节。通过对比不同文化间的异同点，学生可以更深入地了解各种文化的独特性和相通之处，从而增强他们的文化敏感度和跨文化意识。在这个过程中，教师需要引导学生从多个角度审视文化现象，探究其背后的历史渊源、社会背景和价值观念。文化对比与解读还有助于提高学生的语言运用能力和交际策略。在跨文化交流中，了解并尊重对方的文化习俗和交际规则是建立有效沟通的基础。通过对比和解读不同文化的言语行为和非言语行为，学生可以学会如何调整自己的语言风格和交际方式，以适应不同文化背景的交际对象。这种灵活性和适应性是跨文化交际能力的重要体现，也是学生在未来职业生涯中不可或缺的技能。

（二）教学方法中的跨文化策略应用

1. 跨文化案例分析

跨文化案例分析是一种有效的教学方法，能够帮助学生深入理解跨文化交际中的实际问题和挑战。通过分析真实的跨文化交流案例，学生可以接触到不同文化背景下人们的思维方式、行为习惯和交际策略，从而增强他们对文化差异的认知和敏感性。在案例分析过程中，教师需要引导学生深入探讨案例中的成功与失败因素，提炼出有效的跨文化交际策略。这种教学方法不仅能够提升学生的分析能力和批判性思维，还能够培养学生的问题解决能力和团队合作精神。

2. 角色扮演与模拟实战

角色扮演与模拟实战是另一种重要的跨文化教学方法。通过设计跨文化交流场景，让学生扮演不同文化背景的角色进行模拟对话或谈判，可以锻炼学生在实际情境中的跨文化交际能力。在角色扮演过程中，学生需要根据所扮演角色的文化背景和交际目标，选择合适的语言、行为和策略。这种教学方法能够帮助学生将理论知识转化为实践技能，提高他们的语言运用能力和交际技巧。同时，角色扮演与模拟实战还能够增强学生的自信心和应变能力，为他们在未来的跨文化交流中奠定坚实基础。

（三）师生互动中的跨文化交流能力培养

1. 教师角色的跨文化定位

在师生互动中，教师的角色对于培养学生的跨文化交流能力至关重要。首先，教师必须明确自己作为文化引导者和桥梁的角色定位。这意味着教师不仅要传授语言知识，更要引导学生深入了解不同文化的内涵和特点，帮助他们建立跨文化交流的意识和能力。为了实现这一目标，教师需要不断提升自身的跨文化素养，包括对不同文化的了解、尊重和包容。只有具备了这些素质，教师才能在课堂教学中有效地融入跨文化元素，引导学生进行比较和反思，从而培养他们的跨文化交流能力。同时，教师还应积极创造跨文化交流的机会和环境，如组织文化体验活动、邀请外籍人士进课堂等，让学生在实践中感受和学习不同文化的交流方式。

2. 学生跨文化意识的激发与培养

在师生互动中，激发学生跨文化意识并培养他们的跨文化交流能力是教学的重要任务。为了实现这一目标，教师需要采取多种措施来引导学生主动了解和尊重不同文化。教师可以通过生动的课堂讲述、丰富的文化素材和多样化的教学手段来激发学生对不同文化的兴趣。例如，利用多媒体展示不同国家的风景、民俗和艺术作品，或者邀请有海外经历的人分享他们的跨文化交流经验。这些措施可以帮助学生打开视野，增强对不同文化的认知和好奇心。教师应鼓励学生积极参与跨文化交流活动，如模拟联合国、国际文化节等，让他们在实践中亲身体验和学习不同文化的交流方式。通过这些活动，学生可以锻炼自己的语言能力和交际技巧，提高在跨文化环境中的适应能力和应变能力。

（四）教学评价中的跨文化考量

1. 跨文化能力的评估标准

在教学评价中，跨文化能力的评估标准是衡量学生是否具备有效进行跨文化交流的重要尺度。为了全面、客观地评估学生的跨文化能力，教师需要依据明确的评估标准，这些标准通常包括学生在跨文化交流中的语言运用、文化敏感度、交际策略运用以及问题解决能力等方面。具体而言，在语言运用方面，学生需要展示出在不同文化语境下准确、得体地使用语言的能力；在文化敏感度方面，学生应能够识别和尊重文化差异，避免文化冲突和误解；在交际策略运用上，学生应能够根据交际对象和情境灵活调整自己的交际方式，从而达到有效沟通的目的；在问题解决能力方面，学生需要展现出在跨文化交流中遇到问题时能够积极寻找解决方案的能力。

2. 评价方式的多元化

在教学评价中，为了全面、客观地评估学生的跨文化交际能力，教师需要采用多元化的评价方式。这些评价方式可以包括口头报告、书面作业、角色扮演、模拟实战等多种形式。口头报告可以检验学生在跨文化语境下的口语表达能力和思维逻辑；书面作业则能够评估学生对跨文化知识的理解深度和广度；

角色扮演和模拟实战则能够让学生在模拟的跨文化交流场景中展示他们的实际
交际能力和应变技巧。此外，教师还可以引入同行评议、自我反思等机制，让
学生从多个角度获得对自己跨文化交际能力的反馈。这种多元化的评价方式不
仅能够更全面地反映学生的真实水平，还能够激发他们的学习积极性和主动性，
促进他们的全面发展。同时，教师也应注意评价方式的合理性和有效性，确保
评价结果能够真实反映学生的跨文化交际能力，并为教学改进提供有力依据。

三、师资队伍的能力评估体系构建

（一）教学能力评估

1. 教学设计能力评估

教学设计能力是衡量教师是否具备优秀教学能力的关键指标之一。它涵盖
了教师制定教学目标、选择教学方法和手段以及设计教学流程的能力。一个优
秀的教学设计者能够根据课程大纲和学生需求，制定出明确、具体、可操作的
教学目标，并选择合适的教学方法和手段来实现这些目标。同时，他们还能够
根据学生的实际情况和学习特点，设计出符合学生认知规律、能够激发学生学
习兴趣的教学流程。因此，在教学能力评估中，对教学设计能力的评估至关重
要，它有助于全面了解教师的教学准备情况和教学思路。

2. 课堂教学能力评估

课堂教学能力是教师教学能力的核心，它直接关系到学生的学习效果和课
堂教学质量。一个优秀的教师应该具备良好的表达能力、组织能力和互动能力，
能够清晰、准确地讲解知识点，引导学生积极思考、主动参与课堂讨论。同时，
教师还应该能够根据学生的反应和实际情况，灵活调整教学策略，确保课堂教
学的高效进行。在课堂教学能力评估中，应该注重考查教师的实际教学表现，
包括语言表达、教学态度、教学方法、课堂管理等方面，以全面、客观地评价

教师的课堂教学能力。

3. 教学反思与改进能力评估

教学反思与改进能力是教师教学能力的重要组成部分，它体现了教师对自身教学过程的认知和思考能力。一个善于反思和改进的教师，能够在教学结束后对教学过程和效果进行深入的反思，总结教学经验，发现教学问题，并及时调整教学策略，以不断提升教学质量。在教学反思与改进能力评估中，应该关注教师是否能够积极主动地进行教学反思，是否能够针对教学问题提出有效的改进措施，并能够将这些措施付诸实践，以不断提高自身的教学水平。

（二）科研能力评估

1. 科研项目申报与实施能力评估

科研项目申报与实施能力是衡量教师科研水平的重要指标之一。它涉及教师从项目构思、申报材料准备到项目实施和结题验收的整个过程。一个优秀的科研工作者应能准确把握科研动态，提出具有创新性和实用性的项目选题，并合理规划项目实施方案。在评估时，应关注教师申报项目的成功率、项目实施的进度控制、团队协作能力以及经费使用效率等方面。同时，还要考虑教师在项目实施过程中解决问题的能力，以及项目成果的质量和影响力。通过全面评估教师的科研项目申报与实施能力，可以有效促进学校科研水平的提升和科研团队的建设。

2. 学术论文发表与质量评估

学术论文发表与质量是教师科研能力的重要体现。它不仅反映了教师在某一领域的学术造诣，也是评价教师科研水平的重要依据。在评估时，应综合考虑教师发表论文的数量、期刊级别、引用次数以及论文的原创性和学术价值等因素。同时，还要关注教师在学术会议上的报告和交流情况，以及论文对学科发展的贡献。通过科学客观地评估教师的学术论文发表数量与质量，可以激励教师积极投身科研工作，提升学校的学术影响力和整体科研实力。

3. 科研创新能力评估

科研创新能力是评价教师科研素养的核心指标，它体现了教师在科研工作中提出新问题、新观点和新方法的能力。一名具备创新精神的教师能够不断推动学科交叉融合，产生具有前瞻性和引领性的科研成果。在评估时，应关注教师在科研选题、研究方法、实验设计等方面的创新性表现，以及科研成果的转化应用情况。同时，还要考虑教师在科研团队建设、学术交流与合作等方面的作用。通过全面评估教师的科研创新能力，可以激发教师的创新活力，推动学校科研工作的持续发展和创新能力的提升。

（三）师德师风评估

1. 职业道德素养评估

职业道德素养是教师必备的品质之一，它涉及教师的行为规范、职业操守和道德品质。一个具有良好职业道德的教师，能够以身作则，为学生树立正面的榜样。在评估职业道德素养时，应关注教师是否遵守教师职业道德规范，是否能够公正对待每一位学生，是否具备严谨的治学态度和高度的教育责任感。同时，还要考查教师在处理与学生、同事、家长之间关系时的表现，以及是否能够在各种情况下保持职业操守和道德底线。

2. 教育情怀与责任心评估

教育情怀与责任心是教师从教的内在动力，体现了教师对教育事业的热爱和对学生成长的关心。一个具有深厚教育情怀和责任心的教师，能够全身心投入到教育教学工作中，为学生的全面发展付出努力。在评估时，应关注教师对教育事业的认同感和归属感，是否能够理解并践行教育的价值理念。同时，还要考查教师是否关心学生的成长需求，是否能够针对学生的个性和特点提供个性化的教育指导。通过评估教师的教育情怀与责任心，可以激发教师的工作热情，推动他们为学生的成长贡献更多的力量。

3. 师风建设与影响力评估

师风建设与影响力是评价教师在师德师风方面的重要指标。它反映了教师在教育教学中所展现出来的风范、态度以及对学生和同事的潜在影响。一个优秀的教师应当具备良好的师风，这不仅包括个人的言行举止，更涉及教育教学的方式方法和态度。在评估过程中，需要考察教师是否能够引导学生形成正确的世界观、人生观和价值观，是否能够以积极向上、严谨治学的态度影响学生和同事。同时，师风建设还包括教师在教育教学改革中是否勇于探索、敢于实践，以及在困难和挑战面前是否能够坚持原则、勇于担当。

（四）专业发展与团队协作评估

1. 专业成长与自我提升能力评估

专业成长与自我提升能力是衡量教师是否具备持续进步和适应教育发展要求的重要标准。一个具备这种能力的教师，能够不断更新教育观念，提高教学技能，拓宽专业知识领域。在评估时，应关注教师是否具备自主学习的意识和能力，是否能够积极参加各类培训、研讨会等学术交流活动，以及是否能够在教育教学实践中不断反思、总结，实现自我超越。同时，还要考查教师是否具备创新意识和探索精神，是否能够勇于尝试新的教学方法和手段，以不断提升自身的专业素养和教育教学水平。

2. 团队协作与沟通能力评估

团队协作与沟通能力是教师在工作中不可或缺的重要素质。一个优秀的教师不仅要能够独立完成教学任务，还要能够与同事、学生、家长等各方进行有效沟通和协作，共同推动教育工作的顺利开展。在评估时，应关注教师是否具备良好的团队合作精神，是否能够积极参与团队活动，为团队目标的实现贡献力量。同时，还要考察教师是否具备良好的沟通能力，是否能够准确表达自己的观点和想法，倾听他人的意见和建议，以实现信息的有效传递和共享。通过评估教师的团队协作与沟通能力，可以推动学校形成良好的教育合力，提升整体办学水平。

3. 学科建设与贡献评估

学科建设与贡献评估是衡量教师在学科发展中所起作用和影响力的重要指标。一个优秀的教师应能够积极参与学科建设，为学科的发展和完善贡献自己的力量。在评估时，应关注教师对所在学科的研究动态是否了解，是否能够提出有建设性的学科发展建议，以及是否能够为学科建设提供有效的资源支持。同时，还要考查教师在学科交叉融合、创新研究等方面的表现，以及其对提升学科整体水平和影响力的贡献。通过全面评估教师的学科建设与贡献，可以推动学校形成更加完善的学科体系，提升学科的竞争力和社会影响力。

四、基于评估结果的师资队伍优化策略

（一）针对性提升教学能力

1. 定制教学设计培训

为了全面提升教师的教学设计能力，需要定制个性化的培训方案。通过深入分析教师在教学设计方面的短板和需求，结合教育教学的前沿理论，为每位教师量身定制培训内容。例如，可以组织专题讲座、工作坊等活动，引导教师学习并掌握先进的教学设计理念和方法。同时，鼓励教师将所学应用于实际教学设计中，通过不断的实践和反思，逐步形成自己独特的教学设计风格，从而提升整体的教学效果。

2. 强化课堂教学实践

课堂教学是教师展示教学能力的重要平台。为了进一步提升教师的课堂教学能力，需要为他们提供更多的实践机会。学校可以定期组织课堂教学观摩、

教学竞赛等活动，激发教师参与课堂教学的热情。同时，鼓励教师之间进行课堂教学的经验分享和交流，促进教学方法的创新和教学水平的提高。此外，还可以引入专家评课、学生评课等多元化评价机制，帮助教师全面了解自己的课堂教学表现，并针对存在的问题进行改进。

3. 完善教学反思与反馈机制

教学反思是教师提升教学能力的重要途径。为了促进教师进行深入的教学反思，需要建立完善的反馈机制。学校可以制定明确的教学反思标准和要求，引导教师在每次教学结束后进行自觉反思，总结教学经验和教训。同时，搭建教师之间、教师与学生之间的教学反馈平台，及时收集和整理各方面的反馈意见，为教师提供全面的教学反思依据。此外，还可以定期组织教学反思分享会等活动，推动教师之间的教学反思成果共享和交流，形成良好的教学反思氛围。

（二）科研能力提升与激励机制

1. 科研项目支持与指导

针对教师在科研项目申报与实施过程中遇到的问题，学校应提供全方位的支持与指导。首先，可以设立专门的科研项目申报指导小组，由经验丰富的专家和教师组成，为教师提供从选题、申报材料撰写到项目实施等全过程的指导。其次，学校应加大科研项目的资金支持力度，鼓励教师积极申报各级各类科研项目，并为项目的顺利实施提供必要的条件和保障。此外，还可以建立科研项目交流平台，定期组织项目进展汇报和经验分享活动，促进教师之间的科研合作与交流，共同提升科研项目的完成质量和水平。

2. 学术论文发表支持

学术论文发表是教师科研成果的重要体现，也是衡量教师科研能力的重要指标。为了提升教师的学术论文发表能力，学校应提供全面的支持。首先，可以邀请专家为教师开设学术论文撰写与发表方面的专题讲座，传授论文撰写技巧和发表经验。其次，学校应为教师提供充足的学术资源，包括图书馆电子资源、学术期刊数据库等，方便教师获取最新的学术信息和研究成果。此外，还可以建立学术论文发表奖励机制，对在高质量期刊上发表论文的教师给予一定的物质和精神奖励，激发教师的科研热情和积极性。

3. 科研创新激励机制

科研创新是推动学科发展和提升学校整体科研实力的重要动力。为了激发教师的科研创新精神，学校应建立完善的激励机制。首先，可以设立科研创新基金，鼓励教师勇于尝试新的研究方向和方法，开展具有创新性和前瞻性的科研项目。其次，应建立科研创新成果评价体系，对教师在科研创新方面取得的成果给予充分的认可和奖励。此外，还可以营造宽松的科研创新环境，为教师提供自由探索的空间和时间，允许失败和尝试，激发教师的创新思维和创造力。同时，学校应定期组织科研创新经验交流会等活动，促进教师之间的创新思想碰撞和合作研究，共同推动学校科研工作的持续发展和创新能力的提升。

（三）师德师风建设与引导

1. 加强师德师风宣传教育

师德师风是教师队伍建设的灵魂，加强宣传教育对于塑造良好的师德师风至关重要。学校应定期组织师德师风专题培训，通过邀请专家讲座、分享优秀教师事迹等形式，让教师深刻认识到师德的重要性，明确作为一名教师应具备的道德品质和行为规范。同时，利用校园广播、宣传栏、微信公众号等多种渠道，广泛宣传师德师风建设的成果和优秀教师的典型事迹，营造尊师重教、崇尚师德的浓厚氛围。此外，还可以开展师德师风主题教育活动，如师德征文比赛、师德演讲比赛等，让教师在参与中感悟师德的力量，提升自我修养。

2. 建立师德师风考评机制

建立科学的师德师风考评机制是确保师德师风建设取得实效的关键。学校应制定完善的考评标准，将教师的师德表现纳入综合评价体系，并作为评聘、晋升、奖惩的重要依据。考评过程中，要注重客观公正，采取学生评价、同事互评、领导评价等多种方式，全面了解教师的师德表现。同时，建立师德师风档案，记录教师的师德成长轨迹，为教师的专业发展提供指导。对于考评中发现的师德问题，要及时进行反馈和帮扶，督促教师整改提升。通过考评机制的建立和实施，形成师德师风建设的长效机制，推动教师队伍整体素质的提升。

（四）专业发展与团队协作促进

1. 提供专业发展机会与资源

为了促进教师的专业发展，学校应该积极提供丰富的发展机会与资源。首先，可以定期组织教师参加各类专业培训、学术研讨会和教育论坛，让他们接触最新的教育理念、教学方法和学科前沿知识，从而拓宽专业视野，提升教学水平。其次，学校应该建立完善的图书馆、电子资源库等学术支持平台，为教师提供便捷的学术资源获取途径，满足他们在教学和科研过程中的知识需求。此外，还可以鼓励教师参与国内外访问学者项目、学术交流活动等，增进与同行的交流与合作，提升教师的学术影响力和国际视野。通过这些措施，学校能够为教师的专业发展创造有利条件，激发他们的成长动力。

2. 加强团队协作与交流平台建设

团队协作是教师工作中不可或缺的一部分，学校应该加强团队协作与交流平台的建设。首先，可以组建跨学科、跨领域的教师团队，鼓励不同背景和专业的教师进行合作与交流，共同开展教学研究和项目申报。其次，学校应该提供充足的团队活动经费和场地支持，保障团队活动的顺利开展。此外，还可以利用现代信息技术手段，如建立教师工作坊、在线协作平台等，打破时空限制，促进教师之间的即时交流与资源共享。通过这些措施，学校能够营造良好的团队协作氛围，提升教师的团队协作能力和整体工作效能。

3. 完善学科建设与贡献奖励机制

学科建设是学校发展的核心任务之一，而教师的贡献是推动学科建设的关键力量。因此，学校应该完善学科建设与贡献奖励机制，激励教师积极投身于学科建设中。首先，可以明确学科建设的目标和任务分工，让教师清楚自己在学科建设中的角色和责任。其次，建立科学的学科评估体系，定期对教师在学科建设中的贡献进行量化评估，并根据评估结果给予相应的奖励和荣誉。奖励形式可以包括物质奖励、职称晋升、学术休假等，以满足教师的不同需求。同时，学校还应该加大对学科带头人和优秀团队的支持力度，为他们提供更多的资源和自主权，推动学科建设的持续发展。

第七章 学生跨文化交际能力的实践与应用

第一节　校内跨文化交际实践活动的设计与组织

一、活动目标设定

（一）总体目标

校内跨文化交际实践活动的总体目标，是立足于当前全球化日益加速、国际交流日趋频繁的大背景，致力于培养学生的全球视野和跨文化交际能力。这一目标的深远意义在于，它不仅关乎学生个人的全面发展，更对国家在国际舞台上的竞争力有着重要影响。通过这类活动，期望学生能够逐渐拓宽自己的视野，不再局限于单一的文化背景，而是能够理解和欣赏世界的多元性。在多元化的国际环境中，有效的沟通是建立互信、促成合作的基础。学生需要学会如何与来自不同文化背景的人进行交流，这包括语言表达、非语言沟通，以及对于文化差异的敏感性和应对策略。合作与共处能力的培养同样至关重要。在全球化时代，国与国之间的联系日益紧密，各种问题往往需要跨国界、跨文化的合作来解决。学生需要学会在尊重差异的基础上寻求共同点，建立有效的合作关系，共同应对挑战。这不仅需要学生具备扎实的专业知识，更需要学生具备开放的心态和灵活应变的跨文化交际能力。

（二）具体目标

1. 知识与技能目标

在知识与技能目标方面，校内跨文化交际实践活动旨在帮助学生系统掌握跨文化交际所需的基础知识和核心技能。这包括深入了解不同文化的历史背景、社会习俗、价值观念以及沟通方式等。同时，活动还致力于提升学生的语言能力，使他们能够准确、流畅地运用外语进行跨文化交流。通过实践活动，学生不仅能够积累丰富的文化知识，还能在模拟真实场景中进行语言实践，从而有效提高他们的跨文化交际能力。

2. 过程与方法目标

过程与方法目标则侧重于培养学生在跨文化交际实践中的自主学习和合作学习能力。活动鼓励学生主动参与、积极探究，通过亲身体验和实际操作来发现问题、解决问题。在这一过程中，学生将学会如何收集和分析文化信息，如何运用批判性思维审视文化差异，并尝试找到有效的沟通策略。此外，活动还强调团队合作的重要性，培养学生与他人协作、共同解决问题的能力，为未来的国际合作打下坚实的基础。

3. 情感态度与价值观目标

情感态度与价值观目标是校内跨文化交际实践活动的灵魂所在。活动致力于激发学生对多元文化的兴趣和好奇心，使他们能够以开放、包容的心态面对不同文化。通过亲身体验和深入了解，学生将更加尊重文化差异，学会在跨文化交流中保持谦逊和同理心。同时，活动还强调培养学生的全球意识和国际责任感，使他们能够认识到自己在全球化时代所扮演的角色，并积极参与国际交流与合作，为推动世界的和平与发展贡献力量。

二、活动内容策划

（一）文化活动体验

1. 传统节日庆典

传统节日庆典是文化活动体验的重要组成部分。通过模拟或参与各国传统节日的庆祝活动，如中国的春节、西方的圣诞节、印度的排灯节等，学生能够深入了解这些节日的起源、历史背景、庆祝习俗以及所蕴含的文化内涵。在庆典活动中，学生可以亲身感受节日氛围，参与各种传统仪式和庆祝活动，如贴春联、包饺子、做圣诞布丁、点亮排灯等，从而更加直观地理解不同文化的独特之处。这样的体验不仅有助于拓宽学生的文化视野，还能增强他们对多元文化的尊重和包容。

2. 文化工作坊

文化工作坊是校内跨文化交际实践活动的又一重要环节。通过设置手工艺、美食、艺术等不同类型的文化工作坊，邀请具有相关文化背景的专家或老师进行现场指导，学生可以亲身实践并学习各种传统文化技艺。例如，在手工艺工作坊中，学生可以学习制作各国的传统手工艺品，如中国的剪纸、日本的折纸、土耳其的陶瓷等；在美食工作坊中，学生可以学习烹饪各国的特色美食，如意大利披萨、墨西哥玉米卷、泰国咖喱等。这样的实践体验不仅让学生更加深入地了解不同文化的独特魅力，还能培养他们的动手能力和创造力。

3. 文化展览参观

文化展览参观是校内跨文化交际实践活动不可或缺的一部分。通过组织学生参观校内或校外的各类文化展览，如各国艺术展、民俗展等，学生可以直观地欣赏到不同文化的艺术瑰宝和民俗风情。在展览中，学生可以了解到不同文化的艺术风格、审美观念以及创作背后的历史文化背景。同时，通过与展览中的艺术家或文化工作者进行交流互动，学生还能进一步加深对展览内容的理解和认识。这样的参观体验不仅能拓宽学生的文化视野和知识面，还能激发他们的艺术灵感和文化兴趣。

（二）语言交流实践

1. 语言角活动

设立定期的语言角活动是校内跨文化交际实践中的一项重要举措。这一活动为学生提供了一个轻松、自由的交流平台，鼓励他们在此使用外语进行自由交谈。在语言角活动中，学生可以选择自己感兴趣的话题，与来自不同文化背景的同学进行深入的交流和讨论。这样的环境不仅有助于提升学生的口语表达能力和交流自信，还能让他们在实际应用中巩固和拓展外语知识。同时，通过与不同文化背景的人进行交流，学生还能更好地理解和尊重文化差异，培养跨文化交际能力。为了确保语言角活动的有效性和吸引力，可以邀请外籍教师或国际学生作为特邀嘉宾，分享他们的语言学习经验和跨文化交流心得。此外，还可以设置一些有趣的语言游戏和互动环节，让学生在轻松愉快的氛围中提升外语应用能力。

2. 外籍教师／学生互动

增加学生与外籍教师或国际学生的日常互动机会是提升跨文化交际能力的又一重要途径。通过组织语言伙伴计划等活动，可以促进学生与外籍教师或国际学生之间的深入交流和合作。这样的互动不仅为学生提供了在真实语境中学习外语的机会，还能让他们更直接地了解不同文化的思维方式和行为习惯。在语言伙伴计划中，可以鼓励学生与外籍教师或国际学生结成对子，共同进行语言学习和文化交流活动。通过定期的见面交流、共同完成任务等方式，学生可以逐渐建立起稳定的跨文化交流关系，提升自己在多元文化环境中的适应能力和沟通能力。同时，外籍教师或国际学生的参与还能为校园增添国际化氛围，激发学生的全球意识和跨文化学习热情。

（三）文化学术研究

1.文化专题讲座与研讨

文化专题讲座与研讨是校内跨文化交际实践活动中深化学生文化理解的重要环节。通过邀请国内外知名专家学者，就特定文化主题进行深入浅出的讲解和探讨，能够引导学生从更宽广的视野和更深入的层次上理解文化差异和文化认同等议题。这些讲座和研讨活动不仅为学生提供了与专家面对面交流的机会，还能激发他们对文化研究的兴趣和热情。在策划文化专题讲座与研讨时，应注重选题的前沿性和实用性，确保内容能够紧扣时代脉搏，反映文化发展的最新动态。同时，还应鼓励学生积极参与提问和讨论，培养他们的批判性思维和独立思考能力。通过这样的活动，学生不仅能够增强对文化的敏感度和洞察力，还能为未来的学术研究和职业发展奠定坚实基础。

2.论文撰写与学术汇报

论文撰写与学术汇报是校内跨文化交际实践活动中培养学生学术素养和研究能力的重要手段。通过鼓励学生就某一文化议题进行深入研究并撰写论文，能够锻炼他们的文献检索能力、数据分析能力和逻辑思维能力。同时，组织学术汇报会让学生有机会将自己的研究成果以口头报告的形式展示出来，这不仅能提升他们的口头表达能力和演讲技巧，还能增强他们的自信心和团队协作精神。在论文撰写与学术汇报的过程中，教师应给予学生充分的指导和支持，确保他们的研究能够顺利进行并取得预期成果。此外，还应注重论文的原创性和学术价值，鼓励学生提出新颖的观点和见解。通过这样的实践活动，学生不仅能够积累宝贵的学术经验，还能为未来的学术研究和职业发展打下坚实基础。

三、校内跨文化交际实践活动的组织实施

（一）活动筹备与规划

1. 明确活动目标与宗旨

在活动筹备的起始阶段，明确活动的目标与宗旨是至关重要的。这不仅为整个活动的策划和实施提供了明确的方向，还能确保所有工作都紧密围绕核心目标展开，避免偏离主题。通过深入分析和讨论，可以确定活动旨在提高学生的跨文化交际能力，增强他们对不同文化的理解和尊重，以及培养他们在全球化环境中有效沟通的能力。这些目标不仅符合学校的教育使命，也满足了学生个人发展的需要。在明确目标的基础上，可以进一步制定具体的活动策略和计划，以确保目标的实现。

2. 制订详细活动计划

制订详细的活动计划是确保校内跨文化交际实践活动顺利进行的关键步骤。在计划制订过程中，需要充分考虑活动的各个环节，包括活动时间、地点、参与人员以及活动内容等。活动时间的选择应尽量避免与其他重要活动冲突，确保参与者能够全身心投入。活动地点的选择则需考虑场地大小、设施完备性以及交通便利性等因素。同时，还需要明确活动的参与人员，包括组织者、嘉宾以及学生等，并为他们分配相应的任务和责任。在活动内容方面，应结合活动目标和宗旨，设计具有针对性和趣味性的环节，以吸引学生的积极参与。

3. 预算编制与资源整合

预算编制和资源整合是校内跨文化交际实践活动组织实施中的重要环节。为了确保活动的顺利进行，需要对活动所需预算进行合理估算，并积极寻求校内外资源的支持。在预算编制过程中，需要详细列出各项费用，包括场地租赁费、设备购置费、嘉宾邀请费、宣传费用等，并根据实际情况进行调整和优化。同时，还需要充分利用学校现有资源，如场地、设备等，以降低活动成本。在资源整合方面，可以积极寻求与其他组织或企业的合作，共同推广活动，扩大影响力。此外，还可以邀请具有丰富经验和专业知识的嘉宾参与活动，提高活动的专业性和权威性。通过合理的预算编制和有效的资源整合，可以为校内跨文化交际实践活动的顺利实施提供有力保障。

（二）团队组建与协作

1. 组建专业策划团队

为了成功组织实施校内跨文化交际实践活动，首要任务是组建一支具备跨文化交际知识和活动策划能力的专业团队。这个团队将全权负责活动的策划、组织和实施工作，确保活动的专业性和高效性。在团队组建过程中，应注重选拔具有相关背景和专长的人才，如具有海外留学经验、熟悉不同文化习俗、具备活动策划经验等的人员。同时，团队成员之间应分工明确，各司其职，充分发挥各自的专业优势，形成协同工作的良好氛围。通过组建这样一支专业策划团队，能够为校内跨文化交际实践活动的成功实施奠定坚实基础。

2. 建立有效沟通机制

在团队内部建立有效的沟通机制是确保活动顺利进行的关键。为了实现信息的畅通和及时解决问题，应通过多种方式加强团队成员之间的协作与交流。首先，可以定期召开团队会议，让每位成员了解活动的最新进展、存在的问题以及下一步的工作计划。其次，可以利用现代科技手段，如建立工作群，方便团队成员随时沟通和交流。此外，还可以鼓励团队成员之间进行面对面的交流，以加深彼此的了解和信任。通过这些有效的沟通机制，能够确保团队成员之间的密切配合，共同推动活动的顺利进行。

3. 培训与能力提升

针对团队成员的实际情况，开展必要的培训活动是提升他们跨文化交际能力和活动策划水平的重要途径。培训内容应涵盖文化知识、沟通技巧、活动策划方法等多个方面。首先，可以通过文化讲座、文化体验活动等方式，让团队成员深入了解不同文化的特点和习俗，增强他们的文化敏感度和跨文化交际能力。其次，可以组织沟通技巧培训，教授团队成员如何与不同文化背景的人进行有效沟通，避免误解和冲突。最后，还可以邀请具有丰富活动策划经验的专业人士进行分享和指导，提升团队成员的活动策划水平。通过这些培训活动，能够全面提升团队成员的综合素质，为校内跨文化交际实践活动的成功实施提供有力保障。

（三）活动宣传与推广

1. 制定宣传策略

为确保校内跨文化交际实践活动的成功举办，将精心制定一套全面且富有创意的宣传策略。首先，会深入挖掘活动的独特性和吸引力，这包括活动的创新形式、丰富内容以及预期带来的跨文化交流体验等。通过明确这些亮点，能够在宣传中精准地展示活动的魅力和价值。其次，锁定目标受众是宣传策略的关键一环。将深入了解潜在参与者的需求和兴趣，包括他们的学习背景、文化偏好以及活动参与度等。这将帮助更精准地定位宣传信息，确保其能够触动目标受众的心弦。在选择宣传渠道时，将充分考虑线上社交媒体和线下海报张贴等方式的优势和特点。通过结合线上线下的宣传手段，能够更全面地覆盖潜在参与者，提升活动的知名度和影响力。同时，将精心策划宣传内容，力求在简洁明了的基础上做到引人入胜。

2.制作宣传材料

宣传材料在吸引潜在参与者方面扮演着举足轻重的角色。为了打造真正引人入胜的宣传材料，将投入巨大的策划与设计精力。在视觉上，会精心挑选那些既鲜明又富有活力的色彩，它们不仅能够迅速捕捉人们的目光，还能够与活动的主题和氛围相得益彰。排版方面，将运用充满创意的设计，确保每一份宣传材料都独具匠心，令人难以忘怀。内容层面，会深入挖掘活动的每一个亮点与特色，通过精练的文字描述和生动的图片或视频展示，带领受众提前感受活动的魅力。无论是活动的精彩瞬间，还是预期将达成的丰硕成果，都将在宣传材料中得到完美呈现。

3.拓展宣传渠道

为了让更多的师生深入了解和积极参与校内跨文化交际实践活动，将全方位、多角度地拓展宣传渠道。传统媒体方面，会充分利用校园广播的黄金时段和公告栏的显眼位置，定期发布最新活动信息和精心设计的宣传材料。这样不仅能确保活动信息迅速传达给师生，还能在校园内营造出浓厚的跨文化交际氛围。同时，也将积极拥抱社交媒体等新兴平台。通过微信公众号、学生 QQ 群和微信群等渠道，将以更贴近年轻人的方式进行线上推广和互动。这些平台不仅能够迅速扩大活动的影响力，还能及时收集师生的反馈和建议，为活动的持续改进提供宝贵参考。除此之外，还将主动出击，积极寻求与其他组织或机构的合作机会。例如，与校内外文化交流协会、学生团体等携手举办联合活动或进行资源共享，通过强强联合，共同推广活动，进一步拓宽受众范围。相信通过这些多元化的宣传方式，校内跨文化交际实践活动将吸引更多师生的关注和参与，为校园文化的繁荣发展注入新的活力。

（四）活动执行与监控

1. 活动现场布置与管理

活动现场的布置与管理是确保活动顺利进行的关键环节。在活动开始前，会组织专业的布置团队对现场进行精心设计和装饰，以营造出符合活动主题的氛围。同时，会确保现场环境的整洁和设施的完善，包括座椅、音响、灯光等设备的检查和调试，以提供舒适的参与体验。此外，为了保障活动的有序进行，还会制定详细的活动现场管理规则，明确参与者的行为规范和安全注意事项，并设立专门的现场管理小组进行巡视和监督。

2. 活动流程控制与调整

在活动进行过程中，对活动流程的控制与调整至关重要。会密切关注活动的进展情况，根据实际情况进行必要的调整，以确保活动能够按照既定计划顺利进行。例如，如果某个环节出现延误或意外情况，会及时与相关人员沟通，灵活调整后续环节的时间安排和内容，以保证活动的连贯性和完整性。同时，还会设立专门的流程监控小组，负责记录和掌握各个环节的执行情况，及时发现问题并进行处理。

第二节　校外跨文化交际实践平台的搭建与利用

一、搭建校外跨文化交际实践平台的途径

（一）合作项目与实习机会

1. 跨国企业合作项目

寻求与跨国企业的战略合作是搭建校外跨文化交际实践平台的重要途径之

一。通过与跨国企业的合作，高校可以为学生提供参与国际商务项目的宝贵机会。这些项目通常涉及多个国家和文化背景，要求学生在实际工作中运用跨文化交际能力，如与外籍同事沟通、处理国际业务等。通过参与这些项目，学生不仅能够提升语言水平，还能培养在多元文化环境中工作的敏感度和适应性。此外，与跨国企业的合作还有助于高校了解国际行业的最新动态和标准，进一步优化专业课程设置，确保教育内容与市场需求紧密相连。

2. 行业实习安排

与行业合作，为学生安排具有国际化背景的实习机会是另一种有效的校外跨文化交际实践平台搭建方式。通过实习，学生可以深入企业一线，亲身体验并学习国际化工作环境中的日常运作和业务流程。这种实践不仅有助于巩固和拓展学生的专业知识，更能让他们在实际操作中锤炼语言应用和跨文化沟通技巧。在实习过程中，学生需要面对和解决各种实际问题，这不仅能提升他们的解决问题的能力，还能增强他们的团队协作和创新能力。

3. 专业实践课程整合

将合作项目和实习机会融入专业课程体系，是实现理论与实践相结合、培养学生全面素质的关键环节。通过将校外实践资源与校内课程紧密对接，高校可以确保学生在系统学习理论知识的同时，获得充分的实践操作机会。这种整合不仅有助于提升学生的专业技能和就业竞争力，还能培养他们的创新思维和终身学习能力。在实施过程中，高校需要与企业保持密切沟通，共同制定实践教学目标和计划，确保实践内容与课程需求相匹配，从而最大限度地发挥校企合作的优势和效益。

（二）海外交流与学习项目

1. 学生交换计划

与海外高校建立学生交换计划是促进学生国际化发展的重要举措。通过这一计划,高校能够为学生提供短期的海外学习机会,让他们在不同的文化环境中亲身体验和学习。这不仅有助于提升学生的外语水平和跨文化交际能力,还能增强他们的全球意识和国际竞争力。在海外学习期间,学生将有机会接触到不同的教育模式、课程体系和学术氛围,从而拓宽视野,增长见识。同时,与来自不同国家和背景的同学交流互动,也有助于培养他们的多元文化敏感度和团队协作精神。

2. 访学与研修项目

组织学生参加海外的访学与研修项目是深化国际教育合作的有效途径。这类项目通常涉及对目标国家文化、教育和社会的深入了解,旨在帮助学生拓宽国际视野,增强全球意识。在访学与研修过程中,学生将有机会参观当地的学校、研究机构、企业和文化遗址等,与当地专家学者和业界人士进行面对面的交流和互动。这将有助于他们深入了解目标国家的文化传统、社会制度和发展现状,提升对国际事务的认知和理解。同时,访学与研修项目还能为学生提供宝贵的学术资源和研究机会,促进他们在专业领域内的成长和发展。

3. 双学位与合作项目

与海外高校共同开设双学位项目或合作办学是推进高等教育国际化的重要策略之一。这种合作模式能够为学生提供更广泛的学术资源和学习选择,有助于培养他们的综合素质和国际竞争力。通过参与双学位项目或合作办学,学生将有机会同时获得两所高校颁发的学位证书,这将为他们未来的职业发展提供更多选择和机会。此外,与海外高校的紧密合作还能促进教育资源的共享和优势互补,推动学术研究和教育创新的深入开展。这将有助于提升高校的整体办学水平和国际影响力,为培养具有全球视野和国际竞争力的高素质人才奠定坚实基础。

（三）文化体验与志愿服务活动

1. 国际文化节庆参与

组织学生参与国际文化节庆活动，是提升他们跨文化交际能力的重要途径。这些活动，如世界各国的传统节日、艺术展览等，为学生提供了一个直观感受不同文化的平台。在参与过程中，学生不仅能够观赏到各种独具特色的文化表演和艺术作品，还能与来自不同文化背景的人们进行互动交流。这种体验不仅能增强学生的文化敏感度和鉴赏力，还能帮助他们更好地理解和尊重多元文化。通过参与国际文化节庆活动，学生将有机会拓宽视野，增长见识，为未来的国际交流与合作打下坚实基础。

2. 志愿服务与文化交流

鼓励学生参与国际志愿服务活动，如国际赛事、会议等的志愿者工作，是促进他们跨文化交流与服务经验积累的有效方式。在这些活动中，学生将有机会与来自世界各地的志愿者一起工作，共同为赛事或会议的顺利进行贡献力量。通过与不同国籍、文化背景的志愿者交流互动，学生将能够更深入地了解他们的文化观念、价值取向和生活方式，从而培养更加开放包容的心态和跨文化沟通能力。同时，志愿服务活动还能帮助学生提升团队协作能力、解决问题能力和社会责任感，为他们的全面发展提供有力支持。

3. 文化遗址与民俗体验

安排学生访问当地的文化遗址、民俗村落等，是让他们亲身感受并学习不同文化的历史、传统和生活方式的绝佳机会。在这些场所，学生将能够目睹各种珍贵的文物古迹，了解不同文化的起源和发展历程。同时，通过参与当地的民俗活动，如传统手工艺制作、民间歌舞表演等，学生还能更深入地体验不同文化的魅力和特色。这种学习方式不仅能提升学生的文化素养和认知水平，还能激发他们的学习兴趣和探索精神。通过文化遗址与民俗体验活动，学生将有机会更加全面地了解世界文化的多样性，为培养具有国际视野和跨文化交际能力的人才奠定坚实基础。

二、利用校外跨文化交际实践平台的策略

（一）制定明确的目标与计划

1. 设定具体的实践目标

在利用校外跨文化交际实践平台之前，设定具体的实践目标是至关重要的。这些目标应该明确、具体，并与学生的实际需求和能力水平相匹配。通过设定明确的目标，可以帮助学生更好地聚焦实践活动的核心，从而有针对性地提升他们的跨文化交际能力。同时，具体目标的设定也有助于后续的评估与反馈，使得整个实践过程更加系统、有效。为了设定合适的实践目标，可以充分考虑学生的语言水平、文化背景、交际需求等因素，并结合校外实践平台的特点和资源，制定出既具有挑战性又切实可行的目标。

2. 制订详尽的活动计划

制订详尽的活动计划是利用校外跨文化交际实践平台的关键步骤。一个周密的计划能够确保实践活动的有序进行，减少不必要的混乱和延误。在制订计划时，需要充分考虑活动的时间、地点、人员安排、资源调配等各个方面，确保每个细节都得到了妥善的处理。此外，活动计划还应该具有一定的灵活性和可调整性，以应对可能出现的突发情况。通过制订详尽的活动计划，可以帮助学生更好地了解实践活动的整体安排和具体要求，从而更加高效地参与其中，提升他们的跨文化交际能力。

（二）加强指导与培训

1. 提供专业且有针对性的指导

在利用校外跨文化交际实践平台时，提供专业且有针对性的指导是至关重

要的。这种指导应该来自具有丰富经验和专业知识的导师或专家，他们能够根据学生的实际情况和需求，提供个性化的建议和指导。通过专业指导，学生可以更加深入地了解不同文化的特点和交际规则，提高在跨文化交际中的敏感度和适应性。同时，导师或专家还可以帮助学生解决在实践中遇到的问题和困惑，确保他们能够顺利地进行跨文化交际实践。

2. 开展全面的语言和文化培训

语言和文化是跨文化交际的基础，因此，在利用校外跨文化交际实践平台时，必须重视对学生的语言和文化培训。这种培训应该包括外语水平的提高、文化背景知识的了解以及文化适应能力的培养等方面。通过全面的语言和文化培训，学生可以更加自信地与不同文化背景的人进行交流，减少因语言和文化差异造成的误解和冲突。同时，培训还可以帮助学生拓宽视野，增强对多元文化的理解和尊重，为成为具有国际视野的人才打下基础。

3. 培养交际技巧与策略

在跨文化交际中，除了语言和文化知识外，还需要掌握一定的交际技巧与策略。因此，在利用校外跨文化交际实践平台时，应该注重对学生交际技巧与策略的培养。这包括如何进行有效的沟通、如何处理文化冲突、如何建立良好的人际关系等方面。通过培养交际技巧与策略，学生可以更加灵活地应对各种交际场景和挑战，提高跨文化交际的效果和质量。同时，这些技巧与策略还可以帮助学生在未来的职业生涯中更好地适应多元化的工作环境和团队文化。

（三）鼓励自主参与和分享

1. 激发学生参与实践的兴趣

激发学生参与校外跨文化交际实践的兴趣是提升其实践能力的关键。为了达成这一目标，学校和教育机构可以通过举办讲座、工作坊等活动，向学生介绍跨文化交际的重要性和实践活动的意义。同时，可以邀请有丰富实践经验的学长学姐或行业专家进行分享，用他们的亲身经历来激发学生的好奇心和探索欲。此外，提供实践机会与奖励机制也是有效的方法，如设立实践奖学金、提供实习机会等，以此激励学生积极参与实践活动，提升跨文化交际能力。

2. 建立分享与交流的平台

建立分享与交流的平台对于促进学生之间的经验交流和知识共享至关重要。学校可以创建线上或线下的交流平台，如社交媒体群组、论坛或定期举办的分享会等，为学生提供便捷的互动环境。在这些平台上，学生可以分享自己的实践经历、心得体会，也可以提出问题、寻求帮助。通过互相学习和交流，学生能够更全面地了解不同文化背景下的交际技巧，拓宽视野，增强跨文化意识。同时，教师和教育机构也应积极参与其中，提供必要的指导和支持，确保平台的良性运作。

3. 鼓励多样化的分享形式

鼓励学生采用多样化的分享形式，有助于更全面地展示他们的实践成果和心得体会。除了传统的口头报告和书面总结外，还可以支持学生通过制作视频、PPT 演示、图片展板等方式进行分享。这些多样化的形式不仅能够更直观地展示实践内容，还能提高学生的创造性和表达能力。同时，学校和教育机构可以举办展览、演出等活动，为学生提供更多展示自己实践成果的机会。通过这些活动，学生能够增强自信心和成就感，进一步激发他们参与跨文化交际实践的热情。

三、校外跨文化交际实践平台的评估与改进

（一）建立评估机制

1. 设定明确的评估标准

在校外跨文化交际实践平台的评估过程中，设定明确的评估标准是首要

任务。评估标准应该全面反映实践活动的目标、内容和效果，同时兼具可操作性和可量化性。具体来说，可以从语言能力、文化理解、交际技巧、问题解决能力等多个维度来设定评估标准，每个维度下再细分出具体的评估指标。例如，语言能力可以包括口语流利度、语法准确性等指标；文化理解可以包括对目标文化知识的掌握程度、文化敏感度和适应性等指标。通过这些明确的评估标准，可以更加客观地评价学生在实践活动中的表现，为后续的改进提供有力依据。

2. 选择合适的评估方法

选择合适的评估方法是确保评估结果准确性的关键。在校外跨文化交际实践平台的评估中，可以结合定性与定量评估方法，以全面反映学生的实践成果。例如，可以采用问卷调查、访谈等定性评估方法，收集学生对实践活动的感受和看法；同时，也可以运用测试表、评分表等定量评估工具，对学生的语言能力、交际技巧等进行量化评估。此外，还可以考虑引入第三方评估或专家评审等方式，增加评估结果的客观性和权威性。通过选择合适的评估方法，可以更加科学地评价实践活动的效果，为改进工作提供有力支持。

3. 建立定期评估制度

建立定期评估制度是确保校外跨文化交际实践平台持续改进的重要保障。通过设定固定的评估周期，如每学期或每年度进行一次全面评估，可以及时发现实践活动中存在的问题和不足，为后续的改进工作提供依据。同时，定期评估还可以促进学校与合作方之间的沟通与协作，共同推动实践平台的发展。在实施定期评估时，需要制定详细的评估计划，明确评估目标、时间安排和人员分工等事项，确保评估工作的顺利进行。同时，也要注重对评估结果的及时分析和反馈，以便及时调整和改进实践策略。

（二）收集反馈意见

1. 多渠道收集反馈

为了全面、客观地了解校外跨文化交际实践平台的运行效果，多渠道收集反馈意见至关重要。可以通过线上调查问卷、面对面访谈、小组讨论等多种形式，广泛收集学生、指导教师、合作单位等各方参与者的意见和建议。线上渠道可以利用社交媒体、电子邮件等便捷工具，确保信息收集的及时性和覆盖面；线下渠道则可以通过举办座谈会、研讨会等活动，深入交流并获取更为详细的反馈。多渠道收集反馈不仅能够更全面地掌握实践平台的优缺点，还能为后续改进工作提供有力的数据支撑。

2. 整理与分析反馈数据

收集到反馈意见后，下一步是对这些数据进行细致的整理与深入分析。这一过程中，需要将各类反馈意见按照主题进行分类，如课程设置、教师指导、实践机会等，以便更清晰地识别问题和需求。同时，运用统计分析方法，对数据进行量化处理，找出主要矛盾和改进重点。整理与分析反馈数据的目的在于从繁杂的信息中提炼出有价值的见解，为实践平台的改进提供明确的方向和依据。

3. 及时反馈给相关方

确保将整理分析后的反馈意见及时反馈给实践平台的管理层、教师团队以及其他相关方，是改进工作中不可忽视的一环。通过及时反馈，能够让各方了解当前存在的问题和不足，从而共同参与到改进工作中来。在反馈过程中，需要注重信息的准确性和针对性，确保每个相关方都能明确自己的改进任务和责任。同时，建立良好的沟通机制，鼓励各方提出改进建议，形成共同参与、持续改进的良好氛围。这种及时、有效的反馈机制，将有力推动校外跨文化交际实践平台的不断优化和提升。

（三）持续改进与优化

1. 制订改进计划

在收集并分析完反馈意见后，针对校外跨文化交际实践平台存在的问题和不足，制订详细的改进计划是首要任务。该计划需明确改进的具体目标，例如提升实践活动的多样性、增强指导教师的专业素养等，确保每一项改进都有的放矢。同时，计划应包含切实可行的时间表和步骤，将长期目标分解为短期可执行的任务，为实施改进措施提供清晰的路线图。此外，还需考虑资源分配和预算问题，确保改进工作得到足够的支持。通过制订全面、系统的改进计划，为实践平台的持续优化奠定坚实基础。

2. 实施改进措施

制订好改进计划后，下一步便是按照计划逐步实施改进措施。这一过程中，要确保各项措施得到有效执行，需要明确责任分工，指定专人负责特定任务的推进。同时，加强团队协作与沟通，确保信息畅通，及时发现并解决问题。在实施过程中，还应根据实际情况灵活调整策略，确保改进措施能够顺应变化、取得实效。此外，对改进措施的实施过程进行记录和监控，以便后续评估其效果。通过这一系列举措，推动校外跨文化交际实践平台不断向更高水平迈进。

第三节　学生跨文化交际能力的评价与反馈

一、跨文化能力模型

（一）跨文化能力 CAK 模型

跨文化 CAK 模型是由我国华中科技大学彭仁忠教授和武汉理工大学吴卫

平教授领衔的教学科研团队共同研发提出的。本模型基于 Byram 的跨文化能力
（ICC）评价模式理论，以中国大学生作为研究对象，针对其跨文化能力的各个
维度及评价量表进行了一次实证调查。通过系统而全面的分析，深入探究了中
国大学生跨文化能力构成中的意识、态度、知识、技能等关键维度，并运用了
探索性和验证性因子分析方法。最终目的是构建一份具有良好信度和效度的中
国大学生 ICC 评价量表。该量表包括本国文化知识、外国文化知识、态度、跨
文化交流技能、跨文化认知技能、意识等六个主要因子。值得一提的是，该模
型是基于跨文化能力考试（Cross-cultural Aptitude Knowledge Test）的理论框架
而设计的，旨在全面考查个体的跨文化交流技能、跨文化认知技能、跨文化态
度、跨文化意识、中国文化知识和外国文化知识等六个维度。

1. 跨文化交流技能（Communicative Skills）

这些技能涉及在跨文化环境中进行有效沟通的能力。包括语言表达能力，
如清晰、准确地使用目标语言进行交流；非语言沟通能力，如肢体语言、面部
表情和音调的运用；以及倾听能力，即理解并回应对方的信息和情感。此外，
还包括在跨文化沟通中处理冲突、误解和困难的技巧。

2. 跨文化认知技能（Cognitive Skills）

认知技能涉及理解、分析和解释跨文化情境的能力。这包括识别文化差异，
理解不同文化背景下的价值观、信仰和行为模式，以及预测和解释跨文化交流
中的潜在冲突。这些技能有助于个人在跨文化环境中做出明智的决策和适应不
同的文化情境。

3. 态度（Attitude）

态度是指个人对跨文化交流所持的心理倾向和价值观。一个积极的跨文化
态度包括开放、尊重、好奇和灵活。这种态度有助于个人接纳和欣赏文化差异，
愿意学习和适应不同的文化，并在跨文化交流中保持平和与友善。

4. 意识（Awareness）

意识是指对个人和他人文化背景的觉察和理解。这包括意识到自己的文化身份、文化背景对自身行为和观念的影响，以及意识到其他文化的存在和多样性。通过增强跨文化意识，个人可以更加敏感地察觉和处理跨文化交流中的差异和共性。

5. 本国文化知识（Knowledge of Self）

本国文化知识是指个人对自己所在文化的深入了解和理解。这包括对自己文化的历史、传统、价值观、社会习俗和行为模式的认知。通过深入了解本国文化，个人可以更好地理解自己的文化背景如何塑造自己的思维和行为方式，从而在跨文化交流中更加自信和自如。

6. 外国文化知识（Knowledge of Others）

外国文化知识是指个人对其他国家文化的了解和理解。这包括对目标文化的历史、传统、价值观、社会习俗和行为模式的认知。通过了解外国文化，个人可以更好地预测和解释目标文化中人们的行为和反应，从而避免误解和冲突，促进有效的跨文化交流。

图 7-1　跨文化能力 CAK 模型

（二）跨文化能力动态发展模型

鉴于文化是动态发展且不断变化的，所以跨文化能力也不应是静态的，不是个人一旦获得，便终身具有的能力。相反，跨文化能力应更多地被看作是一种动态发展的能力。但是在欧美跨文化研究界，把跨文化能力看作是动态发展的研究成果很少，下文在这些少有的研究成果中举例显示跨文化能力的动态发展模型。

在欧美影响较大的间接显示跨文化能力动态发展的模型是金荣渊（Young-Yun Kim）的压力－调整－成长动态跨文化适应模型。

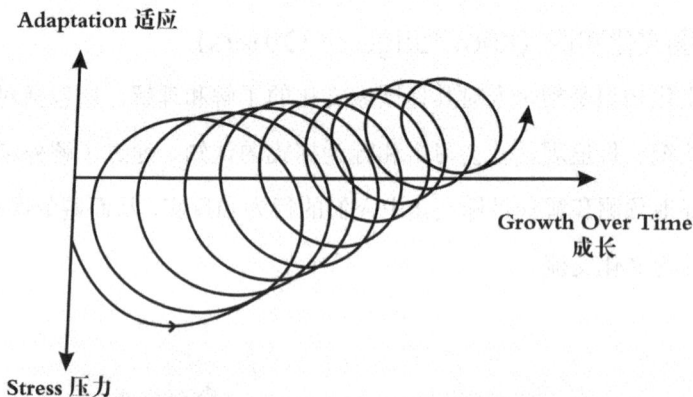

图 7-2　Kim 的压力—调整—成长动态跨文化适应模型

金荣渊（Kim）认为，人在进入异文化体系时，起初常会感到迷茫、情绪低落甚至心理失衡，但暂时的心理失衡或压力可以成为适应调整的基础和原动力，因为人们一旦积极地自我调整与转变，克服了危机，就会获得加强和提高自身能力的机会，促进自身的成熟和跨文化成长。

德国学者基尔（Kiel 2001:5）将跨文化能力发展分为六个阶段：（1）对文

化的敏感;(2)学习文化分析方法;(3)对母文化的分析;(4)对目的文化的分析;(5)学习目的文化的规则;(6)在目的语文化中检验所学的规则。基尔的跨文化能力发展模型虽然显示出了动态性,但是他描述的六个阶段的能力较单一,而且过分强调认知能力而忽视了情感能力和行为能力的发展。

胡普斯(Hoopes)提出了跨文化能力发展的阶梯模型。

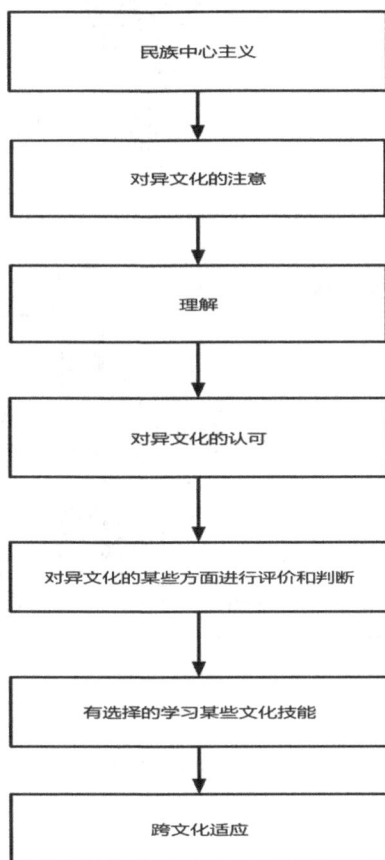

图 7-3　Hoopes 的跨文化能力发展阶梯模型

这些发展模型虽然显示出了跨文化能力的动态发展性,但是其对各个发展阶段的描述大多较为简单，不够全面，缺乏操作性。

贝塔斯曼基金会在迪尔多夫（Deardorff）的研究基础上制作出了跨文化能力学习螺旋。

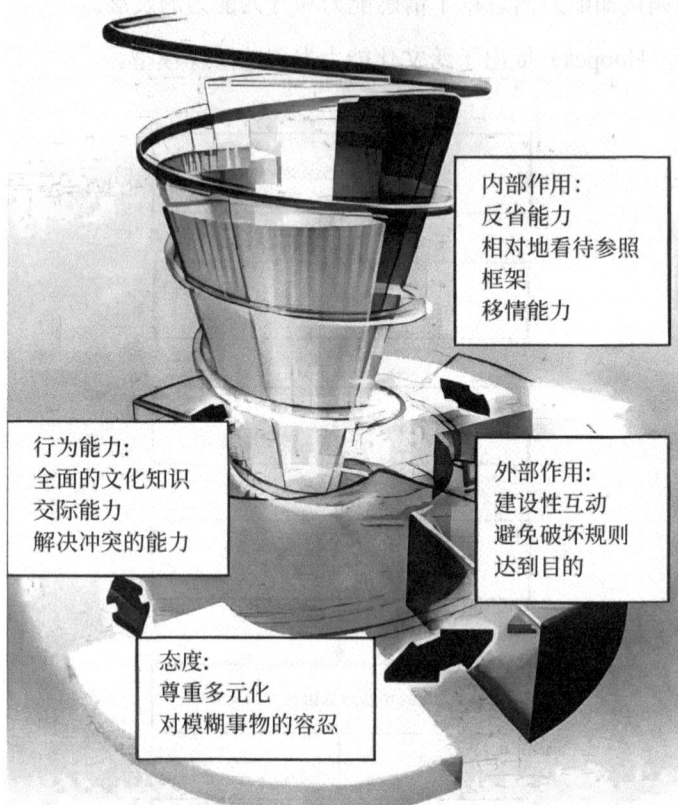

图 7-4　贝塔斯曼基金会在 Deardorff 的研究基础上制作的跨文化能力学习螺旋

上述跨文化能力螺旋模型，强调了该能力的动态发展，也显示了跨文化能力与动机（态度）、行为能力、作为内部作用的反省能力和作为外部作用的建设性互动这四个层面的共同作用有关。但这四个层面的划分缺乏说服力，其每个层面的内容也较为单一。

二、外语专业学生跨文化交际能力评价与反馈

（一）评价目的与标准

1. 明确评价目的

对学生跨文化交际能力进行评价，首要目的是全面、客观地了解学生的实际能力水平。通过评价，教师能够掌握学生在外语运用、文化知识理解、交际策略应用等方面的具体情况，从而为后续的教学提供有针对性的指导。此外，评价还能帮助学生自我认知，明确自身在跨文化交际中的优势和不足，进而激发学习动力，促进个人能力的持续提升。最终，通过科学、有效的评价，期望能够培养出具备高度跨文化交际能力的外语专业人才，以满足全球化背景下社会对人才的多元需求。

2. 设定评价标准

设定明确的评价标准是确保跨文化交际能力评价客观、公正的关键。首先，评价标准应涵盖语言运用的准确性、流利度和得体性，以评估学生在外语交流中的基本能力。其次，文化知识的广度和深度也是重要评价指标，包括学生对目标语言国家文化、历史、社会习俗等方面的了解程度。此外，交际策略的有效性和灵活性同样不可忽视，这关系到学生在实际交际中应对各种情境的能力。同时，非语言沟通能力的展现也是评价的一部分，如肢体语言、面部表情等。最后，学生的跨文化态度与敏感性也应纳入评价标准，以评估其在跨文化交际中的开放度、尊重度和包容度。这些标准的设定旨在全面、系统地评价学生的跨文化交际能力，为教学提供有力支持。

（二）评价方法的选择

1. 形成性评价方法

形成性评价方法在外语专业学生跨文化交际能力评价中占据重要地位。这

种方法注重过程，能够实时跟踪学生的学习进展，为教师提供及时、准确的反馈信息。通过课堂观察、小组讨论、角色扮演等多样化的活动，教师可以深入了解学生在实际交际中的表现，发现学生在语言运用、文化知识理解、交际策略应用等方面的优点和不足。同时，形成性评价方法还鼓励学生自我反思和同伴互评，培养学生的自主学习能力和批判性思维。这种评价方法不仅有助于调整教学策略，满足学生的个性化需求，还能激发学生的学习动力，促进学生的全面发展。

2. 终结性评价方法

终结性评价方法是对学生跨文化交际能力进行阶段性总结的重要手段。它通常发生在学期末或课程结束时，通过标准化测试、问卷调查、口头报告等形式，对学生的综合能力进行全面评估。这种方法能够客观地衡量学生的学习成果，为教学质量的评价提供有力依据。同时，终结性评价方法还能帮助学生明确自己在跨文化交际中的定位，为学生未来的学习和职业发展提供指导。然而，需要注意的是，终结性评价方法应与其他评价方法相结合，避免单一评价方式的局限性，以确保评价结果的全面性和准确性。

（三）多元评价主体的参与

1. 教师评价

在外语专业学生跨文化交际能力评价中，教师评价发挥着核心作用。教师作为专业知识的传授者和学生能力发展的引导者，具备对学生表现进行全面、客观评价的能力。学生通过课堂观察、作业批改、测试评估等方式，深入了解学生在语言技能、文化知识、交际策略等方面的掌握情况。同时，教师还能结合教学目标和课程标准，为学生提供有针对性的反馈和指导，帮助学生认清自身不足并制订改进计划。教师评价的权威性和专业性，使其成为学生跨文化交际能力评价不可或缺的一环。

2. 学生自评与互评

学生自评与互评是促进学生自我认知和同伴学习的重要手段。在跨文化交际能力评价中，学生自评能够帮助学生反思自己的学习过程和成果，明确个人在跨文化交际中的优势和劣势，从而调整学习策略，提升学习效果。而互评则鼓励学生之间相互观察、学习和借鉴，通过同伴的视角发现自己的盲点和不足，拓宽学习思路。这种评价方式能够增强学生的主体意识和参与感，促进学生之间的合作与交流，共同提升跨文化交际能力。

3. 行业专家与外部评价

引入行业专家和外部评价主体，能够为外语专业学生跨文化交际能力评价提供更为全面和专业的视角。行业专家具备丰富的实践经验和行业知识，学生能够从职业发展的角度对学生的跨文化交际能力进行评估，为学生提供更加贴近实际需求的反馈和建议。而外部评价则能够打破学校内部的评价局限，引入更为客观和公正的评价标准和方法，提升评价的信度和效度。这种评价方式有助于学校了解行业和社会对人才的需求，推动教学与实践的紧密结合，培养更多具备高度跨文化交际能力的外语专业人才。

（四）反馈策略的实施

1. 即时反馈

即时反馈是在教学活动进行中或学生完成某项任务后立即给予的反馈。在外语专业学生跨文化交际能力评价中，即时反馈对于纠正学生的错误、强化正确行为以及保持学生学习动力至关重要。教师可以通过口头点评、肢体语言或书面批注等方式，针对学生在课堂表现、语言实践或交际模拟中的具体情况，提供即时的评价和指导。这种反馈方式能够让学生及时了解自己的学习成效，发现问题并立即进行调整，从而提高学习效率。同时，即时反馈还能增强师生互动，营造积极的学习氛围，激发学生的学习积极性。

2. 定期反馈

定期反馈是在一段时间的学习后，对学生进行系统、全面的评价，并提供相应的反馈意见。这种反馈方式有助于学生和教师了解学习进程，评估目标的达成情况，并为下一阶段的学习制订计划。在外语专业学生跨文化交际能力评价中，定期反馈可以包括阶段性的测试、项目报告、学习总结等。通过定期反馈，学生可以清晰地看到自己在跨文化交际能力方面的进步与不足，从而调整学习策略，明确努力方向。教师则可以根据学生的整体表现，对教学内容和方法进行反思与调整，以更好地满足学生的学习需求。

3. 个性化反馈

个性化反馈是针对每个学生的具体情况和需求，提供量身定制的评价和指导。在外语专业学生跨文化交际能力评价中，学生之间的差异是显而易见的，因此个性化反馈显得尤为重要。教师可以通过一对一的辅导、学习日志、个性化学习计划等方式，深入了解每个学生的学习风格、兴趣爱好和学习难点，并根据这些信息提供个性化的反馈策略。个性化反馈能够让学生感受到教师的关注和支持，增强学生的学习自信心和动力。同时，这种反馈方式也有助于教师发现每个学生的潜能和特长，为学生提供更具针对性的教学和发展建议。

（五）评价结果的运用

1. 教学改进的依据

评价结果的运用对于教学改进至关重要。在外语专业学生跨文化交际能力评价中，所得结果可以直接反映出现行教学方法的有效性、课程内容的适宜性以及教学资源的配置是否合理。教师通过分析评价结果，能够准确识别出学生在跨文化交际中的薄弱环节，进而调整教学策略，优化课程设计，以更加符合学生的学习需求。例如，若发现学生在文化敏感性方面存在不足，教师可以增加相关文化背景知识的教学内容，设计更多涉及文化差异的交际场景练习，从而帮助学生提升跨文化交际能力。因此，评价结果的有效运用是推动教学持续改进、提高教学质量的关键所在。

2. 学生发展的指导

评价结果不仅对教师教学有指导意义，更是学生个人发展的重要参考。通过对学生跨文化交际能力的全面评价，学生可以清晰地认识到自己在语言技能、文化知识、交际策略等方面的优势和不足。基于这些评价结果，学生可以制定更加明确的学习目标和发展规划，有针对性地提升自己的薄弱环节。同时，评价结果还可以帮助学生发现自己的潜能和兴趣所在，引导学生选择适合自己的学习路径和职业发展方向。因此，合理运用评价结果，对学生实现个性化发展、提升综合素质具有重要意义。

3. 教育质量的评估

评价结果的运用还是评估教育质量的重要依据。外语专业学生的跨文化交际能力水平直接反映了学校外语教育的成效。通过对学生跨文化交际能力的定期评价，教育机构可以及时了解教学目标的实现程度，评估教学效果是否达到预期目标。这些评价结果可以为学校管理层提供决策支持，帮助学生调整教育政策、优化教学资源配置、改进教学方法等，从而提升整体教育质量。同时，对外公布的评价结果还可以增强学校的透明度，提高教育机构的公信力和社会认可度。

第八章

跨文化交际能力培养与国际传播能力建设的关系

第一节
跨文化交际能力培养
对国际传播能力建设的支撑作用

一、跨文化交际能力：国际传播的基础

（一）跨文化交际能力在国际传播中的重要性

1. 促进信息传播的有效性

在国际传播中，信息的传递过程远非简单的发送与接收，而是一个复杂的交流与互动过程。具备跨文化交际能力的传播者，他们不仅精通语言技巧，更对目标受众的文化背景有着深刻的洞察力。这种能力使他们能够敏锐地捕捉到受众在

信息接收过程中的微妙差异，进而灵活地调整传播策略。他们懂得如何以受众熟悉和喜爱的方式呈现信息，确保信息在传递过程中既不失真，又能触动受众的心灵。这种跨文化交际能力的运用，无疑大大提高了信息的传达率和覆盖率，更重要的是，它增强了信息的针对性和说服力，让受众在接收信息的同时，也能感受到传播者的真诚与尊重。这样的国际传播不仅精准、高效，更能在跨文化交流中架起理解与友谊的桥梁。

2. 增强国家形象的塑造力

国家形象的塑造，作为国际传播的核心任务，对于每一个国家而言都至关重要。在这一过程中，那些具备强大跨文化交际能力的传播者发挥着举足轻重的作用。他们深谙国际社会的认知规律和审美趋势，能够精准地捕捉到国际受众的关注点和兴趣所在。通过巧妙的策划和富有创意的表达方式，他们成功地将国家的独特文化、历史底蕴以及发展成就呈现给世界。这些传播者不仅传递着国家的核心价值观，更在国际舞台上塑造出一个积极、开放且负责任的大国形象。他们的努力，使得国家的国际影响力和美誉度得以显著提升，为国家在国际事务中赢得更多的尊重和支持。这种跨文化的传播策略，不仅增强了国家与世界的相互理解和交流，更为国家的长远发展奠定了坚实的基础。

3. 推动国际交流与合作

在全球化浪潮的推动下，国际交流与合作日益成为各国发展的重要支撑。在这一进程中，跨文化交际能力犹如一座坚实的桥梁，紧密连接着不同国家和文化。具备这种能力的传播者，他们深谙文化差异带来的沟通挑战，并能够巧妙地化解这些障碍，推动各国之间的深度理解和互信。他们不仅擅长搭建对话平台，为各国政府、企业和民间团体提供交流机会，还积极推动项目合作，促进资源共享和优势互补。更重要的是，他们乐于分享各自的发展经验，为国际社会的共同进步贡献智慧。通过这些努力，他们不仅为国际社会的和平与发展做出了巨大贡献，也极大地丰富了国际间的人文交流，使得各国人民在相互学习和借鉴中增进了友谊，加深了互信。这种跨文化交际能力的广泛运用，无疑为构建一个更加和谐、包容的世界注入了强大的动力。

（二）跨文化交际能力与国际传播能力的相互关系

1. 相辅相成的关系

跨文化交际能力与国际传播能力之间存在着相辅相成的关系。一方面，跨文化交际能力是国际传播能力的基础。在国际传播过程中，传播者需要面对不同文化背景、语言习惯和价值观的受众，只有具备了跨文化交际能力，才能更好地理解受众需求，选择合适的传播方式和内容，从而实现有效的信息传播。另一方面，国际传播能力的提升也反过来促进了跨文化交际能力的培养。通过参与国际传播实践，传播者可以接触到更广泛的文化语境，积累更多的跨文化交际经验，不断提升自己的跨文化交际能力。因此，两者相互依存、相互促进，共同构成了国际传播领域不可或缺的能力要素。

2. 共同发展的必要性

在全球化日益深入的今天，跨文化交际能力与国际传播能力的共同发展显得尤为重要。首先，随着国际交流的日益频繁，各国之间的文化碰撞与融合成为常态。只有具备了跨文化交际能力，才能更好地适应这一趋势，促进不同文化之间的理解与沟通。其次，国际传播作为展示国家形象、传递国家声音的重要渠道，其效果直接关乎国家的国际地位和影响力。提升国际传播能力，有助于更好地传递国家理念、展示国家发展成就，增强国际社会对我国的认知和认同。最后，两者共同发展还有助于培养具备全球视野和国际竞争力的人才，为我国参与全球治理、推动构建人类命运共同体提供有力支撑。因此，推动跨文化交际能力与国际传播能力的共同发展势在必行。

二、培养跨文化交际能力：提升国际传播效果的关键

（一）跨文化交际能力培训的重要性

1. 增强国际竞争力

在全球化日益深入的今天，国际竞争力的内涵已经发生了深刻变化。除了传统的经济、科技硬实力外，文化软实力也日渐凸显其重要性。特别是在信息传播和文化交流领域，跨文化交际能力更是成为衡量一个国家或个人国际竞争力的重要指标。这种能力不仅关乎语言技巧，更在于对不同文化的深刻理解和尊重。通过专业的跨文化交际能力培训，传播者能够更自信地登上国际舞台，用更加精准和恰当的方式传递本国声音，讲述本国故事。这种提升不仅为个人的职业发展打开了更广阔的空间，更为国家在国际事务中争取更多的话语权和影响力，为塑造积极、正面的国际形象贡献不可或缺的力量。

2. 促进文化多样性理解与尊重

世界因文化多样而精彩纷呈，每一种文化都是人类智慧的结晶，共同构成了丰富多彩的人类文明画卷。然而，文化差异也时常导致误解和冲突，成为国际交流与合作中的潜在障碍。跨文化交际能力培训的出现，正是为了化解这一难题。才需要通过深入学习和了解不同文化的历史背景、社会习俗、价值观念等，传播者能够逐渐消除对异文化的陌生感和排斥心理，以更加开放和包容的心态去接纳、欣赏并尊重文化的多样性。这种培训不仅有助于打破文化壁垒，减少因文化差异造成的误解和摩擦，更能促进不同文化之间的交流与融合，让各种文化在相互借鉴中共同发展、繁荣。

3. 提升信息传播质量

信息传播的质量对于国际传播的效果具有至关重要的影响。在信息爆炸的时代，如何确保信息能够准确、迅速地传达给目标受众，是每一个传播者都必

须面对的挑战。具备跨文化交际能力的传播者在这方面拥有显著的优势，他们通过深入了解受众的文化背景、语言习惯以及信息接受方式，能够制定出更加贴近受众心理、更具针对性的传播策略。通过专业的培训，这些传播者进一步学会了如何巧妙运用各种传播技巧和方式，如调整语言风格、选择合适的传播渠道等，以提高信息的到达率、可读性和说服力。这不仅显著提升了信息传播的质量，还使得受众更加容易接受和认同所传递的信息，从而增强了信息的信任度和影响力。

（二）跨文化交际能力培训的主要内容

1. 文化知识教育

文化知识教育是跨文化交际能力培训的基石，它的重要性不言而喻。在国际传播领域，传播者所面对的不仅仅是语言和符号，更是背后所蕴含的文化深意。深入了解不同文化的历史沉淀、核心价值观、独特的社会习俗以及宗教信仰，对于传播者而言是必不可少的知识储备。这种教育远超越书本和理论，它强调的是真实的文化体验与实践。通过生动的实例分析、丰富多彩的文化体验活动，传播者能够更直观地感受到文化的多样性和魅力，从而培养起对不同文化的敏感度和深刻理解。这样的教育旨在引导传播者学会尊重每一种文化，避免在国际传播中出现文化冲突和误解，确保信息能够准确、恰当地传递，进而实现真正意义上的跨文化沟通与交流。

2. 语言技能培养

语言是连接不同文化的关键桥梁，在跨文化交际中扮演着举足轻重的角色。正因如此，语言技能的培养显得尤为关键，它不仅是单纯提高外语水平的过程，更包括对语言背后所蕴含的文化含义的深入探索和理解。在跨文化交际能力的培训中，学生必须全方位地加强听说读写各项语言技能，确保传播者能够在各种语言环境下自如应对。特别是口语表达和听力理解能力，这两项技能在实时交流中显得尤为重要，是确保信息准确传递、避免误解的关键。此外，培训还应着重培养传播者运用语言进行跨文化交际的意识和能力，教会他们如何根据不同的交际场合和对象，灵活且恰当地选择合适的语言策略，以达到预期的交际效果。

3. 交际策略训练

交际策略训练无疑是培养跨文化交际能力中不可或缺的一环。在国际传播的复杂环境中，传播者常常需要面对多样化的文化背景和交流场景，如何做到随机应变、确保沟通顺畅就显得尤为重要。在这一训练环节中，学生不仅要向传播者传授一系列实用的交际技巧，比如如何迅速建立信任关系、怎样恰当地表达尊重与礼貌，以及遇到交际冲突时应如何妥善解决等，更要通过模拟真实场景的角色扮演、深入剖析实际案例等互动式训练方法，让传播者在近似真实的情境中亲身体验并实践这些策略。这样的训练方式不仅能够帮助传播者更好地理解和掌握交际策略，还能极大地提升他们在国际传播中的实战能力和自信心。

三、跨文化交际能力在国际传播中的实践应用

（一）促进国际交流与合作

1. 深化外交沟通与理解

在国际政治舞台上，跨文化交际能力的重要性不言而喻。对于外交官和政治人物来说，这不仅仅是一种技能，更是一种必备的素质。他们经常需要在各种外交场合中，与来自不同文化背景、持有不同政治立场的他国代表进行深入的交流和沟通。在这种情况下，精准的语言表达就显得尤为重要。通过清晰、准确地传达本国的立场和意图，他们能够更好地争取他国的理解和支持。但仅仅做到语言表达的精准还不够，更重要的是对不同文化背景的深刻理解。每个

国家都有其独特的历史、文化和价值观，这些因素都会深刻影响其在国际事务中的态度和立场。因此，外交官和政治人物必须具备敏锐的文化洞察力，能够深入理解并尊重他国的文化特点和价值观念。只有这样，他们才能在外交场合中真正做到求同存异，推动国际关系的和谐发展。

2. 助力国际商务谈判与合作

在商务领域，跨文化交际能力同样具有举足轻重的地位。随着全球化的深入推进，越来越多的企业开始走出国门，寻求国际合作与商机。然而，不同国家之间的文化背景、商业习惯、谈判技巧和合同法律等差异往往会给商务谈判带来诸多挑战。这时，具备跨文化交际能力的商务人士就显得尤为关键。他们不仅需要了解不同文化背景下的商业习惯，以便在谈判过程中更好地把握对方的诉求和底线，还需要熟练掌握各种谈判技巧，以便在博弈中争取到最大的利益。此外，对合同法律的深入了解也是必不可少的。只有确保合同条款的合法性和有效性，才能为双方的合作提供坚实的法律保障。

（二）提升国际传播效果

1. 优化国际新闻报道与传播

在全球化时代，国际新闻报道与传播的重要性日益凸显。对于新闻工作者来说，他们不仅是信息的传递者，更是文化的桥梁。跨文化交际能力在这一过程中发挥着至关重要的作用。新闻工作者需具备敏锐的文化洞察力，才能够更深入地了解不同文化背景下的社会现象和民众心理，从而捕捉到那些真正具有新闻价值的信息点。通过恰当的表述方式，他们能够将这些信息准确、生动地传达给全球受众，不仅提升了新闻报道的深度和广度，更增强了其公信力和影响力。例如，在报道国际冲突或灾难事件时，新闻工作者需要充分考虑到不同文化背景下的受众感受，避免使用可能引起误解或冒犯的语言，以确保信息的客观性和公正性。同时，新闻工作者还可以借助跨文化交际能力，深入挖掘事件背后的文化因素，为受众提供更全面、深入的解读。

2. 打造国际化品牌形象

在激烈的全球化市场竞争中，企业要想立足并脱颖而出，打造国际化品牌形象至关重要。而跨文化交际能力在这一过程中扮演着举足轻重的角色。通过深入了解和把握目标市场的文化需求和消费心理，企业能够制定出更加精准、符合当地市场特色的品牌营销策略。这不仅有助于提升企业在国际市场上的知名度和美誉度，更能促进其产品与服务的全球化推广。例如，在进军新市场时，企业需要充分考虑当地消费者的文化背景、价值观念和生活习惯等因素，以确保产品或服务能够真正满足他们的需求。同时，通过巧妙的品牌定位和营销手段，企业可以在目标市场中塑造出独特且富有吸引力的品牌形象，从而赢得消费者的信任和忠诚。

（三）推动国际文化交流与互鉴

1. 促进艺术作品国际传播与接受

艺术作品作为文化的精髓，是各国文化传承与展示的重要窗口。然而，由于不同国家和地区的历史、传统和价值观存在差异，艺术作品的国际传播和接受程度也面临着挑战。在这一背景下，具备跨文化交际能力的艺术工作者显得尤为重要。他们深知不同文化背景下的受众对于艺术作品的审美偏好和理解方式各有千秋，因此能够更加敏锐地捕捉并理解这些差异。这些艺术工作者不仅努力创作出能够跨越国界、触动人心的作品，还积极运用恰当的艺术表现手法，将自己所在国家的独特文化元素融入其中。这样的做法不仅丰富了艺术作品的内涵和形式，也为其在国际舞台上赢得了更广泛的认可和共鸣。通过他们的努力，艺术作品成为国际间文化交流与互鉴的有力载体，推动了各国人民之间的相互理解和尊重。

2. 加强国际教育交流与合作

在全球化的时代背景下，加强国际教育交流与合作显得尤为重要。这种交流不仅为各国提供了一个相互学习、取长补短的平台，更有助于培养具备国际视野和跨文化交际能力的新一代人才。通过国际教育交流，各国可以共同探索教育资源的优化配置，推动教育理念的与时俱进，从而提高教育的质量和效率。在这一过程中，跨文化交际能力无疑扮演着关键角色。它像一座桥梁，连接着不同文化背景下的教育工作者和学生，使他们能够超越语言和文化的障碍，进行深入而广泛的交流。这不仅促进了各国教育界的共同进步，也为培养能够在多元文化环境中自如应对的未来领导者打下了坚实基础。通过加强国际教育交流与合作，各国将携手共进，共同推动教育的繁荣与发展。

四、跨文化交际能力对国际传播能力建设的长远影响

（一）提升国际传播效果与影响力

1. 增强信息传递的有效性和准确性

在全球化的语境下，信息的传递早已超越了单一的文化背景。具备跨文化交际能力的人才，不仅精通语言技巧，更对文化的深层次结构有着敏锐的洞察力。他们能够深入理解不同文化背景下的信息编码和解码规则，这意味着在国际传播中，他们能够更加精准地把握信息的内核，避免信息在跨文化传播中的失真和误解。他们熟悉目标受众的文化特点，能够灵活调整传播策略，选择最恰当的语言和符号进行信息传递。这种高度适应性的传播方式，不仅确保了信息能够被准确理解，还大大提高了传播的效率和效果。因此，跨文化交际能力在增强信息传递的有效性和准确性方面发挥着不可或缺的作用。

2. 拓展国际传播的广度和深度

在全球化浪潮下，国际传播不再局限于表面的信息交流，更深入到文化的

内核与价值观的传递。跨文化交际能力在这方面发挥着至关重要的作用。具备这种能力的人才，他们不仅精通各种语言，更对世界各地的文化有着深入的了解和尊重。在国际传播中，他们能够充分挖掘并传播多元文化的独特价值，将各种文化元素巧妙地融入传播内容中。这种做法不仅丰富了国际传播的内涵，还拓展了其广度和深度。通过他们的努力，国际受众能够接触到更加多样化的文化内容，从而增进对世界各地文化的理解和兴趣。这种文化多样性的呈现，极大地增强了国际传播的影响力和吸引力，使得信息的传递更加深入人心。因此，跨文化交际能力在拓展国际传播的广度和深度方面具有不可替代的重要性。它打破了文化壁垒，促进了全球范围内的文化交流与融合，为构建一个更加包容和理解的世界奠定了坚实基础。

（二）促进国际文化交流与互信

1. 搭建文化交流桥梁

在全球化不断推进的今天，具备跨文化交际能力的人才显得愈发重要。他们在国际文化传播中，担任着不可或缺的角色。这些人才不仅深谙多种语言，更对不同文化的精髓和特色有着深入的理解和热爱。他们致力于将不同文化的美妙之处展现给世界，促进各种文化之间的交流与融合。正是他们的努力，使得各国人民能够跨越文化的鸿沟，建立起相互了解和友谊的桥梁。这座桥梁不仅仅是语言的沟通，更是心灵的相通，使得不同文化背景下的人们能够相互理解、尊重，进而减少误解和偏见。跨文化交际人才的存在和工作，为国际合作与发展奠定了坚实的基础，推动着世界走向更加和谐与共荣的未来。

2. 增强国际社会的互信与合作

在国际社会中，跨文化交际能力是一种宝贵的资产。具备这种能力的人才，其不仅在语言上无障碍，更在文化和心灵深处与各国人民建立起深厚的联系。这种联系超越了国界和种族，使得他们能够在国际舞台上发挥积极的推动作用，促进各国在政治、经济、文化等领域的广泛交流与合作。跨文化交际人才的存在，像一条强大的纽带，将世界各国人民紧密地联结在一起，共同面对全球性的挑战和问题。通过这种互信与合作的增强，他们为世界的和平与发展做出了卓越的贡献，使得国际社会更加团结、和谐与繁荣。跨文化交际人才的努力和成就，不仅赢得了国际社会的广泛赞誉，也为后来的跨文化交流树立了光辉的典范。

（三）推动国际传播能力的持续创新与发展

1. 注入创新活力

在快速变化的全球环境中，跨文化交际能力为国际传播能力的持续创新与发展注入了源源不断的活力。具备这种独特能力的人才，他们拥有敏锐的洞察力和前瞻性思维，能够准确地捕捉不同文化背景下的新趋势、新变化。他们不满足于传统的传播模式和思路，而是勇于挑战现状，积极探索并实践新的传播方式和方法。这些人才为国际传播带来了全新的视角和思路，推动了传播内容、形式和技术等方面的持续创新。他们的创新精神和跨界融合的实践，不仅丰富了国际传播的内涵和形式，更提升了传播的效果和影响力，为国际传播能力的长期发展奠定了坚实的基础。

2. 促进传播能力的长期发展

在全球化浪潮的推动下，国际传播面临着前所未有的挑战和机遇。跨文化交际能力在这一背景下显得尤为重要，它不仅是应对多元文化交流的关键，更是推动国际传播能力长期发展的重要因素。具备跨文化交际能力的人才，跨文化交际人才具备卓越的适应能力和学习能力，能够迅速应对新形势、新需求，为国际传播能力的持续发展提供有力保障。跨文化交际人才通过不断地学习、实践和创新，不断提升自身的专业素养和综合能力，从而推动国际传播在全球化背景下不断迈上新的台阶。跨文化交际人才为国际传播能力的长期发展注入了强大的动力，推动着国际传播在不断变革的全球环境中实现持续的创新与发展。

第二节　国际传播能力建设对跨文化
交际能力培养的推动作用

一、提供多元文化交流平台

（一）国际媒体与网络平台的拓展

1. 全球新闻传播网络

全球新闻传播网络的建立，不仅仅是技术的飞跃，更是文化交流的桥梁。这一网络通过卫星、光纤等现代通信技术，将世界各地的新闻事件实时传输到每一个角落，打破了地理和时区的限制。受众可以随时随地了解到国际上的重要事件，从而培养了全球视野和跨文化意识。同时，全球新闻传播网络也为多元文化的传播提供了平台，不同国家和地区的文化得以在全球范围内展示和交流，促进了文化多样性的发展和保护。这种传播方式不仅丰富了人们的信息来源，也为跨文化交际能力的培养奠定了坚实基础。

2. 社交媒体与在线论坛

在数字时代，社交媒体和在线论坛已成为人们日常生活中不可或缺的一部分。它们以其互动性强的特点，为跨文化交流创造了前所未有的便利。通过创建跨文化交流群组，人们可以轻松地与来自不同文化背景的人进行沟通和对话。这种交流方式不仅突破了传统社交的时空限制，还使得人们能够在更加开放和包容的环境中分享彼此的观点和经验。在社交媒体和在线论坛的交流过程中，人们不仅能够增进对不同文化的了解，还能够培养起尊重差异、求同存异的跨文化交际态度。

3. 多语种媒体服务

为了满足全球范围内不同文化群体的信息需求，多语种媒体服务应运而生。这些服务包括新闻、电影、音乐等多种内容形式，旨在通过语言的多样性来反映和传播世界的多元文化。多语种媒体服务不仅为受众提供了更广泛的选择空间，还为他们打开了了解其他文化的窗口。通过接触和学习不同语言的媒体内容，人们可以更深入地理解其他文化的价值观、生活方式和社会现象。这种跨语言的媒体体验不仅有助于培养人们的语言技能，还能够增强他们的跨文化敏感性和适应性。在全球化不断深入的今天，多语种媒体服务正成为促进跨文化交际能力培养的重要力量。

（二）国际文化活动与交流的促进

1. 国际文化艺术展览

国际文化艺术展览是展示世界多元文化魅力的重要窗口。通过精心策划和组织，各类国际文化艺术展览汇聚了来自不同国家和地区的珍贵艺术品和文化遗产，为观众呈现了一场场视觉盛宴。这些展览不仅展示了各国独特的艺术风格和审美追求，还反映了不同文化背景下的历史变迁和社会发展。观众在欣赏艺术作品的同时，也能够感受到不同文化所蕴含的深刻内涵和独特魅力，从而加深对世界多元文化的认识和尊重。国际文化艺术展览为观众提供了直观的文化体验，有助于培养他们的跨文化审美能力和鉴赏力，进一步促进跨文化交际能力的培养。

2. 文化节日与庆典活动

文化节日与庆典活动是了解和体验不同文化的生动课堂。各国都有自己独特的文化节日和庆典活动，这些活动往往蕴含着丰富的历史文化内涵和民族精神。通过组织和参与各国的文化节日与庆典活动，人们可以亲身感受不同文化的独特氛围和魅力，深入了解不同文化的习俗和传统。在参与活动的过程中，人们不仅可以学习到各种文化知识和技能，还能够与来自不同文化背景的人们进行交流和互动，从而增强跨文化敏感性和适应性。这种跨文化的体验和学习方式有助于人们更好地理解和尊重其他文化，培养起开放、包容的跨文化交际态度。

3. 学术交流与研讨会

学术交流与研讨会是推动跨文化交流的重要平台。定期召开国际学术交流会议和研讨会，邀请各国学者共同探讨跨文化议题，不仅可以促进学术界的交流与合作，还能够推动跨文化理论的深入研究和实践应用。在这些会议上，来自不同文化背景的学者们可以分享自己的研究成果和经验，就共同关心的跨文化问题进行深入探讨和交流。这种学术层面的交流有助于增进相互理解和信任，为跨文化合作奠定坚实基础。同时，学术交流与研讨会也为年轻学者提供了学习和成长的机会，帮助他们拓宽国际视野，提升跨文化交际能力。通过这些活动，人们可以更加深入地了解不同文化之间的差异和共性，为推动全球范围内的跨文化交流与合作贡献力量。

（三）教育国际化与合作项目的推动

1. 国际学生交流计划

实施国际学生交流计划是培养学生全球化视野和跨文化交际能力的重要举措。通过这一计划，学校鼓励学生走出国门，到国外高校进行学习和交流。这不仅为学生提供了直接接触和了解不同文化的机会，还能够帮助他们在实践中锻炼语言沟通、团队协作等跨文化交际技能。在国外学习期间，学生将置身于全新的文化环境中，与来自世界各地的同学共同学习和生活，这种经历无疑会极大地丰富他们的人生阅历，增强他们的跨文化适应能力。同时，国际学生交流计划也促进了各国教育资源的共享和优势互补，推动了教育的国际化和全球化发展。

2. 合作办学与联合培养项目

开展国际合作办学和联合培养项目是教育国际化的又一重要体现。这些项目通过引入国际化课程和师资，为学生提供了更加广阔的学习平台和更加多元化的教育资源。在这种跨文化教育环境中，学生不仅可以学习到本专业的国际前沿知识，还能够接触到不同文化背景下的教育理念和教学方法。这种学习经历不仅能够提升学生的专业素养和综合能力，还能够培养他们的国际视野和跨文化交际能力。同时，合作办学与联合培养项目也加强了各国高校之间的合作与交流，推动了教育资源的优化配置和共享，提高了教育的质量和效益。

3. 教师国际培训与研修

教师是教育国际化的关键推动力量。为了提升教师的跨文化教学能力和全球视野，学校积极组织教师进行国际培训和研修。这些培训和研修活动通常包括访问国外知名高校、参加国际学术会议、与国外教师进行教学交流等多种形式。通过这些活动，教师可以亲身感受不同文化的教育氛围和教学方法，学习借鉴国际先进的教育理念和教学经验。这不仅有助于提升教师的专业素养和教学能力，还能够激发他们的创新思维和改革意识。同时，教师国际培训与研修也为学校引入了新的教学资源和国际合作机会，推动了教育的开放性和国际化发展。这种跨文化的教师培训对于培养具有国际视野和跨文化交际能力的人才具有重要意义。

二、促进语言与非语言技能的提升

（一）语言技能的强化

1. 外语能力的拓展

国际传播能力建设的深入推进，极大地推动了外语教育的普及与提高。这一进程不仅使学习者有机会接触和学习更多的外语，更重要的是，它提升了学习者在跨文化交际中的语言运用能力。在全球化的背景下，掌握多种外语已经成为连接世界、理解不同文化的关键。通过系统的外语学习，学习者可以更深入地了解其他国家和民族的历史、文化和社会现状，进而增强跨文化交流中的理解和沟通能力。此外，外语能力的提升也为学习者在国际舞台上更广泛地参与合作与竞争打下了坚实的基础。

2. 语言交际策略

在跨文化交际中，灵活运用语言策略是提高交流效果的关键。培养学习者掌握礼貌用语、委婉表达等语言交际策略，不仅有助于减少因语言差异造成的误解和冲突，更能促进双方建立和谐、友好的交流关系。礼貌用语是跨文化交流中的润滑剂，它能够体现出对对方的尊重和友善，为对话创造良好的氛围。而委婉表达则是一种高明的交际技巧，它能够帮助学习者在处理敏感或难以直接表达的问题时，保持交流的顺畅和有效。通过学习和实践这些语言交际策略，学习者可以更加自信、从容地应对各种跨文化交际场景。

3. 语言学习与文化理解相结合

语言与文化是紧密相连的，将语言学习与目标语言国家的文化紧密结合，是提高跨文化交际能力的有效途径。在语言学习的过程中，学习者不仅需要掌握词汇、语法等语言知识，更需要深入了解目标语言国家的文化背景、社会习俗和价值观念。这种结合式的学习方法有助于学习者更全面地理解目标语言，避免在交际中出现因文化差异而导致的误解和冲突。同时，通过深入了解目标语言国家的文化，学习者也可以更好地传递自己的文化信息，实现真正的双向交流和理解。这种语言与文化相结合的学习方式，不仅提高了学习者的语言能力，更培养了他们的跨文化意识和素养。

（二）非语言技能的提升

1. 副语言技能

副语言技能，包括语调、语速、音量等要素，是语言交际中不可或缺的一部分。在跨文化交际中，副语言的运用同样传递着丰富的情感和信息。教导学习者如何通过调整副语言来传递不同的情感和信息，对于提高他们的跨文化交际能力具有重要意义。通过训练，学习者可以更加自如地运用不同的语调、语速和音量来表达自己的意图和情感，从而更好地与来自不同文化背景的人进行交流。

2. 空间与时间观念

空间和时间是跨文化交际中常常涉及的两个重要维度。不同文化对空间距离感和时间观念有着不同的理解和运用，这往往会导致跨文化交际中的误解和冲突。因此，介绍不同文化中的空间距离感和时间观念，帮助学习者在跨文化交际中避免由此产生的误解和冲突，是提升他们非语言技能的重要一环。通过学习，学习者可以更加敏感地意识到不同文化在空间和时间方面的差异，从而更好地适应和尊重这些差异，实现更加顺畅和有效的跨文化交流。

（三）语言与非语言的综合应用

1. 多模态交际能力

在跨文化交际中，多模态交际能力的运用显得尤为重要。这种能力不仅要求学习者熟练掌握语言本身，还要能够综合运用各种非语言手段，如肢体语言、面部表情、图像、声音等，以实现更为丰富和高效的交流。通过培养多模态交际能力，学习者可以更加全面地表达自己的思想和情感，同时更准确地理解对方的意图和信息。这种能力的提升，有助于学习者在多元文化的环境中更加自如地进行交流，提高交流效率，减少误解和冲突。

2. 语境适应能力

语境适应能力是跨文化交际中的一项重要技能。在不同的文化背景下，交际语境会发生显著变化，这就要求学习者能够根据不同语境灵活调整自己的语言和非语言行为。通过培养语境适应能力，学习者可以更加敏锐地感知和理解不同文化中的交际规则和期望，从而更好地融入目标文化，实现有效的跨文化交流。

3. 跨文化语用能力

跨文化语用能力是指在跨文化交际中，学习者能够遵循语用原则，结合语言和非语言技能，准确传达自己的意图并理解对方的信息。这种能力不仅要求学习者具备扎实的语言知识，还要求他们了解不同文化中的语用习惯和交际策略。通过培养跨文化语用能力，学习者可以更加得体、恰当地运用语言和非语言手段进行交流，避免因语用失误而导致的误解和冲突。

三、培养灵活应对跨文化交际策略的能力

（一）增强策略意识与认知灵活性

1. 策略意识的培养

在跨文化交际中，策略意识的培养至关重要。为了让学习者深刻认识到选择和使用合适的交际策略是提升沟通效果的关键，可以通过多种途径进行引导。首先，通过精选的案例分析，向学习者展示成功与失败的跨文化交际实例，让他们从中汲取经验教训，明确策略运用的重要性。这些案例可以涵盖不同文化背景、不同交际场景，以及不同策略运用所带来的截然不同的结果，从而帮助学习者形成深刻的策略意识。其次，通过经验分享的方式，邀请具有丰富跨文化交际经验的人士来分享他们的心得和体会。这些真实的经历和感悟能够让学习者更加直观地感受到策略在交际中的实际作用，进一步增强他们的策略意识。

此外，还可以组织学习者进行小组讨论、角色扮演等活动，让他们在实践中亲身体验策略运用的魅力，从而更加自觉地培养和提高自己的策略意识。

2. 认知灵活性的提升

在跨文化交际中，认知灵活性同样不可或缺。为了培养学习者在面对不同文化情境时能够灵活调整自己的思维方式和交际模式，需要采取一系列有效措施。首先，通过多元文化环境的创设，让学习者置身于多样化的文化氛围中，接触和了解不同文化的思维方式和交际习惯。这样可以帮助学习者打破固有的文化框架，拓宽认知视野。其次，利用角色转换和情境模拟等训练方法，让学习者在不同的文化角色和交际场景中切换自如，锻炼他们的应变能力和思维灵活性。这些训练可以帮助学习者更好地适应不同文化环境，提高他们在跨文化交际中的认知灵活性。此外，还可以鼓励学习者积极参与国际交流活动、阅读跨文化书籍等，不断丰富他们的跨文化知识和经验，为提升认知灵活性奠定坚实基础。

（二）跨文化交际策略的具体应用

1. 语言策略的运用

在跨文化交际中，语言策略的运用尤为关键。为了应对敏感话题和冲突情境，教授学习者如何巧妙运用委婉表达、模糊语言等技巧至关重要。这些策略不仅有助于缓解紧张气氛，还能维护双方的面子和尊严。例如，在面对争议性话题时，学习者可以采用委婉语气提出观点，以避免直接冲突。同时，培养学习者根据具体语境选择合适的语言形式也至关重要。这要求学习者具备敏锐的语境感知能力，能够准确判断不同场合下的语言得体性和准确性。通过大量实例分析和实践练习，学习者可以逐渐掌握这些语言策略，并在实际交际中灵活运用，从而提高跨文化交际的效果。

2. 非语言策略的运用

除了语言本身，非语言策略在跨文化交际中也占据着举足轻重的地位。肢体语言、面部表情、空间距离等非语言元素，往往能够传递出比语言更为丰富和微妙的情感、态度和信息。因此，指导学习者善于运用这些非语言策略至关重要。例如，在不同的文化背景下，肢体语言的含义和用法可能存在显著差异。学习者需要通过实践训练，提高自己对非语言策略的敏感性和运用能力，以便在交际过程中准确捕捉并回应对方的非语言信号。同时，教师也应注重培养学习者运用非语言策略与语言策略相结合的综合能力，以实现更为全面和有效的跨文化沟通。

3. 文化适应策略的运用

在跨文化交际中，文化适应策略的运用同样不可或缺。由于不同文化之间存在显著的差异，学习者需要学会尊重对方的文化习俗，寻求文化共同点，以促进双方的文化理解和沟通。例如，在面对不同文化背景的交流对象时，学习者可以主动了解并尊重对方的礼仪、习俗和价值观，以展现自己的友好和尊重。同时，培养学习者在面对文化差异时保持开放和包容的态度也至关重要。这要求学习者能够摒弃文化偏见和刻板印象，以平等和客观的心态看待不同文化之间的差异和冲突。通过运用这些文化适应策略，学习者可以更好地融入不同文化环境，实现更为顺畅和有效的跨文化交流。

（三）培养策略运用能力与自我反思能力

1. 策略运用能力的提升

提升策略运用能力是跨文化交际培训的重要目标之一。为了实现这一目标，可以通过模拟交际场景和角色扮演等实践活动，为学习者提供一个安全、仿真的环境，让他们在实际操作中运用并检验所学的交际策略。在这些活动中，学习者可以模拟真实的跨文化交际场景，如商务谈判、文化交流活动等，扮演不同的角色，与模拟的或真实的对手进行互动。通过这种方式，学习者不仅能够加深对所学策略的理解，还能在实践中不断调整和优化自己的策略运用方式，从而提高策略运用的灵活性和有效性。同时，也应鼓励学习者在真实的跨文化交际环境中大胆尝试和运用各种策略，将所学知识转化为实际能力，不断提升自己的跨文化交际水平。

2. 自我反思能力的培养

自我反思是学习者在跨文化交际过程中实现自我提升的关键环节。为了培养学习者的自我反思能力，可以在交际活动结束后，引导学习者对自己的表现进行回顾和总结。这包括评估自己在策略运用方面的成功之处和不足，分析导致成功或失败的原因，以及思考如何在未来改进和提升。通过反思，学习者可以更加清晰地认识到自己在跨文化交际中的优势和劣势，发现潜在的问题和提升空间，从而有针对性地制订改进计划，实现持续进步。同时，自我反思还有助于培养学习者的自主学习意识和能力，使他们在未来的学习和工作中能够主动寻求改进和突破，不断提升自己的跨文化交际能力。

四、推动跨文化教育与培训的普及

（一）加强跨文化教育的顶层设计

1. 明确教育目标

在全球化日益加速的今天，跨文化交际能力的重要性愈发凸显。为了培养具备全球视野和跨文化交际能力的人才，必须首先明确教育目标。制定清晰的跨文化教育政策是第一步，这不仅为教育工作者提供了方向指引，也为学习者明确了学习目标。通过明确将培养具备全球视野和跨文化交际能力的人才作为首要目标，能够更加有针对性地设计教育内容、选择教学方法，并最终实现这一目标。同时，这一目标的明确也有助于提升全社会对跨文化教育的认识和重视，为推动跨文化教育的普及和发展奠定坚实基础。

2. 整合教育资源

跨文化教育涉及多个学科领域和多种教学方法，因此需要集中优势资源，建立跨文化教育的研究、教学和实践一体化平台。通过整合各类教育资源，包括优秀的师资、丰富的教学材料、先进的教学设备等，可以实现资源共享和高效利用，从而提高教育质量和效率。同时，一体化平台的建立也有助于促进不同领域之间的交流与合作，推动跨文化教育的创新与发展。此外，还可以借助现代信息技术手段，如在线教育平台、虚拟现实技术等，进一步拓展教育资源的获取渠道和利用方式，为更多学习者提供便捷、高效的跨文化教育服务。

3. 优化课程设置

将跨文化教育融入各级教育体系并增设相关课程和讲座是提升学习者跨文化交际能力的重要途径。通过优化课程设置，可以确保学习者在不同学习阶段都能接触到与跨文化交际相关的知识和技能训练。在基础教育阶段，可以引入文化多样性的概念，培养学习者的文化敏感性和尊重不同文化的意识；在高等教育阶段，则可以开设专门的跨文化交际课程，提供系统的理论知识和实践训练。同时，各级学校还可以定期举办跨文化主题的讲座和活动，邀请国内外专家学者分享经验见解，为学习者提供更为广阔的学习视野和机会。

（二）拓展跨文化培训的广度和深度

1. 丰富培训内容

为了提供全面而深入的跨文化培训，需要涵盖多个关键方面。首先，文化敏感性是必不可少的，它包括对不同文化背景下人们的价值观、信仰和行为方式的理解与尊重。通过培养文化敏感性，学习者能够更好地适应不同文化环境，减少误解和冲突。其次，沟通技巧也是至关重要的。在跨文化交流中，有效的沟通技巧可以帮助学习者清晰地表达自己的观点，同时倾听并理解对方的想法。此外，冲突管理也是一个不可忽视的方面。在跨文化背景下，冲突可能更为常见和复杂。因此，培训中应包含冲突识别、预防和解决的方法与策略，以帮助学习者在面对冲突时能够保持冷静并寻求建设性的解决方案。

2. 创新培训形式

为了增强跨文化培训的互动性和实效性，需要不断创新培训形式。传统的线下培训方式，如讲座和课堂教学虽然有其优点，但往往缺乏足够的互动和实践机会。因此，可以结合线上和线下的方式，利用现代技术手段如视频会议、在线学习平台等，为学习者提供更加灵活和便捷的学习体验。同时，采用工作坊、研讨会等形式可以让学习者在小组中进行深入的讨论和实践，通过角色扮演、模拟场景等活动来模拟真实的跨文化交流场景，从而帮助学习者在实际操作中掌握跨文化交际的技巧。

3. 扩大培训范围

跨文化培训不应该仅限于学生和职场人士，而应该向更广泛的人群开放。社区居民、国际旅行者等不同背景的人都需要具备一定的跨文化交际能力以应对日益全球化的社会环境。因此，可以通过开展公共讲座、社区文化活动等方式，向社区居民普及跨文化知识和技巧。同时，也可以与国际旅行机构合作，为国际旅行者提供专门的跨文化培训课程，帮助他们在海外旅行时更好地融入当地文化并避免不必要的误解和冲突。通过这些举措，可以有效地扩大跨文化培训的影响力和覆盖范围。

第三节　两者关系的实证研究与案例分析

一、国际传播能力与国家话语体系概述

加强国际传播能力建设就是要讲好中国故事，客观真实有效地宣传中国，让世界全面、直观、真切地理解中国。在全球化背景下，国际传播能力与国家话语体系需要共同发展、相互促进。一个国家要想在国际舞台上发挥更大的作用，就必须不断提升自身的国际传播能力，同时构建和完善具有吸引力的国家话语体系。只有这样，才能在国际竞争中占据有利地位，实现国家的长远发展目标。国家话语体系为国际传播提供了丰富的内容和明确的导向。一个国家的话语体系包含了该国的历史文化、价值观念、发展理念等核心要素，这些要素构成了国际传播的主要内容。同时，话语体系还明确了国际传播的目标和方向，确保传播活动能够有的放矢。影响力与认同度：一个完善且富有吸引力的国家话语体系能够显著提升国际传播的效果和影响力。当国际社会认同并接受一个国家的话语体系时，该国的国际地位和影响力也会相应提升。反之，如果话语体系缺乏吸引力或难以被国际社会接受，那么国际传播的效果就会大打折扣。国家话语植根于国家话语体系，借助国家话语能力作为实施手段，旨在提升国家话语权。它负责传达国家的立场与思想，促进信息的交流与沟通，进而强化国家的话语权。这一过程涵盖多种话语形式，如发布、谈话、提问、对话、演讲、讨论、论述、社论、评论、表达、传播、写作、译文、法规、文件、发表等。国家话语体系、国家话语能力和国家话语权三者相辅相成，共同构成了完整的国家话语体系。国家话语体系由多个话语子系统组成，其中包括政治话语、

经济话语、文化话语、法律话语、外交话语、国防话语、科技话语、学术话语、教育话语、传媒话语等。在这些子系统中，政治话语、经济话语、文化话语和法律话语最具代表性。

（一）政治话语

政治话语特指在政治环境中，政治家、政治机构、政府、政治媒体和政治支持者为实现特定政治目标而采用的话语。它具有宣传政治理念、引导舆论、塑造民众心理的重要作用，是政治活动的反映并为政治活动服务。政治话语是展现国家政治特色及核心价值观的重要方式，它具有引导受众了解并接纳国家核心政治理念及行为的关键作用。在国际传播中，政治话语对于塑造国家的国际声望和形象具有显著影响，并对提升该国的国际地位发挥着重要作用。因此，政治话语不仅仅关乎语言表达，它还深入涉及到话语的建构、内涵、表达方式、传播途径以及翻译等多个层面的内容。构建政治话语内容时，必须遵循事物发展的客观规律，明确以中国共产党领导的国家作为话语的主体，精心提炼并形成具有鲜明中国特色社会主义特色的话语内容。同时，要紧密结合中国的发展实际，逐步将话语的受众范围从国内扩展到国际。窦卫霖（2016）指出，中国政治话语的对外翻译不仅具有重要的传播价值，还蕴含着深远的战略意义。强化政治话语的对外翻译工作，有助于西方受众更好地理解和接受中国政治话语，同时也利于中国对自身政治话语内涵的自主界定，从而进一步推动国家话语权的确立。当前，构建国际政治话语体系过程中遇到了诸多挑战，其中，美国等西方国家散播的"中国威胁论"给中国和平发展话语体系的建立带来了严重的阻碍。

（二）经济话语

李琳（2022）认为，经济话语是指国际组织、国家、企业或个人在国际经济交往的语境中，用以阐述经济主张、表达经济思想、促进经贸交流、沟通经济信息，旨在增强经济话语权的一种话语形式。它具体表现为论述、交流、演说、讨论、写作等多种表达方式，并与政治话语、法律话语、教育话语、学术话语、国防话语、传媒话语、文化话语、科技话语等共同构成了丰富多元的国家话语体系。经济话语分为宏观、中观和微观三类，分别对应国家、企业、个人三个层次。微观经济话语研究探讨个人如何借助话语中介向外界传达企业经营理念、管理思想、个人经济观点、价值观及消费观念等，涵盖总裁话语、企业员工话语以及消费者话语。中观经济话语研究关注话语在企业管理实践中的应用，分析日常管理与运营过程中话语如何与组织惯例相互关联，并进而影响组织行为和管理活动。宏观经济话语研究则上升至国家及国际层面，重视语境特征，考察经济、政治、科技和社会文化等多重因素共同构成的动态语境，以及这些因素如何综合作用于话语。随着中国逐渐走向世界舞台的中央，全球对于"中国智慧"和"中国方案"的期待日益增强。在此背景下，围绕中国经济发展所衍生的话语表达自然而然地成为了全球舆论的焦点。

（三）文化话语

施旭（2017）提出，话语是在特定历史与文化语境中发生的言语交际事件，这些事件可以是单一的，也可以是一系列的。在文化话语研究中，"文化"与"话语"是两个核心关键词。"文化"体现在该研究立足于文化自觉和文化政治的高度，旨在探索言语交际事件的文化特性、文化困境以及文化变革等方面；而"话语"则体现在研究对象聚焦于言语交际事件，并采用言语交际的概念作为研究方法。总之，文化话语研究关注话语的文化层面，分析话语如何构建、反映和改变文化，以及不同文化间的话语互动和权力关系。文化话语研究的宗旨在于推动人类文化的和谐与繁荣。该研究采用跨学科、跨文化、跨历史的研究视角和方法，特别关注话语的文化特性和文化关系方面。与其他学科研究的一个重要区别在于，文化话语研究着重强调人类话语中存在的不平等关系，以及话语背后所反映的文化不平等关系。换言之，文化话语研究重视话语的文化异质性，并在研究过程中坚持明确的文化政治立场。

（四）法律话语

法律话语是法律专业人士特别关注的一种话语形式与表达方式，它聚焦于法律意义世界中的权力观念与法律概念。李诗芳（2009）认为法律语言学涵盖了所有与法律和语言交叉领域相关的基础理论性和应用性研究。研究法律话语的学者通常具备语言学、法学或两者兼备的知识背景，他们运用语言学的研究范式来探究法律文本的特性，分析法律问题，进而为立法和司法实践提供语言上的指导。这一特点使得法律话语的特殊性尤为显著。在当今社会，法律话语的研究范围正不断扩展。狭义上，它关注法律立法语言及法律文本的特点；而广义上，它则更广泛地探讨语言与法律交叉领域的所有理论型和应用型研究。这包括立法、司法和执法语言的各个方面，甚至涵盖了法律语言教学活动等一系列研究。法律话语的三大核心特点分别是其模糊性、精确性和规范性。

二、跨文化交际能力在外语类专业人才培养中的地位

贯彻落实党的二十大精神，高等教育承担的重要使命之一就是培养具备良好的跨文化交际能力的高素质复合型人才。跨文化交际能力是新时代高素质复合型人才能力构成中的关键要素之一。2018 年 1 月，教育部正式发布了《普通高等学校本科专业类教学质量国家标准（外国语言文学类）》（以下简称《国标》），标志着我国外语教育领域迎来了首个由教育部颁布、全面覆盖外语类各专业的高等教育教学质量国家标准。为了深入贯彻并执行《国标》中的各项原则和规定，教育部高等学校外国语言文学类专业教学指导委员会（以下简称

"外指委") 于 2020 年春季推出了《普通高等学校本科外国语言文学类专业教学指南》(试行)(以下简称《指南》)。《国标》为外国语言文学类专业的准入、建设和评估奠定了基本原则与总体框架，而《指南》则是对其的深化实施与具体执行，旨在为各专业的创新发展提供清晰的行动指南与实用的解决方案。《国标》的核心旨在实现"政府依标管理、高校依标办学、社会依标监督，并借助标准强化引导、建设与监管"的总体要求。外指委希望通过《指南》的指引，推动全国高校的外国语言文学类专业坚守立德树人根本任务，以提升人才培养能力为核心，紧密对接国家经济社会的发展需求，精准定位人才培养目标，持续优化人才培养方案，完善课程设置，强化专业课程基础，凸显能力培养的重要性，推动课堂教学的创新，探索智能化教学的实践，促进教师的专业成长，完善质量保证体系，从而有效提升人才培养的目标实现度和社会满意度。《国标》和《指南》中，外语类专业将"跨文化能力"作为外语类专业的核心能力指标之一纳入培养规格。"跨文化交际能力"培养贯穿外语类专业人才培养方案的全过程，包括课程教学和实践教学。

(一)英语语言文学专业

英语专业旨在培养具有良好的综合素质、扎实的英语语言基本功、较强的跨文化能力、厚实的英语专业知识以及必要的相关专业知识，能适应国家与地方经济建设和社会发展需要，熟练使用英语从事涉外行业、英语教育教学、学术研究等相关工作的英语专业人才和复合型英语人才。

(二)翻译专业

翻译专业隶属于外国语言文学学科，主要以翻译为学习和研究对象，兼顾英语语言、英语文学、比较文学与跨文化以及国别和区域研究等，翻译专业具有跨学科特点。各普通高等学校应在参照《指南》的基础上，根据办学定位、社会需要和区域特点，制订学校的**翻译专业**本科人才培养方案。**翻译专业**旨在培养具有良好的综合素质和职业道德、较深厚的人文素养、扎实的英汉双语基本功、较强的跨文化能力、厚实的**翻译专业**知识、丰富的百科知识和必要的相关专业知识，较熟练地掌握翻译方法和技巧，能适应国家与地方经济建设和社会发展需要，能胜任各行业口笔译等语言服务及国际交流工作的复合型人才。

（三）商务英语专业

商务英语专业隶属于外国语言文学学科，主要以国际商务、国际贸易、国际会计、国际金融、跨境电子商务等为学习和研究对象，具有跨学科特点。学科基础包括英语语言学、英语文学、翻译学、跨文化研究，相关学科主要有经济学、管理学、法学、历史学、政治学等。商务英语专业旨在培养具有扎实的英语语言基本功和相关商务专业知识，拥有良好的人文素养、中国情怀与国际视野，熟悉文学、经济学、管理学和法学等相关理论知识，掌握国际商务的基础理论与实务，具备较强的跨文化能力、商务沟通能力与创新创业能力，能适应国家与地方经济社会发展、对外交流与合作需要，能熟练使用英语从事国际商务、国际贸易、国际会计、国际金融、跨境电子商务等涉外领域工作的国际化复合型人才。

三、以提升文化传播和跨文化交际能力的英语类专业课程群

国际传播能力建设的一个重要方面在于有效地讲述中国故事，而这首先要求传播人才具备用英语准确表达中国文化的能力。跨文化交际课程在这一过程中扮演着关键角色，它能为国际传播人才提供必要的知识储备，帮助他们熟悉

不同文化背景群体的价值观、思维模式和传播方式。鉴于国际传播的对象主要是非中华文化背景的群体，提升跨文化交际能力因此成为加强国际传播能力建设的核心环节。正如古语所言："知己知彼，百战不殆"，各高校应当重视并致力于提高学生的跨文化交际能力，使学生深入理解中西方在世界观、价值观、思维方式等方面存在的差异。

培养"具有家国情怀，国际视野和专业本领"的新时代高质量国际传播人才既是国家发展需要，也是新形势下高校外语专业教育的重要使命。跨文化交际能力是国际传播人才必须具备的核心素质。根据《国标》和《指南》对跨文化能力的描述，其内涵包括尊重世界文化多样性，具有跨文化同理心和批判性文化意识；掌握基本的跨文化研究理论知识和分析方法，理解中外文化的基本特点和异同；能对不同文化现象、文本和制品进行阐释和评价；能有效和恰当地进行跨文化沟通；能帮助不同文化背景的人士进行有效的跨文化沟通（教育部高等学校教学指导委员会，2020）。由此可以看出，跨文化交际能力是国家传播能力提高的重要维度。《国家标准》将跨文化交际能力作为外语类专业的核心能力指标之一纳入培养计划。各高校应在人才培养方案的通识教育模块设置跨文化交际课程群，内容包含中国文化、英语文学、涉外礼仪和中西文化对比等课程，从中国文化和西方文化两个方面加强学生的文化知识获取，并通过文化对比训练学生的批判性思维和跨文化意识。2023 年，上海外国语大学跨文化研究中心发布《中国外语教育跨文化能力教学参考框架》。跨文化交际能力培养直接相关的"跨文化交际导论""中国文化概论"等课程，已被列入外语类专业核心课。

（一）跨文化交际导论

本课程旨在帮助学生理解文化现象、适应文化差异、提高跨文化交际能力。通过课程学习，学生应能掌握跨文化交际的基本概念、基础理论和基本方法；尊重世界文化的多样性，同时增强批判性文化意识，并能对不同文化现象进行阐释和评价；得体、有效地进行跨文化交际并帮助不同文化背景的人士进行跨文化沟通。本课程主要包括跨文化交际相关理论和实践两个部分的内容。理论部分重点介绍文化、交际、跨文化交际等基本概念，跨文化交际研究的主要理论和方法，交际过程中存在的语言差异、非语言差异和社会习俗差异等。实践部分侧重介绍如何运用相关跨文化理论知识克服跨文化交际中的障碍，如分析商务、教育、医疗领域中跨文化交际的主要障碍并提出行之有效的解决方案等。

（二）跨文化商务交际导论

本课程旨在帮助学生掌握跨文化交际理论知识，并具备能将理论与实践有效结合的能力。通过课程学习，学生应做到：具备跨文化交际意识，在跨文化商务语境中解决实际问题；能建立良好的元认知并在跨文化交际中具备策略使用意识；能探究跨文化交际现象背后的问题。本课程内容主要涵盖跨文化交际理论和跨文化交际实践两部分。理论部分包括跨文化交际能力、文化模式、语言和非言语交际等理论知识；实践部分包括跨文化交际理论在市场营销、商务谈判、书面商务沟通、跨文化商务礼仪、跨文化商务伦理等方面的实践应用。

（三）中国文化概要

本课程旨在使学生对中国悠久的历史、灿烂的文化和优秀的文学传统有深入的了解，培养学生对中国文化的自豪和热爱，扩展文化视野，丰富文化内涵。通过课程学习，学生应能做到向世界介绍中国的历史发展轨迹、基本国情、风土人情、民俗习惯等一般人文知识，并具备较强的跨文化交际、交流意识，能在跨文化交流中尊重文化多样性，实现有效沟通。本课程可以根据历史年代（古代、近代、现代）组织教学内容，也可以根据主题组织教学内容。教学主题可以包括且不限于：历史、政体、宗教、人文地理、法律制度、伦理价值观、少数民族政策、语言文字、哲学、教育、科技、艺术、民俗等。在教学材料的选择上注意材料的代表性、包容性、多样性和时代性，讲究古今结合、南北兼顾，并突出跨文化交际的视角。

四、外语类专业国际传播能力培养的案例分析

（一）课程思政教学改革案例

教育部印发的《高等学校课程思政建设指导纲要》明确提出，要将思想政治教育贯穿人才培养体系，全面推进高校课程思政建设。思政引领的外语课程教学改革是当前高等教育领域的重要趋势，旨在通过外语课程融入思想政治教育元素，提升学生的综合素质和国际视野。在外语课程中融入中国优秀传统文化、社会主义核心价值观等思政元素，使学生在学习外语的同时，增强文化自信和民族自豪感，下面以商务英语专业"国际商务谈判"课教学设计为例。

尊重与合作：整合式谈判

本教学设计以教育部《高等学校英语专业本科教学质量国家标准》和《高等学校课程思政建设指导纲要》为指导，采用"主题统领二次开发"，实现"课程思政、思辨能力、专业知识、语言能力四位一体培养新目标"，力求实现"立德树人，润物无声"。内容涵盖以下十个方面。

1.课程简介："国际商务谈判"是商务英语专业一门必修课，具有跨学科、实践性和应用性强的特征，旨在帮助学生掌握商务谈判的基本知识和技巧，运用商务谈判策略和技巧，提高学生英语运用能力和商务实践能力，培养学生跨文化沟通能力，训练学生思辨与创新能力，树立正确的"义利观"，服务国家和企业的谈判需求。

2.教材分析：整合式谈判选自《国际商务谈判》第三版教材的第五章。该教材具有理论系统性强、内容完整、语言规范、案例多元、习题丰富等特征。

依托校情、学情、课情对本章节整合式谈判的教材内容进行选、改、增，合理使用教材，避免"千校一面"，凸显专业培养特色和思政教学目标。

3. 学情分析：立足学校人才培养主动服务区域发展的需求，结合本专业"课岗证赛研"专业复合型人才培养特色要求，依托省级一流专业建设点基础上，结合商务英语专业学生存在的优势和不足，基于学生课前微课等学习效果检测，分析他们的特点和需求。

（1）优势：英语专四通过率高，具备良好的语言基础和扎实的英语听说读写能力；已掌握"外贸实务""市场营销"等基础商务知识；主动性较强，积极参与课堂。

（2）不足：跨学科知识待丰富；跨文化商务谈判实践能力待提高；对本节课整合式谈判的特征理解不全面，对"利益最大化"的理解有难度。

（3）需求：期望了解真实谈判案例，提高商务谈判实践能力。

（4）策略：教师采用翻转课堂教学，让学生有效利用课余时间，提前学习相关基础知识，整合跨学科知识，提高自主学习能力；进行田野调查，改编真实的本土化谈判案例；采用雨课堂，提高学生的参与度和课堂的趣味性；运用模拟谈判，使学生体验谈判，运用所学知识，开展师生共评，让学习者真正成为学习的主体。

4. 教学目标

（1）知识目标

理解整合性谈判的概念和要素；

掌握整合式谈判技巧；

洞悉分配性谈判与整合性谈判的区别、中西方文化差异对商务谈判的影响。

（2）能力目标

提升批判性思维能力，通过细致的对比分析、严谨的逻辑推论和科学的归纳总结等手段；

增强整合性谈判的实战应用能力，通过参与模拟谈判、深入案例分析、撰写研究报告等多种实践活动；

增强整合性谈判中的英语表达能力，通过专业训练，例如熟练掌握 If 条件句型等英语表达技巧，以提高谈判的沟通效率和达成共识的能力。

（3）育人目标

领悟中国传统文化中的和合精神，将其内在的尊重与合作理念融入整合式谈判的学习，以提升谈判素养；

坚定对中华优秀传统文化的自信，深刻理解并实践"尊重与合作，和而不同，在差异中求统一"等精神；

培养寻求共赢方案的创新意识，积极投身于中国优秀文化的保护与创新转化，提升对增强产品价值属性的责任意识。

5. 教学内容

以整合性谈判的基本要素和策略为核心，旨在通过尊重和合作，建立双方友好和信任的伙伴关系，关注利益，实现价值创造和最大化利益。

（1）教学重点

理解整合性谈判的概念和要素，如"妥协""创造价值"等；

掌握整合性谈判的技巧及其关系，包括"同理心""扩大蛋糕"和"头脑风暴"等；

探讨中国和合文化中"尊重与合作、和而不同"的价值取向在整合式谈判中的应用与实践。

（2）教学难点

理解整合性谈判中"创造价值"等隐性要素；

探讨中国传统"和合"文化的价值取向与整合式谈判理念的融合。

6. 教学理念和方法

依循"立德树人、以生为本、驱动创新、启迪智慧"的教学理念，整体教学设计以"产出导向法"（Production-Oriented Approach, POA Wen 2015, 2020），"思政主题统领"（刘正光，2023）的教学理念，以学术语言目标为教学组织主线，将育人目标或隐性地融入"驱动（motivating）—促成（enabling）—评价（assessing）"的循环链，充分运用案例分析法、问题驱动法、小组讨论法等，体现"主题统领，案例激发、循环促成，三维评价"的教学特色。

7. 课程思政教学设计

（1）明晰课程思政教学目标，确保思政教育方向正确又科学

明晰课程思政目标是确保思政教育方向正确且科学的关键。本节课整合式谈判的思政主题为"尊重与合作，和而不同，在差异中求统一"，既是整合式谈判的本质属性，又体现了我国优秀传统"和合"文化精神，帮助学生提升文化自信，有效促进学生全面发展。

（2）精心整合思政内容，确保思政教育内容生动又具体

精心整合思想政治教育内容，是确保思政教育内容生动又具体的重要环节。本节课探索整合式谈判的内涵、要素和技巧与中国优秀传统"和合"文化的关系，同时挖掘本土真实案例，使学生在学习和参与中能够深刻领会思政教育的精髓，从而增强思政教育的吸引力和感染力。

（3）用心构思教学设计，确保思政教育实施有效又适度

用心构思教学设计，是确保思政教育实施有效又适度的关键途径。充分考虑学生的实际需求和认知水平，采用"JCIC"思辨模型和"3W1H"思维导图，灵活运用案例分析、小组讨论、线上与线下相结合的多种教学方法和手段，力求在适度的教学节奏中，让学生真正内化思政知识，形成正确的价值观念和道德品行。

8. 教学实施过程

表 8-1 教学实施过程

教学环节	教学内容	思政目标	教学方法
课前探索 （线上）	发布预习任务 微课视频（雨课堂） 阅读材料（雨课堂） 材料 1：本土公司简介材料 材料 2：中国"和合"文化文章	树立尊重与合作意识 欣赏中国"和合"文化的精神	问题驱动 教学法
课中讲授 （线下）	循环 1：整合式谈判的内涵、要素	理解和尊重文化差异	案例探究教学法 启发式教学法
	循环 2：通过尊重与合作创造价值	树立文化自信， "在差异中求统一" 求共赢方案的创新意识和解决 问题能力	产出导向法 案例探究教学法 启发式教学法
	循环 3：整合式谈判技巧	提升学生寻求共赢方案的创新 意识和解决问题能力	产出导向法 案例探究教学法 启发式教学法
	小结：三个循环促成 整合性谈判中的尊重与合作的学习		互动教学法
课后巩固 （线上）	小组任务 1. 实地考察，撰写案例分析报告； 2. 模拟谈判，运用整合式谈判技巧	积极投身于中国优秀文化的保 护与创新转化，提升对增强产 品价值属性的责任意识	产出导向法

9. 教学评价

将多元多维度评价模式融于课前、课中、课后教学全过程，通过线上线下结合完成自我测评、同伴互评和教师评价，旨在充分调动学生学习积极性，并利用雨课堂、学习通等平台搜集数据，根据动态跟踪，教师及时调整教学进度和教学方法，实现以评促教，以评促学。

10. 教学反思

（1）优化线上线下混合式学习体验。

通过课前、课中、课后的精心设计，线上教学注重知识的系统讲解，线下教学则专注于解决学习中的难点与困惑，确保学生拥有充足的时间进行实践训练，从而有效提升他们的实践能力和英语谈判能力。

（2）优化知识学习与思政培养紧密结合的体验。

借助思政教学模型和思维导图这一桥梁，创新教学方法，如案例分析、讨论和作业等，将思政目标和元素更隐性地融入教学活动，更有效地实现课程思政、思辨能力、专业知识与语言能力四位一体培养新目标。

（二）学生学科竞赛之跨文化能力大赛案例

"外教社杯"全国高校学生跨文化能力大赛坚持立德树人根本任务，以服务国家战略、促进人才培养为导向，是我国特色鲜明的一流学生赛事平台，助力高等学校人才培养模式探索，促进国际理解和交流合作，为推动构建人类命运共同体和促进共建"一带一路"倡议国际合作培养能"讲好中国故事，传播好中国声音"的复合型、高素质国际化人才，助力国际传播能力建设，促进中外文明交流，不断绘就美美与共的文化新画卷，为建设更加开放包容的世界做出新的贡献。

"外教社杯"全国高校学生跨文化能力大赛坚守立德树人的根本使命，以服务国家战略和促进人才培养为核心导向，是我国独具特色的顶级学生赛事平台。该大赛致力于助推高等学校探索创新人才培养模式，增进国际间的理解和交流合作，为构建人类命运共同体及推动"一带一路"国际合作培养能够"生动讲述中国故事，有效传播中国声音"的复合型、高素质国际化人才贡献力量。同时，大赛也积极助力国际传播能力的建设，促进中外文明的交流互鉴，不断描绘出多元共存、和谐共生的文化新图景，为构建一个更加开放包容的世界做出新的贡献。

全国赛特别设立了中国学生组与国际学生组两大组别，其中中国学生组选定英语为参赛语种，而国际学生组则选择汉语作为参赛语种。选手们要经过案例的开发与展示、名言名句的深刻解析、知识问答的挑战、情境的述评以及讲述中国故事等多个环节的历练，来展现了他们在跨文化问题分析与应对方面的能力。跨文化能力竞赛评价指标体系是根据跨文化能力评价的相关研究成果，参照张红玲（2007:70-73）提出的跨文化交际能力的"情感—认知—行为框架"进行构建的。文化知识、情感态度以及行为技能，这三个要素通常被视为跨文化能力的核心构成部分（Spitzberg & Cupach 1984; Chen & Starosta 1996; Byram 1997），它们已成为构建跨文化能力模型时普遍采用的理论基础，同时也是跨文化能力竞赛评价指标体系中的一级指标。在设计二级指标的过程中，深入考虑了中国外语教学和跨文化学习的独特特点，同时紧密结合了新时期外语学科人才培养的核心目标。基于此，设定了十项具体指标，涵盖文化普遍知识、中国文化知识、外国文化知识、自我认知、国家认同、全球视野、国际理解、交流沟通、冲突管理以及反思评价等关键方面，以确保竞赛在评价跨文化能力时具备高度的可操作性，充分保证评价的全面性和深入性。

跨文化能力大赛主要比赛项目的设计理念简介如下：（1）分享文化故事环节作为初赛项目，其核心目的在于考查选手对文化差异的敏感程度，以及他们对自己文化身份认同的深刻理解。在此环节中，选手需用英语生动讲述文化故事，分享个人的跨文化经历，并对跨文化交际行为进行深入的反思与剖析。（2）开发、展示与分析跨文化冲突案例则是复赛的主打项目，该项目重点考查选手对跨文化冲突的理解能力，以及他们编写和分析案例的专业技能。选手围绕抽中的主题，根据个人经历、观察和阅读，开发原创性跨文化冲突案例，并向现场观众展示、演绎和分析案例。通过此环节，我们可以全面评估选手在跨文化冲突识别、案例构建及深入分析方面的综合能力。（3）文化知识问答作为决赛的首个项目，主要采用快问快答的形式，旨在全面考查选手对文化普遍知识、中国文化知识、外国文化知识以及跨文化交际相关概念和理论知识的掌握程度与应用能力。（4）情景评述是决赛的第二个项目，主要考查选手对国际国内社会生活的关注程度，评判其是否具备必要的跨文化敏感性。在此环节，选手需鉴别大赛视频材料中的文化关键事件，并运用恰当的跨文化情感态度和知识对这些关键事件进行有效的剖析与解读。（5）讲述中国故事是决赛的最后一个项目，其核心目的在于鼓励选手深入学习和理解自己的民族文化，增强对中国文化身份的认同和文化自信。通过这一项目，我们期望选手能够在国际舞台上、多元文化环境中，有意识地发出中国声音，积极传播中国文化。在此环节中，选手需用英语向外国人宣介中国，生动讲述中国故事，展现中国文化的独特魅力。

"外教社杯"全国高校学生跨文化能力大赛自举办以来，已成功举办了六届，吸引了来自全国各地高校的广泛参与和高度关注。第六届"外教社杯"全国高校学生跨文化能力大赛尤为引人注目，不仅吸引了来自全国23个省市的741所高校参与，而且共有52支中国学生队伍和20支国际学生队伍脱颖而出，成功晋级全国决赛，这充分展示了大赛的广泛参与度和参赛队伍的强大实力。这一赛事凭借其独特的跨文化交流平台、丰富多样的比赛内容和形式，以及对学生跨文化交流能力提升的显著效果，赢得了广大师生的热烈响应和积极参与。每一届大赛都汇聚了众多才华横溢、富有跨文化视野的高校学生，他们在这里展示自我、交流思想、增进友谊，共同推动跨文化教育和国际交流的发展。通过这些赛事活动，学生们不仅锻炼了自己的跨文化沟通能力，还拓宽了国际视野，增强了国际竞争力。

值得一提的是，自2023年起，"外教社杯"全国高校学生跨文化能力大赛被列入教育部A类赛事，这一举措进一步凸显了该赛事在高等教育领域的重要地位和影响力。作为A类赛事，它不仅为学生提供了一个展示自我、锻炼

能力的平台，更成为了推动高校教育教学改革和创新的重要力量。被列入 A
类赛事后，"外教社杯"大赛将进一步吸引更多高校的关注和参与，促进跨文
化教育和国际交流的深入发展。可以说，"外教社杯"全国高校学生跨文化能
力大赛已经成为我国高等教育领域的一项标志性赛事，对于推动我国高等教
育国际化进程、提升我国学生的国际竞争力具有重要意义。跨文化大赛不仅
有效促进了高校学生跨文化交流能力的显著提升，为他们提供了宝贵的实践
机会和平台，使他们在比赛中锻炼并增强了跨文化沟通、理解和合作的能力。
更为深远的是，跨文化大赛对于增强我国学生的国际竞争力和提升国际传播能
力具有极其重要的意义。

第九章　跨文化交际能力培养模式的保障机制研究

第一节　教育资源的整合与投入

一、教育资源的全面梳理与评估

（一）教育资源的分类梳理

1. 教材资源梳理

教材是教学活动的基础，对于跨文化交际能力的培养尤为重要。在梳理教材资源时，需要关注教材的种类、内容、使用状况以及更新情况。具体而言，要详细列出各类跨文化交际相关的教材，分析其内容的时效性与实用性，了解教材在教学过程中的使用情况，以及是否存在需要更新或修订的地方。通过这一梳理过程，能够确保教材资源的充分利用，同时及时发现并弥补教材中的不足。

2. 师资资源梳理

教师是教学活动的主体，对于跨文化交际能力培养的质量具有决定性影响。在梳理师资资源时，需要关注教师队伍的数量、结构、素质以及培训需求等方面。具体而言，要详细了解现有教师队伍的基本情况，包括教师的专业背景、教学经验、跨文化交际能力等，同时分析教师队伍中存在的短板和问题。此外，还要关注教师的培训需求，为教师提供有针对性的培训和支持，帮助他们提升跨文化交际教学能力。

3. 教学设施资源梳理

教学设施是教学活动顺利开展的物质保障。在梳理教学设施资源时，需要关注设施的种类、数量、使用状况以及更新需求等方面。具体而言，要详细列出各类教学设施，包括教室、实验室、多媒体设备等，了解其在教学过程中的使用情况和利用效率。同时，还要关注设施的维护和更新情况，确保教学设施的完好和先进，为跨文化交际能力培养提供有力的物质支持。

（二）教育资源的综合评估

1. 资源质量评估

资源质量评估是对教材、师资、教学设施等教育资源进行的质量检查与价值判断。针对教材资源，需要评估其内容的准确性、时效性、实用性以及跨文化交际元素的融入程度。对于师资资源，要评估教师的专业素养、教学能力以及跨文化交际能力，确保他们具备培养学生跨文化交际能力所需的知识和技能。对于教学设施资源，要评估其完好率、先进性以及满足教学需求的能力，确保设施能够为学生提供良好的学习环境。

2. 资源配置效率评估

资源配置效率评估旨在分析教育资源在不同教学环节、不同培养阶段中的分配是否合理，是否存在浪费或不足的情况。这一评估过程需要综合考虑教材、师资、教学设施等资源的匹配程度，以及它们对教学效果的影响。

3. 资源需求预测与缺口分析

资源需求预测与缺口分析是预测未来跨文化交际能力培养所需的资源量，并分析现有资源与未来需求之间可能存在的差距。这一环节需要综合考虑学生规模、教学计划、培养目标等多个因素，对未来一段时间内的资源需求进行科学合理的预测。

二、教育资源的优化配置

（一）教材资源的优化选择与更新

1. 精选符合跨文化交际能力培养的教材

在外语专业跨文化交际能力培养过程中，教材的选择至关重要。为了精选符合培养目标的教材，首先，需要深入评估现有教材与跨文化交际能力培养目标的契合度。这包括分析教材内容是否涵盖跨文化交际的核心理论、实践案例以及文化背景知识，同时考虑教材的难度是否适合学生的认知水平。此外，应该积极引入国内外优秀的跨文化交际教材资源，借鉴其先进的教学理念和方法。通过对比不同教材的特点和优势，可以挑选出最适合学生需求的教材。同时，鼓励教师参与教材的编写工作，结合他们的实际教学经验，融入更多真实的跨文化交际场景和案例，使教材更加贴近实际教学需求。

2. 定期更新教材内容

随着全球化的深入和跨文化交际领域的不断发展，新的理论、案例和实践经验不断涌现。为了保持教材的时效性和前瞻性，需要定期更新教材内容。首先，应该密切跟踪跨文化交际领域的最新发展动态，关注国内外学术界的最新研究成果和趋势。通过参加学术会议、研讨会等活动，可以及时获取最新的学术信息和前沿动态，为教材更新提供有力的支持。其次，需要及时将新的理论、案例和实践经验融入教材中。这不仅可以丰富教材内容，还可以激发学生的学习兴趣和积极性。同时，应该注重教材的实用性和可操作性，确保更新的内容能够与学生的实际需求和教学实践相结合。最后，建立教材更新机制是确保教材持续更新的关键。应该制定明确的教材更新计划和流程，明确更新的周期和责任人。同时，鼓励教师和学生提出对教材更新的意见和建议，以便更好地满足他们的需求。

（二）师资资源的培训与提升

1. 加强教师跨文化交际能力培养

在外语专业跨文化交际能力培养模式中，教师的跨文化交际能力是关键。为了加强这一能力的培养，需要采取一系列措施。首先，定期组织教师参加专业的跨文化交际培训课程，这些课程应涵盖跨文化交际的基本理论、实践技巧以及文化敏感性的培养。通过系统学习，教师可以更深入地理解跨文化交际的内涵，提升自身在多元文化环境中的交流能力。其次，鼓励教师赴海外进行交流学习，这不仅可以拓宽他们的国际视野，还能让他们在实际环境中体验并应用跨文化交际知识。海外学习经历能使教师更直观地了解不同文化背景下的交流方式，从而在教学中更有效地传授给学生。最后，建立教师跨文化交际能力考核机制，通过定期评估来确保培训效果。考核机制可以包括模拟跨文化交际场景、教学案例分析等内容，旨在检验教师在实际教学中的跨文化交际能力应用。

2. 提升教师教学水平与教学方法

提升教师的教学水平和教学方法是确保外语专业跨文化交际能力培养质量的关键。首先，应定期举办教学研讨会，为教师提供一个分享经验、交流想法的平台。在这样的研讨会上，教师可以展示自己在教学中的创新实践，分享成功的教学案例，同时也可以从同行的反馈和建议中获得新的教学灵感。引入先进的教学理念与教学手段也是必不可少的。随着教育技术的不断发展，多媒体、网络等现代化教学手段为外语教学提供了更多可能性。应鼓励教师积极探索这些新手段，将其融入课堂教学中，以激发学生的学习兴趣，提高教学效果。为了鼓励教师进行教学创新实践，可以设立教学创新基金，为教师提供必要的资金和资源支持。同时，建立教学成果奖励机制，对在教学工作中取得突出成绩的教师给予表彰和奖励，以此激励更多教师投身于教学改革的热潮中。

（三）教学设施资源的完善与升级

1. 加强教学设施建设

为了提升外语专业跨文化交际能力的培养质量，加强教学设施建设是至关重要的一环。需要投入资金改善教学硬件设施，如建设多媒体教室、语音实验室等。这些设施能够为学生提供更加真实、生动的语言学习环境，帮助他们更好地掌握外语知识和跨文化交际技巧。同时，还应引进先进的教学软件，利用技术手段丰富教学内容和形式，提高教学效果。除了硬件设施的改善，还需注重教学资源的整合与共享。通过建立教学资源库，可以将优质的教学资源进行集中管理，方便教师和学生随时获取和使用。此外，加强校际合作也是提升教学设施建设水平的有效途径，通过资源共享和优势互补，可以共同推动外语专业教学的发展。

2. 建立教学设施维护与更新机制

教学设施是外语专业跨文化交际能力培养的重要物质基础，因此建立教学设施的维护与更新机制至关重要。需要制定定期的教学设施检查计划，确保所有设施都处于良好的运行状态。这包括对多媒体教室的投影设备、音响系统等进行定期检测，对语音实验室的录音设备、耳机等进行定期维护。通过及时发现并解决潜在问题，可以避免因设施故障而影响正常的教学进度。建立教学设施的更新机制也是必不可少的。随着科技的不断发展，新的教学设施不断涌现，为外语教学提供了更多可能性。为了保持教学设施的先进性，需要根据教学需求和设施使用情况，制定合理的更新计划。这包括定期更换老旧的设备、引入新的教学软件等。通过不断更新教学设施，可以为学生提供更加优质、高效的学习环境。

三、多元投入机制的建立

（一）政府层面的投入与支持

1. 资金投入与教育政策扶持

政府作为教育发展的主导力量，其资金投入和政策扶持对外语专业跨文化交际能力培养至关重要。首先，政府应增加对外语专业教育的财政拨款，提高教育经费在外语教育领域的投入比例，确保外语教育得到充足的资金支持。同时，政府可以设立专项基金，专门用于支持跨文化交际能力培养相关的研究与实践项目，鼓励高校和教师进行探索和创新。此外，政府还应出台优惠政策，引导和鼓励企业、社会组织等力量参与外语教育投资。通过税收减免、资金补贴等方式，激发社会各界对外语教育的投入热情，形成多元化的教育投资格局。这些政策的实施将有效推动外语专业跨文化交际能力培养模式的持续发展。

2. 制定与执行相关法规与标准

政府在推动外语专业跨文化交际能力培养过程中，还需要制定和执行相关法规与标准。首先，政府应颁布外语专业教育质量标准，明确跨文化交际能力培养的具体要求和评估指标，为高校提供明确的教学指导。同时，政府应加大对外语教育机构的监管力度，确保其教学质量符合国家标准，保障学生的合法权益。此外，政府还可以推动建立外语教育行业协会等组织，促进行业内的自律与发展。通过行业协会的引导和规范，可以推动外语教育机构之间的交流与合作，共同提升外语专业跨文化交际能力培养水平。同时，行业协会还可以为政府提供政策建议和决策支持，推动外语教育政策的不断完善和优化。

（二）学校层面的投入与资源整合

1. 加强校内教学设施建设

学校作为外语专业跨文化交际能力培养的主阵地，应加强校内教学设施的建设。首先，学校应投资建设现代化的外语教学楼和实验室，提供充足的教学空间和先进的教学设备。这些设施应能够满足外语教学的多样化需求，包括语音实验室、多媒体教室、同声传译室等，以提升学生的实践能力和跨文化交际能力。同时，学校还应引进先进的教学软件和教育技术，提升教学信息化水平。通过利用网络技术、人工智能等现代化教学手段，可以丰富教学内容和形式，提高教学效果和学生的学习体验。此外，学校还应优化校园网络环境，方便师生随时随地获取学习资源，促进自主学习和终身学习的发展。

2. 完善校内课程体系与教学资源

除了加强教学设施建设外，学校还应完善校内课程体系与教学资源。首先，学校应开设丰富多样的跨文化交际课程，包括语言文化、交际技巧、国际视野等方面的内容。这些课程应能够满足不同学生的学习需求，提升他们的跨文化意识和交际能力。同时，学校还应鼓励教师开发校本课程和特色课程，结合地方文化和实际需求进行针对性教学。此外，学校还应加强校内教学资源库的建设和管理。通过收集和整理优质的教学资源，如课件、教案、案例等，实现教学资源的共享和利用。这不仅可以提高教师的教学效率和质量，还可以为学生提供更加丰富多样的学习材料和实践机会。同时，学校还应积极与其他高校和机构进行合作与交流，共同推动外语教育资源的优化和整合。

（三）社会层面的投入与合作

1. 校企合作与产学研结合

社会层面的投入与合作对于外语专业跨文化交际能力培养同样重要。首先，学校应积极寻求与外语相关企业、机构的合作机会，共同培养人才。通过校企合作模式，学校可以了解企业对人才的需求和标准，从而调整教学计划和课程设置以更好地满足市场需求；同时企业也可以为学生提供实习和就业机会以及实践指导等支持。此外，推动产学研结合也是提升外语专业跨文化交际能力培养水平的有效途径之一。学校可以与企业合作开展项目研究、技术开发和成果转化等活动；企业则可以利用学校的科研优势和人才资源进行创新研发和市场拓展等工作。这种合作模式不仅可以促进外语教育成果向实际应用转化并推动相关产业发展；还可以为学生提供更多实践机会和职业发展平台并增强其就业竞争力。

2. 社会捐赠与公益支持

社会捐赠和公益支持对于外语专业跨文化交际能力培养也具有重要意义。首先，社会各界应鼓励对外语教育进行捐赠并设立相关基金或奖学金以支持优秀学子完成学业，并激励他们为外语事业做出贡献；同时这些资金也可以用于改善教学设施、提升师资水平以及开展研究活动等方面从而推动外语教育整体发展进步。其次，倡导公益组织参与外语教育支援项目也是非常有必要的举措之一。公益组织可以利用自身资源和影响力为贫困地区或弱势群体提供外语教育帮助并推动教育公平与普及；同时这些项目也可以为志愿者提供实践机会并培养他们的社会责任感和跨文化交际能力从而形成良好的社会氛围和人才储备机制。

四、教育资源的共享与合作

（一）区域教育资源的共享

1. 建立区域教育资源平台

为了更有效地促进外语专业跨文化交际能力的培养，建立区域教育资源平台显得至关重要。这一平台不仅是一个技术架构，更是一个连接各高校的桥梁。通过云计算、大数据等现代信息技术，可以构建一个集课程视频、教学资料、案例库等于一体的外语教育资源库。各高校可以上传和分享自己的优质教学资源，同时也可以从平台上获取其他高校的教学成果。这样，无论是教师还是学生，都可以在这个平台上找到丰富、多样的学习资源，从而打破时间和空间的限制，实现真正的资源共享。此外，这一平台还可以设置互动功能，如在线答疑、学习社区等，促进师生之间的交流与合作。通过定期的更新和维护，确保平台资源的时效性和准确性，从而满足外语专业师生不断变化的学习需求。

2. 推动校际课程互选与学分互认

在全球化日益加深的今天，外语专业的学生需要更广阔的视野和更多元的学习体验。因此，推动区域内高校间的校际课程互选与学分互认工作，不仅有助于拓宽学生的学习渠道，还能增强他们的综合素质和跨文化交际能力。通过校际课程互选，学生可以在不同的高校选修自己感兴趣的外语课程，感受不同的教学风格和学习氛围。这种跨校学习经历不仅能丰富学生的知识体系，还能培养他们的适应能力和团队协作精神。同时，学分互认机制则能确保学生在不同高校获得的学习成果得到应有的认可，为他们的升学和就业提供更多选择。为了实现这一目标，各高校需要建立完善的学分转换和认定制度，明确课程互选的具体流程和操作规范。同时，加强高校间的沟通与协作，确保课程互选和学分互认工作的顺利进行。

3. 共建外语实践教学基地

实践教学是外语专业培养跨文化交际能力的重要环节。然而，由于资源有限，许多高校在实践教学方面面临诸多困难。因此，共建外语实践教学基地成了一个切实可行的解决方案。通过共建实践教学基地，如模拟联合国、国际商务谈判实训室等，各高校可以集中优势资源，共同打造一个高水平、专业化的实践教学平台。这些基地不仅可以提供真实的职业环境和实践机会，还能引入行业专家和资深教师进行现场指导和点评，从而帮助学生更好地将理论知识转化为实践能力。同时，共建实践教学基地还能促进高校间的交流与合作。各高校可以共同制订实践教学计划、分享教学经验、开展联合培训等，从而提升整个区域的外语实践教学水平。这种合作模式不仅能提高学生的外语应用能力和跨文化交际能力，还能为区域经济社会发展培养更多高素质的外语人才。

（二）国际合作与交流

1. 国际学术交流与合作项目

在全球化背景下，国际学术交流与合作对于外语专业的发展至关重要。通过积极与国外高校和研究机构建立学术合作关系，可以开展形式多样的交流活动，如师生互访、学术研讨、合作研究等。这些活动不仅有助于增进相互了解，还能促进教育资源的共享和优势互补。师生互访活动可以让学生亲身体验不同国家的文化和教育环境，拓宽国际视野，增强跨文化交际能力。学术研讨则能聚集世界各地的学者，共同探讨外语教育的前沿问题和发展趋势，推动学术进步。合作研究更是能深化对特定领域的探索，产生具有国际影响力的学术成果。

2. 联合培养与合作办学

为了培养具有国际竞争力的高素质外语人才，需要不断探索新的教育模式。其中，与国外高校开展联合培养和合作办学项目是一种非常有效的途径。通过这种模式，可以与国外知名高校共同制定培养计划，实现课程资源的共享和优势互补。在联合培养过程中，学生可以在国内外两所高校同时学习，接受不同文化背景的熏陶和教育。这种学习方式有助于培养学生的全球意识和跨文化交际能力，使他们更好地适应国际化的发展趋势。同时，互认学分和颁发双学位的机制也能为学生提供更多的学习选择和职业发展机会。合作办学则能进一步推动教育国际化进程。通过与国外高校深度合作，可以共同开发适合两国学生的课程和教学资源，提高教育质量和效益。这种合作模式不仅能增强高校的国际影响力，还能为培养具有国际视野和创新能力的高素质人才奠定坚实基础。

3. 国际教学资源引进与开发

随着信息技术的飞速发展，国际教学资源的引进与开发变得越来越便捷。通过引进国外优质的外语教学资源，包括原版教材、在线课程、教学软件等，可以让学生接触到更地道、更生动的语言学习材料，提高他们的学习兴趣和效果。同时，结合本土需求进行合作开发也是至关重要的。在引进资源的基础上，需要根据中国学生的实际情况和学习特点进行适应性改造和创新性发展。这不仅能确保教学资源的针对性和实用性，还能促进中外教育文化的交流与融合。通过国际教学资源的引进与开发，可以丰富外语专业的教学内容和手段，提高教学质量和水平。同时，也能为学生提供更多元化、个性化的学习选择和支持服务，培养他们的自主学习能力和终身学习习惯。

（三）产学研用协同创新

1. 校企合作研发外语教学产品

随着科技的不断发展，外语教学产品日新月异，为外语学习提供了更多可能性。高校与外语相关企业合作，共同研发外语教学产品，成为推动外语教育技术革新和应用的重要途径。例如，通过校企合作，可以研发出更加智能化的语音识别系统，帮助学生纠正发音，提高口语能力。同时，也可以开发出更加便捷、高效的在线学习平台，为学生提供丰富的学习资源和个性化的学习体验。这种合作模式不仅有助于高校将科研成果转化为实际应用，还能为企业提供更有针对性的产品和服务。

2. 行业导师制度与实践教学

实践教学是外语教育中不可或缺的一环，而行业导师制度则为实践教学提供了有力支持。聘请外语行业资深人士作为行业导师，让他们参与到高校的外语教学和实践指导工作中，可以为学生提供更加贴近实际、更具前瞻性的职业指导。行业导师不仅具备丰富的行业经验和专业知识，还能为学生提供真实的行业案例和实践机会。通过与行业导师的互动交流，学生可以更好地了解行业发展趋势和市场需求，提升自己的职业素养和跨文化交际能力。同时，行业导师还能为高校的教学改革和课程设置提供宝贵建议，推动外语教育与行业发展的紧密结合。

3. 外语教育成果转化与应用

外语教育的研究成果和教学经验如果不能转化为实际应用，就难以发挥其应有的价值。因此，加强与产业界的联系和沟通，推动外语教育成果的转化和应用显得尤为重要。高校应积极寻求与企业的合作机会，将研究成果应用于实际行业场景中，解决实际问题。例如，针对企业国际化发展过程中遇到的跨文化沟通难题，高校可以提供定制化的外语培训服务或研发专门的外语教学产品。这样不仅能提高企业的国际竞争力，还能为高校带来经济效益和社会效益。同时，高校还应关注行业动态和市场需求变化，及时调整研究方向和教学内容，确保外语教育与行业发展的紧密结合和良性循环。

第二节　教材课程资源的研发与使用

一、教材研发的原则与策略

（一）教材研发的基本原则

1. 实用性原则

实用性原则是教材研发过程中的一项重要指导原则。这一原则的核心在于，教材内容必须与实际的跨文化交际需求紧密相连。简而言之，就是要确保所学的知识和技能能够在真实的生活场景中得到应用。为了实现这一目标，教材不应仅仅停留在传授理论知识的层面，更要深入实践应用，真正做到学以致用。具体来说，教材内容应精心设计，紧密结合真实的跨文化交际场景，如商务谈判、文化交流活动等。通过模拟这些真实场景，学习者可以更加直观地理解和掌握跨文化交际的技巧和策略。同时，教材中还应提供丰富的实用交际策略和技巧，帮助学习者在真实的跨文化交际环境中游刃有余，自信应对各种挑战。一本实用的教材能够极大地激发学习者的学习兴趣和热情。当学习者发现所学内容与实际生活紧密相连，能够解决真实问题时，他们的学习积极性和参与度自然会提高。

2. 系统性原则

系统性原则是教材研发中至关重要的指导原则。它强调教材内容必须全面、系统地覆盖跨文化交际的各个方面，确保学习者在学习过程中能够获得连贯、完整的知识体系。这一原则的实现，不仅要求教材在语言知识上做到详尽无遗，更需要深入涉及文化背景、交际策略等多个层面。在系统性原则的指导下，教材内容将呈现出一个多维度、全方位的跨文化交际知识体系。这不仅有助于学习者在语言技能上有所提升，更能够让他们在文化理解和交际策略上达到新的高度。通过这样的系统性学习，学习者可以更加全面地提升自己的跨文化交际能力，从而更好地适应多元化、复杂化的国际交流环境。同时，系统性原则还有助于学习者构建起稳固、全面的知识体系。这不仅为他们的后续学习和发展奠定了坚实的基础，更能够让他们在未来的职业生涯中，以更加开放、包容的心态去面对和接纳不同的文化和观念，成为具有国际视野和跨文化沟通能力的优秀人才。

3. 科学性原则

科学性原则是教材研发不可或缺的重要基石，它严格要求教材内容必须根植于科学的跨文化交际理论之上，从而确保所传授的信息是准确无误且具有权威性的。在教材编写过程中，必须紧密跟踪并参考该领域的最新研究成果和教育实践中的宝贵经验，以此来避免教材中包含任何过时或错误的信息。除了内容的科学性，科学性原则还着重强调教学方法的科学性。鼓励采用多样化的教学手段，如案例教学、角色扮演、小组讨论等，这些方法不仅能够丰富课堂教学，还能更有效地促进学习者对跨文化交际知识的理解和掌握。同时，科学的评估方式也是不可或缺的，它们能够准确反映学习者的学习进度和效果，为教师提供调整教学策略的依据。只有严格遵循科学性原则，才能确保教材不仅为学习者提供准确的知识，还能成为他们提升跨文化交际能力的有力工具。

4. 适应性原则

适应性原则在教材研发中的重要性不容忽视。由于每位学习者的学习水平、文化背景和学习需求都存在差异，这就要求教材必须具备足够的灵活性和可扩展性，以便能够适应各类学习者的实际情况。为了实现这一目标，在编写教材时，需要充分考虑到不同学习者的特点和需求。对于初学者，要确保教材内容能够帮助他们打下坚实的基础。因此，在教材中应包含基础知识和技能的讲解与训练，让初学者能够轻松入门，并逐步掌握跨文化交际的基本概念和技巧。

而对于高水平学习者，教材则需要提供更多的深入探究和扩展学习的机会。可以设计一些高级话题和案例分析，以满足他们对知识的深入追求和实践应用的需求。此外，通过设计多样化的教学内容和活动，如角色扮演、小组讨论等，可以进一步激发学习者的兴趣和参与度。同时，提供丰富的辅助材料，如文化背景介绍、实例分析等，也能帮助学习者更好地理解和掌握跨文化交际的精髓。

（二）教材研发的策略

1. 需求分析策略

需求分析策略在教材研发过程中占据着举足轻重的地位，它是确保教材内容贴近学习者实际需求的关键环节。这一策略的核心在于对目标学习者进行深入细致的需求调研，全面了解他们的学习背景、学习动机以及期望达到的语言水平。为了实现这一目标，可以采用多种调研方法，如问卷调查、深度访谈和现场观察等。通过这些方式，能够直接触及学习者的内心，探寻他们对教材内容的真实需求和兴趣所在。这种以学习者为中心的调研方法，不仅能够帮助精准把握学习者的学习需求和期望，更能确保教材内容与他们的实际生活和学习目标紧密相连。需求分析策略的实施，有效避免了教材研发过程中可能出现的与实际需求脱节的情况。通过深入挖掘学习者的真实需求，能够编写出更加贴近学习者生活、更具针对性和实用性的教材，从而极大地提升学习者的学习兴趣和学习效果。

2. 内容选择策略

内容选择策略是教材研发中至关重要的环节，它直接决定了教材的质量和教学效果。在选择教材内容时，必须精心挑选与跨文化交际密切相关的知识点，这些知识点不仅能够帮助学习者掌握基本的跨文化交际技能，还能够引领他们深入理解文化间的差异和沟通技巧。同时，要突出重点和难点，让学习者在学习过程中能够明确把握核心知识点，从而更好地吸收和掌握所学内容。除了知识点的选择，还需紧密结合学习者的兴趣和实际需求。实用性和趣味性是吸引学习者的两大关键，因此，在选择内容时，应注重选取那些既实用又有趣的知识点，以此来激发学习者的学习兴趣，使他们在轻松愉快的氛围中提升跨文化交际能力。此外，内容的时效性和前瞻性也不容忽视。随着全球化的深入发展，跨文化交际领域也在不断更新变化。为了确保教材内容与时俱进，必须关注最新的研究成果和实践经验，及时将新知识、新趋势融入教材中，确保教材内容能够反映跨文化交际领域的最新动态，为学习者提供前沿、实用的学习资源。

3. 结构设计策略

结构设计策略在教材研发中具有举足轻重的地位，它关注的是教材的整体框架和布局，确保知识点的组织和呈现方式既合理又高效。在教材研发过程中，应精心安排章节顺序和内容模块，使得教材的结构清晰明了，便于学习者循序渐进地掌握知识。同时，注重知识点的逻辑性和系统性是结构设计的核心，这有助于学习者在脑海中构建起完整、连贯的知识网络。通过巧妙的结构设计，能够引导学习者更加深入地理解和掌握教材内容，从而提升学习效果。例如，合理的章节划分和层次设置可以帮助学习者分步骤、有条理地吸收新知识，而紧密的逻辑关联则能促使他们在学习过程中不断回顾和巩固已学内容。此外，结构设计还需充分考虑学习者的学习习惯和认知特点。不同年龄、背景的学习者在认知方式和偏好上可能存在差异，因此，教材的结构设计应具有一定的灵活性和适应性，以满足不同学习者的需求。

二、教材与课程资源的匹配与应用

（一）教材与课程资源的关联性分析

1. 确定教材主题与知识点

在教材研发过程中，确定教材的主题与核心知识点是至关重要的第一步。

这需要对教学目标、学习者的学习需求和背景进行深入分析。教材的主题应与课程目标紧密相连，确保教学内容能够紧密围绕核心主题展开。同时，明确教材中的关键知识点，这些知识点是学习者必须掌握的基本概念、理论和技能。为了更有效地确定教材主题与知识点，研发者需要深入了解学科的前沿动态，结合实际应用场景，提炼出最具代表性和实用性的知识点。此外，还要充分考虑学习者的认知特点和学习规律，确保知识点的难度适中，易于被学习者接受和掌握。

2. 整合相关课程资源

在确定了教材的主题和知识点后，下一步是整合与之相关的课程资源。课程资源包括但不限于视频教程、实例分析、图片资料、互动软件等，这些资源能够丰富教材内容，提高学习者的学习兴趣和效果。整合课程资源时，要注重资源的多样性和互动性。多样性意味着要选择不同类型的资源，以满足不同学习者的学习风格和需求。互动性则强调课程资源应能够激发学习者的主动参与，如通过模拟实验、在线讨论等方式，让学习者在实践中深化对知识点的理解。同时，课程资源的整合还需要考虑其实用性和时效性。实用性要求课程资源能够与教材内容紧密结合，真正起到辅助教学的作用。时效性则要求课程资源能够反映最新的学科发展和技术应用，确保学习者能够接触到最前沿的知识和技能。

（二）教材与课程资源的优化配置

1. 合理选择课程资源

合理选择课程资源是确保教学质量和学习效果的关键。在选择课程资源时，需要根据教材的主题、知识点以及学习者的实际需求和背景进行综合考量。课程资源的种类繁多，包括视频、音频、图片、实例、案例研究等，每一种资源都有其独特的教学价值和适用场景。首先，要选择与教材内容紧密相关的课程资源，确保其能够直接支持并强化教材中的关键概念和理论。其次，要考虑学习者的学习风格和兴趣，选择能够激发他们学习兴趣的资源类型。例如，对于视觉型学习者，可以选择丰富的图片和图表来辅助说明；对于听觉型学习者，高质量的音频讲解可能更为适合。此外，课程资源的来源和质量也需要严格把关。应优先选择权威、专业的资源，以确保信息的准确性和可靠性。同时，还要关注资源的更新频率和适用性，确保其能够反映学科领域的最新发展和趋势。

2. 调整教材结构以适应课程资源

在选择了合适的课程资源后，下一步是调整教材的结构以适应这些资源。这并不意味着对教材进行大刀阔斧的改动，而是根据课程资源的性质和特点，对教材内容的顺序、重点、难点进行适当的调整。根据课程资源的类型和内容，将相关的教材章节进行前后调整，以确保二者在内容和进度上的同步。例如，如果有一段与教材某章节紧密相关的视频资源，可以将该章节提前，与视频资源相结合进行教学。针对课程资源的重点和难点，可以在教材中增加相应的解释、例题或练习题，以帮助学习者更好地理解和掌握这些内容。同时，也可以根据课程资源的实际情况，对教材中的一些冗余或过时内容进行删减或更新。调整教材结构还需要考虑学习者的学习习惯和认知规律。应确保调整后的教材结构更加符合学习者的学习节奏和思维方式，从而提高他们的学习效率和兴趣。

(三) 教材与课程资源的创新应用

1. 利用现代信息技术手段整合教材与课程资源

随着现代信息技术的发展，可以充分利用这些技术手段来整合教材与课程资源，实现教学内容的数字化、互动化和个性化。通过数字化技术，可以将教材和课程资源转化为电子形式，便于存储、传输和更新。同时，利用互动化技术，如虚拟现实（VR）、增强现实（AR）等，可以创建沉浸式的学习环境，提高学习者的参与度和体验感。具体实施时，可以将教材内容与多媒体资源、在线学习平台等相结合，为学习者提供丰富多样的学习资源和学习方式。例如，通过在线视频、交互式模拟实验、在线测试和讨论区等功能，学习者可以随时随地进行自主学习和协作学习。此外，利用大数据和人工智能技术，还可以对学习者的学习行为进行分析和预测，为他们提供个性化的学习建议和反馈。

2. 探索教材和课程资源的创新应用模式

除了利用现代信息技术手段进行整合外，还需要探索教材和课程资源的创新应用模式。这包括线上线下相结合的教学模式、项目式学习、翻转课堂等。线上线下相结合的教学模式可以充分发挥传统课堂和网络学习的优势，提高教学效果和学习者的参与度。项目式学习则可以让学习者在实际操作中掌握知识和技能，培养他们的团队协作和问题解决能力。翻转课堂则通过重新调整课堂内外的时间安排，让学习者在课前进行自主学习，课堂上则进行深入的讨论和实践操作。在实施创新应用模式时，需要根据学习者的特点和需求进行灵活调整和完善。同时，还需要关注学习者的反馈和意见，及时调整教学策略和方法，以确保教学效果和学习者的满意度。

三、教材课程资源研发与使用的国际化视野

（一）国际化背景下的教材课程资源研发

1. 跨文化内容的融入与整合

在国际化背景下，教材课程资源的研发显得尤为重要，它不仅仅关乎知识的传授，更涉及文化的交流与理解。为了培养具有国际视野的人才，必须充分考虑跨文化元素的融入。这意味着，在研发过程中，要深入挖掘不同国家和地区的文化背景、价值观念和教育体系，全面而准确地理解各种文化的独特性和共通性。通过将这些多元文化内容恰当地整合到教材中，可以为学习者展现一

个更加丰富多彩的世界。这样的教材不仅能够帮助学习者拓宽国际视野，更能让他们深刻理解和尊重全球各地的文化。在学习的过程中，学习者将逐渐学会以开放的心态去接纳和欣赏不同的文化，这对于培养他们的全球意识和跨文化沟通能力至关重要。

2. 国际教育资源的借鉴与利用

在研发教材课程资源的过程中，应当保持开放的心态，积极借鉴和利用国际上的优质教育资源。这不仅包括引进国外先进的教材，还要关注那些经过实践证明有效的教学方法，以及丰富多彩的在线课程。通过整合这些资源，可以极大地丰富教材内容，使之更加生动有趣，更贴近国际教育的最前沿。同时，还需要密切关注国际教育的最新趋势，了解全球教育的发展方向，以便及时调整和完善的教材课程资源研发策略。这样做不仅可以确保教育资源始终保持与时俱进，还能够更好地满足学生的学习需求，提升他们的学习效果。

（二）教材课程资源使用的国际化实践

1. 推广国际化教学方法

在使用教材课程资源的过程中，推广国际化的教学方法显得尤为重要。这些方法，如项目式学习、合作学习、探究学习等，都是国际上广泛认可的教学模式，它们以学习者为中心，强调学习者的主动性和创造性。通过运用这些方法，可以有效地激发学习者的学习兴趣，提升他们的学习效果。同时，还应积极鼓励学习者参与国际交流与合作。这不仅可以为他们提供更广阔的学习平台，还能够锻炼他们的跨文化沟通能力。在国际交流中，学习者将有机会与来自不同文化背景的人进行互动，这不仅能够拓宽他们的视野，还能够增强他们对多元文化的理解和尊重。

2. 利用信息技术促进国际交流

信息技术在教材课程资源使用中确实发挥着举足轻重的作用。借助网络平台和多媒体资源，能够轻松地打破地理界限，为学习者提供前所未有的国际交流机会。例如，利用在线视频会议系统，可以组织在线国际研讨会，邀请世界各地的学者、专家和学生共同探讨学术问题或分享研究成果。这样的活动不仅能让学习者接触到最前沿的学术思想，还能培养他们在多元文化背景下的沟通能力和团队协作精神。此外，还可以通过网络平台开展合作项目，让来自不同文化背景的学习者共同参与，携手解决问题或完成任务。这样的合作项目不仅能提升学习者的实践能力，更能增进他们对不同文化的理解和尊重，从而培养出具有国际视野和跨文化能力的新时代人才。

第三节　教育技术与信息化支持

一、教育技术在跨文化交际能力培养中的应用

（一）教育技术的基础作用与价值

1. 增强跨文化交流的真实性

通过教育技术，可以模拟出真实的跨文化交流场景，为学习者打造一个更加逼真的语言实践环境。这种模拟的场景不仅包括日常对话、商务谈判、学术交流等多种情境，还可以根据学习者的需求进行个性化定制，从而更加贴近实际应用。在这样的环境中进行语言实践，学习者可以更加深入地了解不同文化背景下的交流方式和习惯，进而提高自己的跨文化交际能力。例如，通过虚拟现实（VR）技术，可以为学习者创建一个仿真的异国环境，让他们在其中与模拟的当地人进行对话。这样的实践方式不仅能够提升学习者的语言能力，还能帮助他们更好地理解和适应不同文化背景下的交流方式。

2. 提供多样化的学习资源

教育技术为学习者提供了丰富的音频、视频、图像等多媒体学习资源，这些资源以直观、生动的方式展示了不同文化的特点和交际方式。相比于传统的纸质教材，这些多媒体学习资源更加生动有趣，能够激发学习者的学习兴趣和积极性。例如，通过在线课程平台，学习者可以观看来自不同国家和地区的文化讲解视频，了解各地的风土人情、历史传统和社交礼仪。同时，利用互动式的语音和图像识别技术，学习者还可以进行口语练习和语音识别训练，从而提高自己的口语表达能力和语音识别能力。这些多样化的学习资源为学习者提供了更加全面的跨文化交际学习体验，帮助他们更好地掌握跨文化交际的技巧和策略。

（二）具体教育技术的应用实例

1. 虚拟现实（VR）技术在跨文化交际中的应用

虚拟现实技术以其独特的沉浸式体验，在跨文化交际能力培养中发挥着重要作用。通过 VR 技术，可以模拟出不同国家和地区的文化环境，为学习者提供一个身临其境的跨文化交际场景。在这样的虚拟环境中，学习者可以自由地探索并体验各种文化元素，如建筑风格、生活习俗、社交礼仪等，从而更直观地了解不同文化的特点和差异。这种学习方式不仅激发了学习者的兴趣，还提高了他们的文化敏感性和适应性。更重要的是，VR 技术允许学习者在模拟的真实场景中进行跨文化交际实践，如与虚拟人物进行对话、参与当地的社交活动等。这样的实践机会使学习者能够在安全、受控的环境中锻炼自己的跨文化交际能力，为将来在实际生活中的跨文化交际做好准备。

2. 在线互动平台在跨文化交际中的应用

在线互动平台为跨文化交际能力的培养提供了前所未有的便利。通过这些平台，学习者可以与来自世界各地、拥有不同文化背景的人进行实时交流，这种真实的互动经验是提升语言运用能力和跨文化沟通技巧的宝贵资源。在线互动平台打破了地理和时间的限制，让学习者能够随时随地参与到跨文化交际中去。在这样的环境中，学习者不仅可以练习外语口语和书面表达能力，还能在实际交流中学会如何根据不同的文化背景调整自己的交际方式。此外，通过与不同文化背景的人交流，学习者还能更深入地了解各种文化的价值观、信仰和习俗，从而增强自己的文化敏感性和跨文化意识。在线互动平台不仅提供了一个语言实践的舞台，更是一个文化交流和理解的桥梁，对于培养学习者的跨文化交际能力具有重要意义。

（三）教育技术对跨文化交际能力的实际影响

1. 提高学习者的语言技能和交际能力

教育技术的应用对提升学习者的语言技能和交际能力产生了显著影响。传统的学习方式可能受限于教材和资源，而教育技术为学习者提供了更加多样化、真实且即时的语言实践机会。例如，在线学习平台、语音识别软件、机器翻译工具等，都使得学习者可以随时随地进行语言练习，无论是听力、口语、阅读还是写作。更重要的是，教育技术通过模拟真实的跨文化交际场景，如商务谈判、文化交流活动等，让学习者在实际操作中提高语言运用能力。这种实践性的学习方式不仅使学习者的外语水平得到了显著提升，还增强了他们在多元化国际环境中的交际能力。

2. 增强学习者的文化敏感性和适应性

教育技术同样对增强学习者的文化敏感性和适应性起到了重要作用。通过多媒体教学资源，如视频、图片、音频等，学习者可以直观地了解不同文化的风俗、习惯和价值观。这种直观的学习方式让学习者更容易理解和接受文化差异，进而提高他们的文化敏感性。此外，教育技术还可以为学习者提供模拟的跨文化交际环境，让他们在实践中学习如何应对文化差异，增强对不同文化的适应性。这种实践性的学习方式不仅有助于学习者在实际跨文化交际中避免误解和冲突，还能提升他们的文化包容性和理解能力。

二、信息化手段对跨文化交际能力的促进作用

（一）信息化手段的优势与特点

1. 信息获取的便捷性

信息化手段通过互联网技术，彻底改变了传统的学习方式，为学习者提供了前所未有的信息获取便捷性。学习者不再受限于图书馆或书店的开放时间，也不再需要耗费大量时间翻阅厚重的纸质资料。只需通过搜索引擎、在线数据库等资源，他们就能随时随地获取跨文化交际所需的各种信息和知识。这种便捷性不仅节省了学习者的时间，还让他们能够更高效地掌握所需信息，为跨文化交际能力的培养提供了极大的便利。更重要的是，这种信息获取的便捷性还鼓励了学习者进行自主学习和终身学习，推动了教育的民主化和普及化。

2. 多样化的学习资源

信息化手段为学习者提供了丰富多样的学习资源，这是其另一大优势。在线课程、电子书籍、互动软件等多媒体学习资源应有尽有，满足了不同学习者的个性化需求。这些资源以文字、图片、音频、视频等多种形式呈现，使学习变得更加生动有趣。例如，学习者可以通过在线课程学习跨文化交际的理论知识，通过电子书籍深入了解不同文化的历史和习俗，通过互动软件模拟真实的跨文化交际场景进行实践练习。

（二）信息化手段在跨文化交际中的应用实例

1. 在线跨文化交流平台

在线跨文化交流平台是信息化手段在跨文化交际中的重要应用之一。这类

平台为来自世界各地、拥有不同文化背景的人们提供了一个实时交流的空间。学习者可以轻松地注册账号，通过文字聊天、语音通话或视频交流等方式，与外国朋友进行直接的语言交流。这不仅锻炼了学习者的外语口语能力，还让他们有机会深入了解不同文化背景下人们的思维方式、价值观念和生活习惯。通过这些交流，学习者能够更加自然地掌握跨文化交际的技巧，如礼貌用语、文化背景知识的运用等，从而在实际交往中更加得体、自信。此外，这些平台往往还提供文化分享功能，学习者可以浏览他人分享的文化资讯，或者自己发布关于本国文化的介绍，进一步促进文化交流和融合。

2. 多媒体学习资源的应用

多媒体学习资源是信息化手段在跨文化交际中的另一重要应用。在现代信息技术的支持下，学习者可以通过观看外语电影、听外语歌曲、浏览国外新闻网站等多种方式，直观地接触和感受不同文化的表达方式和交际习惯。例如，通过观看外语电影，学习者可以了解不同文化背景下人们的言谈举止、社会习俗和人际交往方式；通过听外语歌曲，学习者可以感受不同文化的音乐风格和情感表达方式；通过浏览国外新闻网站，学习者可以及时了解国际动态，增强对不同文化时事热点的理解和分析能力。同时，这些资源还丰富了学习者的文化知识储备，为他们在实际跨文化交际中提供了更多的文化参考和应对策略。

（三）信息化手段对跨文化交际能力的具体促进作用

1. 拓宽学习者的国际视野

信息化手段极大地拓宽了学习者的国际视野。在传统的学习环境中，人们往往受限于地域和资源，难以广泛接触和了解世界各地的信息。然而，通过互联网和信息技术，学习者可以轻松地获取全球范围内的新闻、文化、历史等信息。他们可以浏览国际新闻网站，了解不同国家和地区的政治、经济、社会动态，从而加深对全球事务的理解。此外，网络上的文化交流平台也让学习者有机会接触到各种文化的艺术、音乐、电影等，进一步丰富了他们的文化知识和审美体验。这种国际视野的拓展，使学习者能够更全面地理解世界，增强对不同文化的敏感性和尊重，为培养全球化背景下的跨文化交际人才奠定了基础。

2. 提升学习者的语言技能和文化适应性

信息化手段对提升学习者的语言技能和文化适应性起到了关键作用。首先，网络提供了海量的语言学习资源，如在线词典、语法教程、听力练习等，学习者可以根据自己的需求进行个性化学习，有效提高外语水平。同时，各种在线社交平台也使得学习者有机会与外国人进行实时交流，锻炼口语表达能力和语言应用能力。其次，通过信息化手段，学习者可以深入了解不同文化的价值观、社会习俗和交际方式。这种文化的沉浸式体验，让学习者在不知不觉中提高了对不同文化的适应性，使他们在多元文化环境中更加自信、从容。

三、教育技术与信息化支持下的跨文化交际教学平台构建

（一）平台构建目标与原则

1. 构建目标

跨文化交际教学平台的构建目标，首先最主要的是提供一个集成化的教学环境。这意味着平台需要整合各种教学资源、工具和功能，为学习者创造一个一站式的学习空间。通过利用教育技术和信息化手段，平台旨在增强学习者的跨文化交际意识和能力。这不仅仅是语言技能的培养，更是对文化敏感性、文化适应能力和全球视野的塑造。为了满足不同学习者的需求，平台必须提供多样化的学习资源和实践机会。这包括但不限于在线课程、模拟交际场景、文化体验活动等。最终，平台的核心目标是促进学习者在全球化背景下进行有效的跨文化交际，使他们能够在多元文化的世界中自信地交流和合作。为了达到这一目标，平台应关注用户的需求和反馈，持续优化和完善功能，确保学习资源

的时效性和质量。同时，平台还应积极寻求与教育机构、专家和文化组织的合作，共同推动跨文化交际教育的发展。

2. 构建原则

在构建跨文化交际教学平台时，用户友好性是至关重要的。一个简洁明了、易于操作的界面能够降低学习者的使用门槛，提升他们的学习体验。因此，平台设计应注重直观性和便捷性，确保学习者能够轻松导航并找到所需资源。资源多样性也是平台构建的重要原则。为了满足不同学习者的需求和兴趣，平台应提供丰富、高质量的学习资源。这包括各种形式的媒体内容，如视频、音频、文本和图像，以及多样化的学习模式和活动，如在线课程、互动练习和文化交流项目。交互性是提升学习者参与感和学习效果的关键因素。平台应鼓励学习者之间的交流与合作，通过论坛、聊天室、在线协作工具等功能，促进学习者之间的互动和知识共享。这种社交化学习模式不仅能够提升学习者的学习兴趣和动力，还有助于培养他们的团队协作和沟通能力。

（二）平台功能模块设计

1. 学习资源模块

学习资源模块是跨文化交际教学平台的核心组成部分。为了满足不同学习者的多样化需求，该模块提供了丰富的学习资源，如课程视频、电子书籍和案例研究等。这些资源涵盖了跨文化交际的各个方面，从基础理论知识到实际应用技巧，都有详细的讲解和演示。为了方便学习者查找和使用，资源按照主题进行了详细分类，如文化交流、商务沟通、旅游英语等，学习者可以根据自己的兴趣和需求，快速定位到所需的学习资源。此外，该模块还支持资源的上传和下载功能，方便学习者随时随地学习。

2. 实践模拟模块

实践模拟模块为学习者提供了一个安全的实践环境，通过模拟真实的跨文化交际场景, 如商务谈判、文化交流活动等, 帮助学习者在实际操作中提升跨文化交际能力。该模块具备角色扮演、场景模拟和实时反馈等功能。学习者可以选择不同的角色进行扮演, 如商务谈判中的买方或卖方, 然后在模拟的场景中进行对话和交流。系统会根据学习者的表现提供实时反馈, 帮助他们了解自己的优点和不足, 从而调整和改进自己的交际方式。这种实践模拟的学习方式不仅能够提高学习者的实际运用能力, 还能增强他们的自信心和应变能力。

3. 互动交流模块

互动交流模块为学习者之间以及学习者与教师之间提供了一个便捷的交流空间。该模块设置了论坛、聊天室等多种交流方式, 方便学习者随时随地进行沟通和交流。在论坛中, 学习者可以发布自己的学习心得、疑问或建议, 其他学习者或教师可以进行回复和解答。聊天室则为学习者提供了一个实时的交流环境, 他们可以邀请其他学习者或教师一起讨论问题、分享经验。通过互动交流, 学习者可以及时了解他人的观点和看法, 拓宽自己的视野和思路, 同时也能增强团队协作和沟通能力。

4. 评估反馈模块

评估反馈模块是帮助学习者了解自己的学习进度和效果的重要环节。该模块通过定期测试和练习来评估学习者的掌握情况, 同时提供及时的反馈和建议。测试和练习的内容涵盖了跨文化交际的各个方面, 既包括理论知识也包括实际应用技巧。学习者完成测试和练习后, 系统会自动评分并给出详细的反馈报告, 帮助学习者了解自己的不足之处并制订针对性的学习计划。此外, 该模块还支持教师手动评分和提供个性化建议的功能, 以便更好地指导学习者进行改进和提升。通过这种评估和反馈机制, 学习者可以更加明确自己的学习目标和方向, 提高学习效率和质量。

（三）技术支持与资源整合

1. 技术支持

跨文化交际教学平台的构建离不开强大的技术支持。为了确保平台的稳定运行和高效性能，必须重视服务器架构的设计。这包括选择合适的服务器硬件和软件，以及进行负载均衡和容灾备份等方面的考虑，从而确保平台在高并发场景下依然能够流畅运行，数据安全可靠。同时，数据库管理也是关键的一环，它涉及数据的存储、检索、更新和删除等操作。为了保证数据的完整性和安全性，需要采用先进的数据库管理系统，并设置合理的数据访问权限和备份策略。网络安全是另一个不可忽视的方面。平台需要采取多层次的安全防护措施，包括防火墙设置、数据加密、用户身份验证等，以防止未经授权的访问和数据泄露。此外，平台还应采用先进的多媒体技术和交互设计，以提升学习者的学习体验。

2. 资源整合

为了提供丰富多样的学习资源，跨文化交际教学平台需要整合各种优质资源。首先是开源教育资源，这些资源具有开放性和共享性，可以为平台提供大量的学习内容。平台应积极收集、筛选和整合这些资源，确保它们的质量和适用性。其次是专业机构提供的资源，这些资源通常具有权威性和专业性，能够为学习者提供深入的知识和技能。平台应与这些机构建立合作关系，共同开发和分享优质资源。同时，教师自主开发的资源也是平台不可或缺的一部分。这些资源通常更具针对性和实用性，能够满足学习者的特定需求。平台应鼓励和支持教师进行资源创作，提供必要的工具和服务，如在线编辑器、模板库等，以降低创作难度和提高效率。通过资源整合，平台能够确保满足不同学习者的需求，并提供持续更新的学习资源。这不仅包括语言学习材料、文化背景知识等静态资源，还包括在线课程、实时交流活动等动态资源。平台应定期评估和优化资源库，及时淘汰过时或低质量的资源，补充新鲜、有价值的内容。

第四节　社会文化环境的营造与优化

一、社会文化环境对跨文化交际的影响

（一）社会文化环境的定义与特点

1. 社会文化环境的内涵

社会文化环境是指一个社会或群体中，影响人们行为、观念和价值的各种文化因素的总和。它不仅仅包括物质文化，如建筑、服饰、食品等，更涵盖了非物质文化，如语言、习俗、信仰、艺术、道德观念等。社会文化环境是人类社会生活的重要组成部分，对于塑造个体的思维方式和行为习惯起着至关重要的作用。在跨文化交际中，社会文化环境是影响交际效果的关键因素之一。不同的社会文化环境孕育出不同的交际规则和期望，因此，在进行跨文化交际时，了解和尊重对方的文化背景和社会习俗是至关重要的。只有这样，才能有效避免误解和冲突，实现顺畅、得体的交流。

2. 多元文化的特点及其对交际的影响

多元文化是指在一个社会或群体中，存在多种不同的文化背景、价值观念和行为方式。这种文化的多样性为人们的生活增添了丰富多彩的色彩，但同时也带来了一系列交际上的挑战。多元文化的特点主要体现在以下三个方面：首先，它强调文化的平等性和相互尊重，认为每种文化都有其独特的价值和意义。其次，多元文化注重文化的交流和融合，鼓励不同文化背景的人们进行深入的

沟通和理解。最后，多元文化追求包容和共存，旨在构建一个和谐、共荣的社会环境。在跨文化交际中，多元文化的存在对交际产生了深远的影响。一方面，它要求人们具备跨文化意识和跨文化交际能力，能够理解和接纳不同的文化观念和行为方式。另一方面，多元文化也为交际提供了更多的可能性和选择，使人们能够从中汲取灵感、拓宽视野。

（二）语言与文化习俗的差异

1. 语言的多样性及其沟通障碍

语言是人类沟通的基本工具，然而，世界上存在着成百上千种语言，每种语言都有其独特的语法结构、词汇和表达方式。这种语言的多样性为全球的文化交流增添了丰富的色彩，但同时也带来了沟通上的障碍。在跨文化交际中，语言的多样性常常导致信息传递的误解和混淆。即使是使用同一种语言的人们，由于地域、社会背景、教育水平的差异，也可能对同一词汇或表达方式产生不同的理解。此外，语言的多样性还体现在不同语言对同一事物的描述和表达上。有些概念在某些语言中可能非常常见，而在其他语言中则可能没有对应的词汇或表达方式。这种语言上的不对等性进一步加剧了跨文化交际的难度。为了克服这些障碍，人们需要不断学习、理解和适应不同的语言环境，培养自己的跨文化交际能力。

2. 文化习俗对交际行为的塑造

文化习俗是一个社会群体中代代相传的行为模式和规范，它深刻影响着人们的交际行为。不同的文化背景下，人们对于礼貌、尊重、信任等社交行为有着不同的期望和理解。文化习俗还对交际中的话题选择、言谈举止、时间观念等方面产生深远影响，在跨文化交际中，如果不了解对方的文化习俗，很容易触犯对方的敏感点，导致交际失败。因此，了解和尊重不同文化背景下的习俗和规范，对于成功的跨文化交际至关重要。同时，文化习俗的多样性也为人们提供了丰富的交际资源和策略选择，使交际更加灵活和多样。

（三）价值观与信仰体系的影响

1. 不同文化背景下的价值观差异

价值观是人们对事物价值的基本看法和取向，它深刻地影响着人们的思维方式和行为选择。在不同的文化背景下，人们的价值观往往存在显著的差异。这些差异主要体现在对个人与集体的看法、时间观念、成就取向、权力距离等方面。例如，在个人主义文化中，个人自由、独立和竞争被高度重视，而在集体主义文化中，和谐、团结和忠诚则更为重要。这些价值观的差异在跨文化交际中可能会导致误解和冲突。比如，一个强调个人主义文化的人可能会误解一个来自集体主义文化背景的人的谦逊和顺从是缺乏自信和主见。

2. 信仰体系对交际态度和行为的影响

信仰体系是人们对于世界、人生和价值观念的基本信念和看法，它深刻地影响着人们的交际态度和行为。不同的信仰体系可能会导致人们在交际中产生不同的期望、态度和行为方式。例如，在一些宗教信仰体系中，谦逊、宽容和慈悲被视为重要的美德，这可能会影响人们在交际中的态度和行为选择。而在一些世俗的信仰体系中，个人主义、竞争和成功可能更被看重。在跨文化交际中，信仰体系的差异可能会导致双方对彼此的行为产生误解。例如，一个来自强调谦逊和宽容的信仰体系的人可能会对一个来自强调个人主义和竞争的信仰体系的人的直率和自信感到不适。

（四）非语言行为与沟通策略

1. 肢体语言、面部表情等非语言行为的文化差异

在跨文化交际中，非语言行为，如肢体语言和面部表情，扮演着至关重要的角色。这些非语言信号往往传递着比言语更为丰富和复杂的信息。然而，不

同的文化对这些非语言行为的解读存在显著差异。例如，一些手势在某些文化中可能是礼貌或友好的表示，而在其他文化中可能被视为粗鲁或冒犯。同样，面部表情，如微笑或瞪眼，也可能因文化背景的不同而具有完全不同的含义。因此，在进行跨文化交际时，必须高度警觉这些非语言行为的文化差异。如果忽视了这些差异，很可能会误解他人的意图，甚至引发不必要的冲突。为了提高跨文化交际的有效性，需要学习和理解不同文化中的非语言行为，并学会根据具体情境调整自己的行为。

2. 不同文化背景下的沟通策略选择

在跨文化交际中，选择合适的沟通策略至关重要。由于文化背景的差异，人们对于沟通方式和内容的期望各不相同。因此，了解并适应不同文化背景下的沟通偏好和规则显得尤为重要。在高语境文化中，人们更倾向于通过间接和隐晦的方式来传达信息，而在低语境文化中，人们则更习惯于直接和明确地表达自己的想法。因此，当与高语境文化的人交流时，可能需要更多地关注非言语信号和语境中的暗示，而当与低语境文化的人交流时，则需要更加明确和直接地表达自己的意图。此外，不同文化对于礼貌和尊重的表达方式也存在差异。在选择沟通策略时，需要考虑到这些因素，以确保传递的信息能够以恰当的方式被理解和接受。

二、优化社会文化环境的策略与措施

（一）提升公众文化素养与跨文化意识

1. 加强文化教育

（1）推广优秀文化传统教育

为了优化社会文化环境，推广优秀文化传统教育是至关重要的。通过深入推广和教育，可以让公众更加了解和珍视自己的文化遗产，培养文化自信。这不仅能够增强民族认同感，还能促进社会的和谐发展。在实施过程中，可以结合现代教育技术手段，如多媒体教学、网络课程等，使优秀文化传统以更加生动、有趣的方式呈现给公众，从而提高教育效果。

（2）开设跨文化交流课程，提高文化敏感度

在全球化的今天，跨文化交流能力显得尤为重要。为了提高公众的文化敏感度，应该在学校、社区等各个层面开设跨文化交流课程。这些课程可以包括外国文化、历史、习俗等内容，帮助公众更好地理解和接纳不同文化背景的人。通过增强跨文化交流能力，可以减少误解和冲突，促进社会文化的多元化发展，为优化社会文化环境奠定坚实基础。

2. 举办文化活动

（1）定期组织文化讲座、展览等活动

定期组织文化讲座、展览等活动是优化社会文化环境的重要举措。通过这些活动，可以向公众普及文化知识，提高文化素养，同时也能为公众提供一个了解和欣赏不同文化的平台。在活动的策划和组织过程中，应注重内容的丰富性和形式的多样性，以吸引更多的公众参与。此外，还可以邀请文化专家、学者举办讲座，提升活动的专业性和影响力。

（2）鼓励公众参与文化交流，拓宽文化视野

为了进一步优化社会文化环境，应鼓励公众积极参与文化交流活动。这不仅可以拓宽公众的文化视野，增进对不同文化的理解和尊重，还能促进社会的和谐与包容。为了实现这一目标，可以举办各类文化交流活动，如文化节、艺术展览、音乐会等，为公众提供展示自己才华和了解其他文化的机会。同时，还可以利用现代社交媒体等平台，加强线上文化交流，让更多的人参与到文化交流的大家庭中来。

（二）加强政策引导和法规支持

1. 制定优惠政策

为了优化社会文化环境，政府应制定一系列优惠政策，以鼓励和引导社会文化活动的健康发展。这些优惠政策可以包括但不限于税收减免、资金扶持、项目支持等。通过税收减免，可以减轻文化企业和个人的经济负担，激励他们投身于文化创作和传播。资金扶持则可以为有潜力的文化项目提供必要的资金支持，推动其成长和发展。同时，政府还可以设立专门的文化产业发展基金，用于支持创新性强、社会效益好的文化项目。此外，政府还应积极推动文化产业与其他产业的融合发展，形成产业链条，提升文化产业的整体竞争力。通过这些优惠政策的制定和实施，可以有效促进社会文化环境的优化和提升。

2. 完善法律法规

优化社会文化环境不仅需要政策的引导，更需要法律法规的保障。为了维护文化市场的秩序，保护文化创作者的合法权益，政府应完善相关的法律法规。首先，应加强对知识产权的保护，严厉打击盗版、侵权行为，为文化创作者提供一个公平、公正的创作环境。其次，应规范文化市场的经营行为，防止不正当竞争和恶意炒作，确保文化市场的健康发展。此外，政府还应建立健全文化产业的监管机制，加大对文化企业和文化活动的监管力度，确保其合法合规运营。通过完善法律法规，可以为社会文化环境的优化提供有力的法律保障，推动文化产业的持续健康发展。同时，这也能够提升公众对于法律法规的认知和遵守，进一步营造良好的社会文化氛围。

（三）促进社会和谐稳定与道德建设

1. 加强社会公德教育

加强社会公德教育是优化社会文化环境不可或缺的一环，也是推动社会

和谐稳定的关键所在。社会公德，作为社会生活中的基本道德规范，是构建和
谐社会的基石。通过广泛开展社会公德教育活动，不仅能够提升公众的道德素
养，更能够深化人们的文明意识，形成自觉遵守社会规范、尊重他人、关爱社
会的良好风尚。这种教育不仅仅是对个人行为的规范，更是对整个社会价值观
的塑造和引导。当每一个人都能以高尚的道德品质要求自己，都能够在日常生
活中践行社会公德，那么整个社会就会自然而然地形成一种和谐友善的氛围。
而这种氛围的营造，不仅有助于提升社会的整体文明程度，还能够为社会的长
远发展奠定坚实的道德基础，从而推动整个社会向更加文明、和谐、有序的方
向发展。

2. 完善社会矛盾调处机制

完善社会矛盾调处机制，是维护社会稳定、促进社会和谐的关键举措。在
当今社会，由于经济快速发展和社会结构变革，各种社会矛盾日益凸显。通过
建立健全的矛盾调处机制，相关部门可以及时发现和处理这些矛盾，有效防止
它们进一步激化升级。这不仅能够及时化解社会冲突，更能从根本上维护社会
的和谐稳定。同时，一个高效、公正的矛盾调处机制也能显著提升公众对社会
的信任感和归属感。当人们看到自己的诉求能够得到公正对待和有效处理时，
他们对社会的认同感和满意度自然会增强。这种信任感和归属感是社会稳定的
重要基石，也为社会的持续发展创造了有利条件。

三、实施与监督机制的建立

（一）明确实施主体与责任分工

1. 设立专门机构负责实施

为确保跨文化交际能力培养模式的顺利实施，需设立一个专门机构来负责
全面规划和执行相关计划。该机构应由具备专业知识和实践经验的人员组成，

能够高效地协调各方资源，推动培养模式的落地。机构成员需明确各自职责，确保在实施过程中能够迅速响应并解决问题。同时，该机构还应承担起与社会各界沟通的责任，积极宣传跨文化交际能力培养的重要性，以获得更广泛的支持与参与。

2. 制订详细实施计划

制订详细的实施计划是确保跨文化交际能力培养模式顺利推进的关键。计划应明确各阶段的目标、任务和时间表，以及所需的资源和支持。通过细化实施步骤，可以使得整个培养模式的推进更加有条不紊。同时，实施计划还应考虑到可能出现的风险和挑战，并制定相应的应对策略。此外，计划的制订过程中应充分征求各方意见，确保其实用性和可行性。

（二）建立多渠道监督机制

1. 内部监督

内部监督是确保跨文化交际能力培养模式有效实施的重要环节。通过建立定期自查制度，可以及时发现实施过程中存在的问题并进行调整。同时，设立内部监督小组，对计划的执行情况进行定期检查，确保各项任务按照既定目标推进。内部监督还应包括对资金使用、人员配备等关键环节的监控，以防范潜在的风险和漏洞。

2. 外部监督

外部监督是提高跨文化交际能力培养模式透明度和公信力的重要手段。引入第三方评估机构，对实施效果进行客观评价，可以确保评价结果的公正性和权威性。同时，接受社会公众和媒体的监督，及时回应社会关切，可以增强公众对培养模式的信任和支持。外部监督还可以促进实施主体不断完善自身管理，提高实施效率和质量。

（三）完善激励与约束机制

1. 激励机制

激励机制是推动跨文化交际能力培养模式有效实施的重要动力。对于在培养模式中表现突出的单位和个人给予表彰和奖励，可以激发其积极性和创造力。同时，设立专项资金支持优秀跨文化交际能力培养项目的开展，可以鼓励更多的单位和个人参与到培养模式的实践中来。通过激励机制的建立，可以形成积极向上的氛围，推动培养模式的持续发展。

2. 约束机制

约束机制是保障跨文化交际能力培养模式规范实施的关键环节。对未能按照实施计划推进的单位和个人进行问责，可以促使其认真履行职责和义务。同时，建立黑名单制度，对严重违反规定的单位和个人进行处罚，可以维护培养模式的严肃性和权威性。通过约束机制的建立，可以确保实施主体在规定的框架内开展工作，防止偏离既定目标和方向。

第五节　合作与交流机制的建立与完善

一、构建国际合作网络

（一）建立全球合作伙伴关系

1. 拓展国际合作渠道

为了培养具有全球视野和跨文化交际能力的人才，积极拓展国际合作渠道至关重要。通过与国外知名高校、研究机构以及文化组织等建立合作伙伴关系，可以引进国外先进的教育理念和实践经验，丰富的教育资源。这种合作不仅有助于提升我国教育的国际化水平，还能为学生提供更多的学习机会和更广阔的发展空间。应该主动出击，积极寻找合作机会，与全球范围内的优秀教育机构建立稳固的合作关系，共同推动跨文化交际能力的培养。

2. 促进师生国际交流

师生国际交流是培养跨文化交际能力的重要途径。通过推动师生互访项目，可以增进国际间的学术与文化交流，让教师和学生有机会亲身体验不同国家的文化和教育体系。这种交流不仅能够拓宽师生的视野，还能增强他们的国际理解力和跨文化沟通能力。同时，也应该设立国际交流奖学金等激励措施，鼓励学生积极参与国际实习和交流活动，培养他们的全球意识和跨文化交际能力。

（二）推动教育资源共享

1. 共建在线教育平台

随着信息技术的发展，在线教育平台成为全球教育资源共享的重要载体。与国外合作伙伴共同开发在线教育课程，不仅可以实现教育资源的跨国共享，还能为学生提供更加灵活多样的学习方式。应该充分利用现代信息技术，推动远程教育和虚拟实验室等国际合作项目，打破地域限制，让更多的人享受到优质的教育资源。同时，共建在线教育平台也有助于提升我国教育的国际影响力，吸引更多的国际学生来华学习。

2. 促进学术成果共享

学术成果共享是推动国际合作与交流的重要方式。通过加强与国际合作伙伴的学术成果交流，可以共同举办学术会议和研讨会，探讨前沿学术问题，推动学科发展。同时，也应该推动学术期刊的国际合作，扩大学术影响力，让更多的人了解到我国的学术研究成果。这种共享不仅有助于提升我国学术研究的国际地位，还能为培养跨文化交际能力提供有力的学术支持。应该积极推动学术成果的开放获取和共享，为全球范围内的学术研究做出贡献。

二、加强校际联动与交流

（一）建立校际合作机制

1. 签订合作协议

签订合作协议是加强校际联动与交流的首要步骤。通过明确的合作协议，可以确立各校在跨文化交际能力培养方面的共同目标和责任。这不仅有助于保障合作的稳定性和长期性，还能为双方或多方提供法律层面的保障。在签订合作协议时，应详细规定合作期限、交流方式、资源共享等具体内容，以确保各方在合作过程中能够明确自己的权利和义务，共同推动跨文化交际能力的培养。签订合作协议还能促进各校之间的深度合作。在协议的约束和引导下，各校可以更加积极地参与合作，共同探索跨文化交际能力培养的新模式、新方法。同时，合作协议也为解决合作过程中可能出现的问题和纠纷提供了依据，有助于维护合作的顺利进行。

2. 设立校际合作项目

设立校际合作项目是加强校际联动与交流的重要手段。根据各校的特色和优势，可以共同设计并实施具体的合作项目，如联合培养、双学位项目等。这些项目不仅能够促进各校之间的深度交流，还能共同提升跨文化交际能力的培养质量。通过校际合作项目，各校可以共享教育资源、互通有无，共同提高教育水平。同时，合作项目还能为学生提供更多的学习机会和实践平台，帮助他们在实践中提升跨文化交际能力。在实施合作项目时，应注重项目的可持续性和实效性，确保项目能够真正为学生的全面发展提供有力支持。

（二）推动师生互访与交流

1. 定期举办交流活动

定期举办交流活动是加强校际联动与交流的有效途径。通过组织定期的师生互访、学术研讨会、文化交流活动等，可以增进各校师生之间的了解和友谊，促进不同文化背景下的相互理解与尊重。这些交流活动不仅能够拓宽师生的视野，还能增加他们的跨文化体验，为提升跨文化交际能力奠定坚实基础。在举办交流活动时，应注重活动的多样性和互动性，确保师生能够充分参与其中，收获丰富的跨文化体验。同时，交流活动也应注重实效性，确保活动能够真正达到预期的目标和效果。

2. 建立学生交流项目

建立学生交流项目是加强校际联动与交流的又一重要举措。通过设立学生交换项目、联合实习项目等，可以为学生提供在不同文化背景下学习和生活的机会。这些项目不仅能够培养学生的团队协作能力和跨文化交际能力，还能为他们未来的职业发展打下坚实的基础。在学生交流项目中，应注重项目的实用性和针对性，确保学生能够在项目中获得真正有价值的经验和技能。同时，项目也应注重学生的个性化需求和发展方向，为他们提供量身定制的交流机会和学习资源。

（三）共享教育资源与经验

1. 教育资源共享

教育资源共享是加强校际联动与交流的重要环节。通过开放图书馆、实验室等教育资源，实现校际间的资源共享，可以提高教育资源的利用效率，避免资源的浪费和重复建设。同时，教育资源共享还能为各校师生提供更多的学习机会和实践平台，促进他们的全面发展。在实现教育资源共享时，应注重资源的整合和优化配置，确保资源能够得到充分利用和发挥最大效益。同时，共享过程中也应注重知识产权保护和资源使用的规范性，确保各方利益得到充分保障。

2. 教学经验交流

教学经验交流是加强校际联动与交流的关键环节。通过定期举办教学经验交流会、教学观摩等活动，可以分享各自在教学方法、课程设计等方面的创新与实践经验。这些交流活动不仅能够提升各校的教学水平和跨文化交际能力的培养效果，还能促进教师之间的专业成长和合作发展。在教学经验交流中，应注重经验的实用性和可操作性，确保交流内容能够真正为教学实践提供有益的参考和借鉴。同时，交流过程中也应注重互动和反馈机制的建设，确保各方能够充分表达自己的观点和看法，共同推动教学水平的提高和跨文化交际能力的培养发展。

三、行业与学术界的深度融合

（一）跨文化交际产学研用协同创新

产学研用协同创新，作为实现行业与学术界深度融合的重要途径，其核心在于打破传统界限，构建一个高效、互动的创新生态。通过建立产学研用一体化的创新体系，将学术研究、技术开发与市场应用无缝对接，形成一个相互依存、相互促进的良性循环。这一模式的实施，使得学术界的理论研究不再是孤立的、纯学术的活动，而是紧密地与产业需求和市场趋势相结合。学术界可以根据行业的发展趋势和市场需求来调整研究方向，确保科研成果更具实际应用价值。同时，产业界也能及时获得学术界的最新研究成果，将这些成果转化为实际产品或服务，从而快速响应市场变化，提升企业的竞争力。产学研用协同创新模式的推广和实施，不仅有助于提升整个行业的创新能力和市场竞争力，还能够使学术界的科研工作更加贴近实际需求。这种深度融合让科研不再是空中楼阁，而是扎根于现实的土壤，为产业的发展提供源源不断的创新动力。

（二）人才培养与交流

人才培养与交流作为行业与学术界深度融合的另一个关键领域，其重要性不容忽视。在当前快速发展的科技环境下，仅仅依靠传统的教育模式已经无法满足社会对高素质人才的需求。因此，通过校企合作、联合培养以及双向交流等方式，能够打破传统教育的束缚，培养出既具备深厚理论知识，又有丰富实践经验的高素质人才。这种深度融合的人才培养模式，不仅为学生提供了更多的实践机会和职业发展资源，还使得他们在校期间就能深入了解行业的最新动态和技术发展趋势。同时，行业内的专业人士也能通过参与教学活动，将自己的实践经验传授给学生，帮助他们更好地将理论知识与实践相结合。此外，这种交流也促进了学术界和行业之间的互相了解。学术界可以更加清晰地认识到行业的需求和发展趋势，从而调整研究方向和教育内容，使之更加符合社会的实际需求。而行业则能通过学术界的研究成果和人才培养，获取更多的创新资源和人才支持，推动科技创新和产业的持续发展。

（三）共同研发与技术创新

共同研发与技术创新无疑是行业与学术界深度融合的核心内容。在这一合作框架下，学术界和行业携手并进，共享各自的优势资源，共同承担研发过程中的风险和挑战。这种深度的合作模式，不仅有助于科技创新的加速推进，更为产业升级注入了强大的动力。通过共同研发，学术界得以将其丰富的理论知识和研究能力转化为实际应用，为行业提供创新的技术解决方案。而行业则能凭借其深厚的市场洞察力和实践经验，为学术界提供宝贵的反馈和建议，确保研发方向更加符合市场需求。这种紧密的互动与合作，确保了科技创新的高效性和实用性。更为重要的是，共同研发与技术创新不仅推动了新技术的快速研发和应用，还在很大程度上提升了行业整体的技术水平。随着新技术的不断涌现和应用，行业的生产效率、产品质量和服务水平都得到了显著提升。这无疑为国家的经济发展注入了强大的活力，同时也显著增强了国家的创新能力和国际竞争力。

四、合作与交流机制的完善

（一）加强政府支持与引导

为了完善合作与交流机制，政府的支持和引导起着举足轻重的作用。在全球化的时代背景下，跨文化交际能力的培养显得尤为重要，而政府在这方面的角色不容忽视。政府可以通过精心制定明确的政策框架，为跨文化交际合作与交流奠定坚实的法律基础并提供有力的政策支持。这不仅为相关活动划定了明确的规则和方向，还为其提供了法律层面的保障，使得合作与交流能在有序、规范的环境中进行。为了更进一步推动这一进程，政府还可以考虑提供资金援助和税收优惠等实质性支持。这些措施能有效减轻学校、机构和企业在开展国际合作时的经济压力，从而鼓励它们更积极地参与到跨文化交际的合作与交流中来。资金援助可以用于支持项目的启动和运营，而税收优惠则能降低合作成本，提高合作的吸引力和可行性。除此之外，政府还能积极推动建立国际合作项目，以此作为促进国内外教育资源共享、加强文化交流与理解的重要平台。这样的项目不仅能为各方提供一个共同的目标和合作的契机，还能通过具体的实践活动深化对彼此文化的理解和尊重，从而培养更多具备全球视野和跨文化交际能力的人才。

（二）拓展合作与交流的领域

除了传统的教育领域，合作与交流机制确实拥有更广阔的拓展空间。文化艺术领域更是一个极具潜力和影响力的方向。通过加强文化艺术交流，可以举办丰富多彩的活动，如艺术展览、音乐节、电影节等，这些活动能够直观地展示不同文化的独特魅力和深厚底蕴。人们在这些活动中，不仅能够欣赏到各种艺术形式的美，更能深入了解到不同文化背后的历史、价值观和生活方式。这种直观且生动的文化交流方式，极大地促进了不同文化之间的了解与欣赏，有助于打破文化隔阂，促进文化融合。同时，不能忽视科技、经济和环保等领域在合作与交流中的重要性。科技领域的交流可以促进技术创新和知识共享，推动全球科技进步；在经济领域的合作则有助于市场互通和资源共享，实现共同繁荣；而在环保领域，通过交流先进的环保理念和技术，可以共同应对全球环境问题，保护共同的地球家园。拓展合作领域，意味着为跨文化交流提供更广阔的平台。这不仅有助于培养具备全球视野的人才，还能推动全球范围内的文化、科技、经济和环保等多方面的共同进步。

（三）建立评估与反馈机制

为了不断完善合作与交流机制，一个有效的评估与反馈系统显得至关重要。这个系统不仅能够衡量合作项目的效果，还能提供宝贵的改进方向和建议。评估工作应从多个维度展开，例如项目的影响力、参与者的参与度以及他们的满意度等。通过这些维度的细致评估，可以全面了解合作项目的实际效果，以及参与者的真实感受和期望。同时，必须确保反馈渠道的畅通无阻。这意味着要建立一个方便、快捷的途径，让参与者能够随时提出意见和建议。这些反馈是宝贵的资源，它们直接反映了合作项目的优点和不足，提供了第一手的改进信息。因此，及时收集和处理这些反馈是至关重要的。此外，定期回顾和调整合作策略也是完善机制的关键环节。通过回顾过去的合作项目，可以总结经验教训，发现存在的问题，并据此调整未来的合作策略。

参 考 文 献

[1] Bennett, M. J. 1993. Towards Ethnorelativism: A Developmental Model of Intercultural Sensitivity. In R. M. Paige (ed.), *Education for the Intercultural Experience*. Yarmouth, ME: Intercultural Press. pp. 21-71, 112.

[2] 鲍永辉. 以培养跨文化交际能力为目标的高校日语专业实践教改策略 [J]. 现代商贸工业，2024, 45 (08): 39-41.

[3] 毕重钰. 新时期外语教学中跨文化交际能力培养 [J]. 科教导刊（中旬刊），2020, (35): 164-165.

[4] 陈亦挺，潘妤. 英语教学中的跨文化能力培养 [J]. 山西财经大学学报，2023, 45 (S2): 261-263.

[5] 戴晓东. 跨文化能力研究 [M]. 北京：外语教学与研究出版社，2018.

[6] 戴正莉. 基于跨文化交际能力培养的大学英语教学模式改革探索 [J]. 现代英语，2023, (11): 5-8.

[7] 加强国际传播能力建设的探索与思考 [J]. 新闻战线，2024, (02): 21-24.

[8] 蒋洪新，杨卓. 外语教育加强国际传播能力建设的若干思考 [J]. 外语界，2024, (01): 2-5.

[9] 兰宇一，张倩，彭波. 面向东盟跨文化交际能力培养的商务泰语教育探索与实践 [J]. 现代商贸工业，2024, 45 (01): 62-65.

[10] 李静. 基于新媒体的高校英语跨文化交际能力培养思考 [J]. 新闻研究导刊，2023, 14 (16): 44-47.

[11] 李娟."一带一路"背景下涉外人才跨文化交际能力培养 [J]. 中学地理教学参考,
 2023, (15): 82.

[12] 李丽,许万婷. 基于 POA 理论的大学英语课程学生跨文化交际能力培养研究 [J]. 海
 外英语,2023, (24): 153-155.

[13] 李琳,王立非. 论经济话语的理论体系与研究领域 [J]. 外语教学,2019, 40 (06): 7-13.

[14] 李诗芳,法律语言学研究综观 [J]. 学术交流,2009 (6): 69-72.

[15] 李晓芸. 大学英语教育与跨文化能力培养策略研究 [J]. 产业与科技论坛,2022, 21 (19):
 185-186.

[16] 李宇明. 试论个人语言能力和国家语言能力 [J]. 语言文字应用,2021 (03): 2-16.

[17] 廖丽丽,王远芳. 信息化背景下广西高校大学英语课程中跨文化交际能力的培养路径
 研究 [J]. 大学教育,2022, (11): 169-171+175.

[18] 刘冠东."一带一路"背景下中华优秀传统文化国际传播能力培养研究——以外语教育
 为考察中心 [J]. 人文杂志,2023, (06): 45-53.

[19] 刘静. 对外语教学中跨文化交际能力培养的思考:双向文化教学视角 [J]. 品位·经典,
 2023, (01): 144-146.

[20] 刘瑛. 加快构建中国话语和中国叙事体系 [N]. 光明日报,2023-06-30 (11).

[21] 单昱. 国际化背景下高等英语教育中残障学生的跨文化交际能力培养与支持策略研究
 [J]. 通化师范学院学报,2023, 44 (09): 122-125.

[22] 施旭. 什么是话语研究 [M]. 上海:上海外语教育出版社,2017: 4-5, 89-90.

[23] 孙有中. 外语教学与跨文化研究 [M]. 北京:人民出版社,2021.

[24] 孙有中等. 跨文化外语教学研究 [M]. 北京:外语教学与研究出版社,2021.

[25] 唐娟. 科学把握加强国际传播能力建设的着力点 [J]. 人民论坛,2024, (05): 96-98.

[26] 田晓娣. 试论大学英语教学中跨文化交际能力的培养 [J]. 现代英语,2023, (08): 52-
 55.

[27] 王恒兰. 基于 BOPPPS 模型的大学生跨文化交际能力培养研究 [J]. 林区教学,2023, (04):
 76-79.

[28] 王立非. 从语言服务大国迈向语言服务强国——再论语言服务、语言服务学科、语言
 服务人才 [J]. 北京第二外国语学院学报,2021, 43 (01): 3-11.

[29] 王晓玲. 国际化视野下的饲料专业英语人才培养策略——评《英语人才跨文化交际能

力研究》[J]．中国饲料，2022, (23): 155-156.

[30] 王欣．外语专业人才的国际传播能力内涵与培养路径 [J]．外语教学理论与实践，2023
(03): 1-8.

[31] 吴晓群．文化自信视阈下高职英语跨文化交际能力的培养 [J]．文化创新比较研究，
2022, 6 (35): 157-161.

[32] 吴瑛，贾牧笛．面向 Z 世代的国际传播：历史、理论与战略 [J]．社会科学战线，2023
(12): 161-171.

[33] 杨娟．基于 RCEP 背景的商务英语专业学生跨文化交际能力培养研究与实践 [J]．海外
英语，2023, (04): 117-119.

[34] 杨文健．跨文化视角下英语教育中英语文化环境的构建——评《中国英语教育中的文
化教学与跨文化交际能力培养：观念与方法》[J]．中国教育学刊，2023, (06): 120.

[35] 雍元元，雷晴岚．大学英语口语教学中跨文化能力培养研究 [J]．海外英语，2023, (16):
108-110+119.

[36] 俞星月．新时期大学英语教学跨文化交际能力的培养研究 [J]．英语广场，2024, (01):
70-73.

[37] 袁弯弯．"渗透式"跨文化交际能力培养模式构建研究 [J]．科教导刊，2023, (08): 134-
136.

[38] 张红玲等．跨文化外语教学设计与实践 [M]．上海：上海外语教育出版社，2022.

[39] 张倩．交互论视域下的大学生跨文化交际能力培养研究 [J]．中国教育技术装备，2021,
(23): 64-65.

[40] 张清，段敏．法律话语：一种特殊的话语体系 [J]．外语教学，2019, 40 (06): 14-18.

[41] 张潇丹．基于跨文化交际能力培养的高校日语教学策略创新 [J]．现代职业教育，2023,
(33): 141-144.

[42] 张奕雯．思政教育跨文化交际能力培养研究 [J]．中学政治教学参考，2023, (23): 113-
114.

[43] 赵晓春．试论日语教学改革与跨文化交际能力的培养 [J]．现代职业教育，2023, (04):
153-156.

[44] 郑娜娜．跨文化交际能力的培养探究与分析 [J]．品位·经典，2023, (08): 29-31.